BIBLIOTHÈQUE
DE
L'ENSEIGNEMENT SECONDAIRE MODERNE

LUDOVIC CARRAU

COURS
DE MORALE
PRATIQUE

PARIS
LIBRAIRIES-IMPR. RÉUNIES
ANCIENNE MAISON QUANTIN

8° R
11230

COURS DE MORALE PRATIQUE

CLASSE DE QUATRIÈME

Tous droits réservés.
Cet ouvrage a été déposé au Ministère de l'Intérieur
en septembre 1888.

VOLUMES PARUS

(TOUS LES VOLUMES, FORMAT IN-8°, SONT RELIÉS EN TOILE)

CLASSE DE SIXIÈME

L. ROGER. — **Exercices faciles et petites Compositions françaises**.................. 2 fr.

FÉNELON. — **Les Aventures de Télémaque.** — Extraits annotés, par H. LION, professeur de rhétorique au Lycée d'Amiens......... 1 fr. 25

E. PETIT, docteur ès lettres, professeur au Lycée Janson-de-Sailly. — **Morceaux choisis des Prosateurs du XIXᵉ siècle**, avec portraits...................... 4 fr. 50

BOUGUERET, professeur de dessin au Lycée Saint-Louis, à l'École normale supérieure de Saint-Cloud et aux Écoles Monge et J.-B. Say. — **Géométrie, Cours théorique et pratique**, avec de nombreuses figures........... 1 fr. 20

L. DESMONS, professeur agrégé au Lycée Janson-de-Sailly. — **Arithmétique**, avec gravures........ 2 fr.

H. LECOMTE, agrégé des Sciences naturelles, professeur au Lycée Saint-Louis. — **Zoologie**, avec nombreuses figures................ 2 fr. 50

LEROY, professeur agrégé. — **Géographie de la France et de ses Colonies**, avec nombreuses illustrations et cartes............. 2 fr. 50

CLASSE DE CINQUIÈME

GRIMM. — **Contes de l'Enfance et du Foyer**, par LANG, professeur agrégé de l'Université, avec portraits..................... 2 fr.

RACINE. — **Esther**, par JULES WOGUE, professeur au Lycée de Reims, avec portrait................. 1 fr. 25

E. PETIT, docteur ès lettres, professeur au Lycée Janson-de-Sailly. — **Morceaux choisis des Prosateurs du XIXᵉ siècle**, avec portraits...................... 4 fr. 50

L. DESMONS, professeur agrégé au Lycée Janson-de-Sailly. — **Arithmétique**, avec gravures........ 2 fr.

PRIEM. — professeur agrégé au Lycée Henri IV. — **Géologie**.... 3 fr. 50

CLASSE DE QUATRIÈME

RACINE. — **Les Plaideurs**, par TH. COMTE, professeur au Lycée Condorcet, avec portrait........ 1 fr. 25

MOLIÈRE. — **L'Avare**, par PONT-SEVREZ, professeur aux Écoles municipales supérieures de Paris. 1 fr. 25

E. PETIT, docteur ès lettres, professeur au Lycée Janson-de-Sailly. — **Morceaux choisis des Prosateurs du XIXᵉ siècle**, avec portraits...................... 4 fr. 50

J. LEGRAND, professeur agrégé au Lycée Buffon. — **Plans de Compositions françaises sur des sujets variés**............ 1 fr. 50

LUDOVIC CARRAU. — **Cours de Morale pratique**........... 3 fr.

B.-H. GAUSSERON, agrégé, professeur d'anglais au Lycée Janson-de-Sailly. — **Morceaux choisis d'auteurs anglais**, prose et poésie, avec portraits..................... 2 fr.

CLASSE DE TROISIÈME

MOLIÈRE. — **Les Précieuses ridicules**, par G. REYNIER, professeur agrégé au Lycée de Grenoble, avec portrait................ 1 fr. 25

J. LEGRAND, professeur agrégé au Lycée Buffon. — **Plans de Compositions françaises sur des sujets variés**............ 1 fr. 50

E. PETIT, docteur ès lettres, professeur au Lycée Janson-de-Sailly. — **Morceaux choisis des Prosateurs du XIXᵉ siècle**, avec portraits...................... 4 fr. 50

CLASSE DE DEUXIÈME

J. LEGRAND, professeur agrégé au Lycée Buffon. — **Plans de Compositions françaises sur des sujets variés**............ 1 fr. 50

CORNEILLE. — **Polyeucte**, par BERNARDIN, professeur de rhétorique au Lycée Michelet, avec portrait 1 fr. 25

RACINE. — **Athalie**, par JULES WOGUE, professeur au Lycée de Reims 1 fr. 25

MOLIÈRE. — **Le Misanthrope**, par G. PÉLISSIER, professeur agrégé au Lycée Lakanal, avec portrait. 1 fr. 25

MOLIÈRE. — **Le Tartuffe**, par H. MEYER, professeur agrégé au Lycée Condorcet, avec portrait.... 1 fr. 25

CLASSE DE PREMIÈRE

J. LEGRAND, professeur agrégé au Lycée Buffon. — **Plans de Compositions françaises sur des sujets variés**............ 1 fr. 50

BIBLIOTHÈQUE DE L'ENSEIGNEMENT SECONDAIRE MODERNE

PUBLIÉE SOUS LA DIRECTION DE MM.

EUGÈNE MANUEL	VICTOR DUPRÉ
Inspecteur général de l'Université, Membre du Conseil supérieur.	Inspecteur de l'Académie de Paris.

CLASSE DE QUATRIÈME

COURS DE MORALE PRATIQUE

PAR

Ludovic CARRAU

Ouvrage conforme au programme du 15 juin 1891.

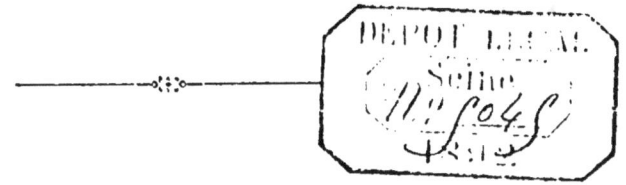

PARIS
ANCIENNE MAISON QUANTIN
LIBRAIRIES-IMPRIMERIES RÉUNIES
7, rue Saint-Benoît
May & Motteroz, Directeurs

PROGRAMME OFFICIEL

(15 juin 1891)

Notions préliminaires. — Premières données de la conscience.

Devoirs domestiques. — Devoirs des enfants envers les parents. — Devoirs des parents envers les enfants. — Devoirs des frères et sœurs.

Devoirs sociaux. — Respect de la vie humaine. — Respect de l'honneur et de la réputation. Les outrages, la calomnie, la médisance. Condamnation de la délation et de l'envie. — Respect de la propriété. Le vol et la fraude sous toutes leurs formes. — Caractère sacré des promesses et des contrats. — Équité. Reconnaissance. La bienfaisance : l'aumône ; l'obligation d'assister ses semblables dans le péril ; le dévouement, le sacrifice. Devoirs de l'amitié. Respect de la vieillesse, des supériorités morales. — Devoirs à l'égard des animaux. — Devoirs réciproques des maîtres et des serviteurs.

Devoirs civiques. La patrie et le patriotisme. L'obéissance aux lois, le respect des magistrats, l'impôt, le service militaire, le vote.

Devoirs personnels. — Devoirs de conservation personnelle. Le suicide. — Principales formes du respect de soi-même : tempérance, prudence, courage. Respect de la vérité ; sincérité vis-à-vis de soi-même. — Devoir de cultiver et de développer toutes nos facultés. Le travail : sa nécessité, son influence morale. — Devoirs religieux et droits correspondants.

COURS
DE
MORALE PRATIQUE

PREMIÈRE PARTIE

NOTIONS PRÉLIMINAIRES
PREMIÈRES DONNÉES DE LA CONSCIENCE

PREMIÈRE LEÇON

CONDITIONS DE LA MORALITÉ

Sommaire. — I. Première condition : la liberté. — II. Preuves en faveur de la liberté : Le sentiment intérieur. En quoi consiste l'acte libre. — III. Autres preuves de la liberté.

I. — Première condition : la liberté

L'enfant comprend de très bonne heure que certaines actions sont bonnes et dignes de louanges, certaines autres blâmables et mauvaises. Il sent, par exemple, qu'il est *bien* de dire la vérité, qu'il est *mal* de mentir; une punition imméritée le révolte, ce qui prouve qu'il a un sentiment très vif du juste et de l'injuste. Sans doute, on lui a appris dès ses premières années quelles actions il devait faire, quelles autres éviter, et l'on pourrait prétendre que cette connaissance élémentaire du bien et du mal lui vient de l'éducation; mais l'éducation ne lui transmet que ce que ses parents et les autres hommes ont reconnu vrai, et il est de fait que toujours et partout l'humanité a établi une distinction entre le bien et le mal. D'ailleurs, la facilité avec laquelle l'enfant comprend et admet cette distinction montre suffisamment qu'elle est primitive et essentielle à la nature humaine.

Mais comment cette distinction est-elle possible? Comment expliquer que nous approuvions certains actes, que nous flétrissions certains autres? Une pierre nous fait tomber sur la route, un animal nous mord; notre premier mouvement est de nous irriter contre la pierre et l'animal, et peut-être irons-nous jusqu'à battre celui-ci. Mais un peu de réflexion nous avertit bientôt que ni la pierre ni l'animal ne sont vraiment *coupables* du dommage ou de la douleur qu'ils nous ont causés. Pourquoi?

C'est que la pierre et l'animal ne sont pas considérés par nous comme ayant pu faire autrement qu'ils n'ont fait. La pierre ne pouvait pas changer de place pour nous laisser passer; le chien a mordu, poussé par un instinct dont il ne semble pas qu'il soit le maître. Une action n'est donc moralement bonne ou mauvaise que quand celui qui l'accomplit pouvait agir autrement ou s'abstenir.

Le menteur, au moment même où il ment, sent très bien qu'il dépend de lui de dire la vérité; le gourmand, s'il le voulait sérieusement, pourrait combattre et réprimer sa gourmandise. Et c'est pour cela que le menteur, le gourmand ont conscience de mal faire, qu'on est en droit de leur reprocher et qu'ils se reprochent à eux-mêmes leur gourmandise et leur mensonge.

La première condition pour que la conduite d'un être soit jugée moralement bonne ou mauvaise, c'est donc qu'il soit *libre*. Nous appelons *liberté* ou *libre arbitre* le pouvoir, dont nous avons conscience, de choisir entre deux ou plusieurs manières d'agir.

L'homme seul a vraiment la liberté; encore ne la possède-t-il pas toujours. Le tout petit enfant, l'idiot, le fou, certains malades, ne sont pas des êtres libres. Aussi ne les considère-t-on pas comme ayant réellement voulu les actes parfois funestes qu'ils accomplissent. On ne les blâme pas, on ne les punit pas; on les empêche de nuire, voilà tout.

Nous comprenons mieux maintenant ce qu'il faut entendre par des actions bonnes ou mauvaises moralement. Le fou qui dans un accès de fureur se jette sur son médecin et l'étrangle, commet une action qui est un mal, et pour la victime, et pour les parents de la victime, et pour la société tout entière qui perd un citoyen utile; mais ce n'est pas là un *mal moral*, car le fou n'a pas tué librement, n'a pas *voulu* assassiner un innocent; nous jugeons que c'est la maladie qui l'a poussé, sans qu'il lui fût possible de résister à cette impulsion. Le bien et le mal ne prennent un caractère moral que quand ils sont l'œuvre d'un être ayant conscience d'être libre.

On a souvent nié que l'homme fût vraiment libre. On a dit que s'il se croit tel, c'est qu'il est dupe d'une illusion. Le débat sur la liberté est un de ceux qui ont le plus divisé et qui divisent encore les philosophes.

Nous croyons que le moraliste a le droit de ne pas entrer dans cette discussion. En géométrie, on part de certaines données, telles que l'étendue, l'espace, ses trois dimensions, etc. On ne se demande pas si l'étendue, l'espace existent réellement, ni ce qu'ils sont en eux-mêmes. Ce sont problèmes qu'agitent les métaphysiciens. De même en doit-il être pour la morale. Elle repose, elle aussi, sur certaines données immédiates, qui sont les affirmations de la conscience ou sentiment intérieur. Or, en fait, l'homme sent et affirme qu'il est libre. Quand, après mûre réflexion, il prend telle détermination, il sait à n'en pas douter qu'il aurait pu ne pas la prendre ou en prendre une autre. Pratiquement, cela suffit. D'ailleurs, si la liberté est une condition essentielle de la moralité, ou l'homme est libre, ou il n'est pas un être moral. Mais il est un être moral, puisqu'il a des devoirs. Donc il est libre.

Néanmoins si le moraliste a le droit de ne pas prouver la liberté, il n'est pas inutile qu'il en rappelle les preuves et puisse brièvement répondre aux arguments de ceux qui la nient.

II. — PREUVES EN FAVEUR DE LA LIBERTÉ : LE SENTIMENT INTÉRIEUR EN QUOI CONSISTE L'ACTE LIBRE

La preuve principale en faveur de la liberté se fonde

sur le sentiment vif que nous avons d'être libres. Mais pour qu'elle ait toute sa valeur, il importe de préciser en quoi consiste l'acte libre ou volontaire.

Une faute grave a été commise au lycée. Maîtres et élèves ignorent le nom du coupable, et plusieurs innocents, soupçonnés, risquent d'être punis. Le coupable, cependant, sait qu'on ne le découvrira pas, et que, s'il se dénonce, un châtiment sévère est certain. Il hésite quelque temps entre la crainte de ce châtiment et le devoir de ne pas laisser condamner à sa place des camarades qui n'ont rien à se reprocher. Il hésite, c'est-à-dire qu'il délibère; la crainte égoïste d'une part, de l'autre le sentiment de l'honneur se font en quelque sorte équilibre. Cet état pourrait indéfiniment se prolonger, car si les deux motifs se balancent, c'est qu'aucun d'eux ne l'emporte par lui-même et nécessairement sur l'autre. Mais je veux croire qu'ici la délibération est courte, l'esprit qui compare les motifs a vite aperçu que se taire plus longtemps est lâcheté; l'élève coupable prend son parti; coûte que coûte, il se décide et va faire l'aveu qu'il rougit déjà d'avoir différé. Cette détermination qui met brusquement fin à la délibération et à la comparaison des motifs, cette décision souveraine qui tranche le débat, et, entre deux conduites également jugées possibles (ici, parler ou se taire), prononce que l'une sera suivie et non l'autre, — voilà proprement l'acte libre. On pourrait supposer qu'une cause extérieure, survenant à l'improviste, empêchât la résolution d'être exécutée; il n'importe : l'acte libre est tout entier au dedans de nous; les mouvements qui en sont la conséquence et le manifestent au dehors, ne dépendant pas toujours de notre seule volonté, ne sont déjà plus lui. Une paralysie soudaine peut arrêter la parole prête à s'échapper, rendre impossible tout usage des membres : la liberté subsiste, fût-elle éternellement impuissante à exécuter ce qu'elle a résolu.

Si l'exemple que nous venons de présenter n'a rien de chimérique, si chacun a pu expérimenter en soi-même la succession des phénomènes intérieurs qui viennent d'être décrits ; si dans maintes circonstances, après une délibération plus ou moins prolongée, tout homme a dû prendre une détermination avec la pleine conscience qu'il aurait pu en prendre une toute contraire, la liberté est prouvée directement par le plus irrécusable des témoignages, celui du sens intime.

III. — AUTRES PREUVES DE LA LIBERTÉ

Elle l'est encore, mais indirectement, par d'autres faits dont on ne saurait contester l'existence, et qui, sans elle, seraient inexplicables.

La satisfaction intérieure qui accompagne la conscience d'avoir fait une bonne action, le remords que nous éprouvons à la suite d'une action mauvaise, seraient absurdes si nous n'étions pas libres de vouloir le bien ou le mal. Ni l'animal ni le fou n'ont de remords après avoir tué.

Nous estimons l'homme vertueux, nous méprisons le criminel. Quelle injustice, si ni l'un ni l'autre n'étaient libres ! On n'*estime* pas un arbre qui porte de bons fruits, on ne méprise pas une bête malfaisante. Estime et mépris ne s'adressent qu'à l'agent dont la conduite aurait pu être différente ou contraire de ce qu'elle est.

Les hommes échangent entre eux des promesses, ils s'engagent par des contrats. Le pourraient-ils, s'il ne dépendait pas d'eux d'y rester fidèles? Supprimez la liberté, les engagements reviennent à ceci : je promets de faire telle chose; mais il n'est pas en mon pouvoir de promettre ou de ne promettre pas, de tenir ma promesse ou de ne pas la tenir.

Toutes les sociétés ont des lois pénales et des juges qui les appliquent. Mais punir est tout autre chose que mettre dans l'impuissance de nuire. La punition suppose que le coupable a commis librement la faute ou le crime et aurait pu, s'il eût voulu, s'en abstenir. Elle suppose aussi que, par la douleur qui lui est infligée, il pourra se repentir et prendre la résolution de s'amender. Elle suppose enfin que ceux qui seraient tentés de faire comme lui en seront détournés par le spectacle du châtiment, et rentrant en eux-mêmes se proposeront d'obéir désormais à des motifs moins égoïstes et moins pervers. L'idée de punition est donc inséparable de celle de liberté. Nous l'avons dit, on ne punit pas un fou furieux, un chien enragé; on tue l'un, on enferme l'autre, parce qu'ils sont dangereux, non parce qu'ils sont coupables.

Une autre preuve de la liberté pourrait être tirée du fait même que nous croyons être libres. Supposons que cette croyance fût une illusion; d'où nous viendrait-elle? Il est trop clair qu'elle ne peut nous venir de la connaissance que nous avons du monde extérieur ou des animaux; car nous ne leur attribuons pas le libre arbitre comme à nous-mêmes. Mais si nous-mêmes n'étions pas libres, nous n'aurions jamais pu nous élever à l'idée d'un être libre. Nous aurions conscience de nous-mêmes, mais nous aurions conscience en même temps de ne pouvoir nous déterminer autrement que nous ne le faisons.

La possibilité de se croire libre implique nécessairement l'existence du libre arbitre. D'ailleurs une illusion se dissipe à la longue par le progrès du savoir, de la réflexion, de la civilisation. Or il ne semble pas que l'homme soit moins disposé qu'autrefois à se croire libre. Au contraire, à mesure qu'il s'éloigne de l'ignorance et de la barbarie, se développe en lui la conscience de sa liberté. Elle se dégage graduellement des préjugés, des superstitions, de la servitude que la nature à l'origine faisait peser sur lui. Elle s'affirme dans l'ordre social et politique par la revendication des droits qui ne peuvent appartenir qu'à une personne libre, par un respect croissant pour l'indépendance et la dignité de la personne morale. La civilisation, sous toutes ses formes, n'est qu'une marche en avant du genre humain, par la liberté, vers la liberté.

Une dernière preuve est donnée par l'existence de la morale : nous l'avons indiquée plus haut. On peut dire que l'affirmation de la liberté est le premier devoir. En effet, l'homme a le devoir d'agir conformément aux règles de la morale. Mais s'il niait son libre arbitre, il ne pourrait plus, sans se mettre en contradiction avec lui-même, se considérer comme un être moral, c'est-à-dire soumis à la loi du devoir, puisque le devoir ne peut s'imposer qu'à un être libre. Mais ne plus se considérer comme un être moral, c'est se déclarer soustrait à la loi du devoir, c'est nier pour soi-même l'obligation du devoir, ce qui revient à se révolter contre lui. Le premier devoir est donc bien de se croire capable d'obéir au devoir, c'est-à-dire de se croire libre.

Mais on ne croit pas toujours comme on veut. S'il était invinciblement démontré que la liberté n'existe ni n'est possible, l'embarras serait grand, et quelques-uns pourraient être tentés de renoncer à la morale. D'où la nécessité d'examiner rapidement les principales objections proposées par les adversaires de la liberté.

RÉSUMÉ [1]

I. — L'enfant ne tarde pas à considérer certaines actions comme *bonnes* et dignes de louanges, et d'autres comme *mauvaises* et blâmables. L'éducation ne suffit pas pour expliquer cette distinction, qui est primitive et essentielle à la nature humaine.

Le discernement du *bien* moral et du *mal* moral suppose, en outre, la *liberté* ou *libre arbitre*. Nous n'attri-

---

1. Les numéros des alinéas, dans tous les résumés, correspondent aux numéros des subdivisions des leçons.

buons aucune moralité aux actes des êtres privés de raison, parce que ces actes n'ont pas été *voulus*.

II. — L'homme a conscience de sa liberté; il *sent* qu'il a le pouvoir d'accomplir des actes libres. Ce sentiment intime est le meilleur des témoignages en faveur de la liberté.

L'acte *libre* ou *volontaire* ne consiste essentiellement ni dans l'intelligence des motifs qui nous sollicitent à agir, ni dans la comparaison qui s'établit entre ces motifs et qui est la délibération. Il consiste dans la *détermination* prise, après comparaison entre plusieurs solutions jugées possibles. Si une cause extérieure empêchait l'accomplissement de l'acte résolu, la liberté n'en existerait pas moins.

III. — La *satisfaction morale* et le *remords* seraient absurdes sans la liberté. Ils n'existent pas chez les êtres privés du libre arbitre.

Nous éprouvons de l'*estime* pour les honnêtes gens et du *mépris* pour les hommes vicieux : ces deux sentiments seraient inexplicables sans la liberté.

Sans la liberté, les *promesses* et les *contrats* n'auraient, de même, aucune signification.

Toutes les sociétés ont des lois pénales; or l'idée de *punition* est inséparable de l'idée de liberté.

Preuve tirée de la *croyance* même de l'homme en sa liberté : s'il n'était pas libre, il ne pourrait s'élever à l'idée d'un *être libre;* si la conscience de cette liberté n'était qu'une illusion, elle disparaîtrait comme les autres préjugés sous l'influence du progrès. C'est le contraire qui a lieu : on respecte de plus en plus les droits civils et politiques qui ne peuvent appartenir qu'aux personnes libres.

Enfin l'idée même du *devoir* ou *loi morale* ne se comprend pas sans la liberté. Le premier devoir d'un être soumis à cette loi est l'affirmation de sa liberté.

Ouvrages à consulter :

Jules Simon, *Le Devoir*. (1ʳᵉ part., ch. I.)
Paul Janet, *La Morale*. (L. III, ch. VI.)
Émile Beaussire, *Les Principes de la morale*. (L. I, ch. I, II; l. II, ch. I.)
Renouvier, *Science de la morale*. (L. I. 1ʳᵉ section, ch. I et II.)
Marion, *Leçons de Morale*. (2ᵉ leçon.)
Fonsegrive, *Essai sur le Libre arbitre*. (2ᵉ part., l. II, ch. III.)

DEUXIÈME LEÇON

OBJECTIONS CONTRE L'EXISTENCE DE LA LIBERTÉ. RÉPONSES

Sommaire. — I. Objections des fatalistes et des déterministes. — II. Le déterminisme externe et le déterminisme interne. — III. Objections théologiques. — IV. Réponse aux objections théologiques. — V. Réponse aux objections des déterministes.

I. — OBJECTIONS DES FATALISTES ET DES DÉTERMINISTES

Dans l'antiquité, on a souvent admis l'existence d'une force aveugle, capricieuse, supérieure à la volonté humaine, qu'elle entraîne parfois, sans résistance possible, à des actes insensés ou criminels. Cette force, on l'appelait le *Destin* (en latin, *Fatum* d'où le nom de *fatalistes* donné à ceux qui prétendent que le destin est la seule cause de tous les événements, y compris les résolutions et les actions que l'homme attribue à son libre arbitre). On la supposait plus puissante que les dieux mêmes; dans Homère, Jupiter ne peut changer l'ordre immuable du Destin. Les Orientaux sont en général fatalistes : d'où leur résignation stupide en présence des fléaux qui les frappent.

Il est clair que si le fatalisme est le vrai, la liberté

n'est pas. Mais personne aujourd'hui ne soutient plus le fatalisme. Il n'y a pas de destin ; la nature obéit à des lois immuables qui ne laissent place à aucun caprice. Toute la question est de savoir si ces lois de la nature ne sont pas elles-mêmes une preuve contre l'existence et la possibilité du libre arbitre.

On sait que dans la nature rien ne se produit sans cause. C'est là une vérité que la science, s'il en était besoin, rendrait chaque jour plus évidente. Un phénomène est toujours précédé d'un ou plusieurs autres qui en sont, comme on dit, les *antécédents nécessaires*, c'est-à-dire sans lesquels il ne se produirait pas.

On fait le vide dans un tube de verre, qui plonge verticalement, par son extrémité ouverte, dans un bain de mercure : on voit le mercure s'élever dans le tube.

Voilà un phénomène. L'antécédent nécessaire de ce phénomène, c'est la pression atmosphérique ; la preuve, c'est que la colonne de mercure descend à mesure que cette pression diminue. Il y a donc un rapport constant entre la pression et la hauteur du mercure dans le baromètre, et l'expression exacte de ce rapport s'appelle une *loi*.

Tout phénomène est ainsi rigoureusement *déterminé* par ses antécédents, et à son tour, il détermine, comme antécédent, d'autres phénomènes. La nature tout entière est une chaîne ou un système d'antécédents et de conséquents, et la doctrine d'après laquelle les actes prétendus libres sont eux-mêmes *déterminés* avec la même nécessité que les phénomènes extérieurs est le *déterminisme*.

II. — LE DÉTERMINISME EXTERNE ET LE DÉTERMINISME INTERNE

Les déterministes nient la liberté. En fait, disent-ils, l'homme moral dépend tout entier des circonstances et des conditions au milieu desquelles il existe et se développe. Il dépend d'abord et avant tout des dispositions de son corps ; selon que celui-ci est sain ou malade, robuste ou chétif, selon que le tempérament est sanguin, bilieux, nerveux ou lymphatique, les sentiments, les idées, la conduite sont différents. L'organisme et le tempérament sont déterminés eux-mêmes par le sol, le climat, le régime, la race, la constitution physique transmise par les parents à leurs enfants. Toutes ces influences si nombreuses, si variées, si puissantes, façonnent d'une manière irrésistible l'organe de la conscience : tel cerveau, telle pensée et telle volonté.

L'homme moral, ajoute-t-on, est façonné plus directement encore par les opinions, les préjugés, les mœurs de son époque et de son pays, les exemples qui entourent son enfance, l'éducation qu'il reçoit. Son intelligence, son caractère sont l'effet, la *résultante* de toutes ces causes et déterminent absolument ses actions.

Mais les déterministes ne s'en tiennent pas là ; considérant une quelconque de ces résolutions que nous croyons prendre en toute liberté, ils se demandent d'où elle vient. Évidemment elle ne vient pas de rien ; il faut quelque chose qui l'explique. Ce quelque chose est un motif. Nous voulons ceci ou cela. L'idée du but à atteindre est le motif qui nous décide. Entre plusieurs motifs, celui-là l'emportera nécessairement qui, par lui-même, est le plus fort. Pour les uns, le plaisir aura un attrait tout-puissant ; tels autres seront plus sensibles à la beauté du devoir. Affaire de tempérament, d'éducation, d'habitude. A moins de soutenir que la décision volontaire n'a aucun antécédent, est un effet sans cause, il faut bien qu'elle s'explique entièrement par la force prépondérante du motif qui l'a dictée. Ce motif lui-même est le résultat des dispositions morales antérieures où s'est trouvé chacun de nous ; ces dispositions à leur tour viennent de causes antécédentes aussi nombreuses que diverses. Dans l'âme, comme en dehors d'elle, le déterminisme règne souverainement et rend impossible la liberté.

III. — OBJECTIONS THÉOLOGIQUES

Des difficultés à peu près insurmontables résultent enfin des rapports entre le libre arbitre de l'homme et les attributs de Dieu. Dieu étant conçu comme ayant la connaissance infaillible de toutes choses, doit connaître de toute éternité les résolutions volontaires de tous les hommes ; et alors comment ceux-ci seraient-ils libres de se décider autrement que Dieu ne l'a prévu ? La puissance de Dieu est infinie : comment alors l'homme pourrait-il se déterminer par lui-même ? Il ne peut vouloir que conformément à la volonté divine, ou plutôt c'est Dieu encore qui veut et agit en lui.

Telles sont les objections accumulées par les adversaires du libre arbitre. Voici ce que nous répondrons.

IV. — RÉPONSE AUX OBJECTIONS THÉOLOGIQUES

Nous écarterons d'abord les difficultés qui résultent des rapports entre les attributs de Dieu et la liberté humaine. Dieu étant, par son infinité même, incompréhensible, nous ne pouvons savoir s'il ne lui a pas été possible de concilier, sans que nous apercevions comment, sa toute-puissance et sa prescience avec une certaine part d'indépendance laissée par lui à ses créatures raisonnables. Il est imprudent de mêler la théologie à la morale; et Bossuet, sur cette question, dit avec un parfait bon sens : « Quand nous nous mettons à raisonner, nous devons d'abord poser comme indubitable que nous pouvons connaître très certainement beaucoup de choses dont toutefois nous n'entendons pas toutes les dépendances ni toutes les suites. C'est pourquoi la première règle de notre logique, c'est qu'il ne faut jamais abandonner les vérités une fois connues, quelque difficulté qui survienne, quand on veut les concilier ; mais qu'il faut au contraire, pour ainsi parler, *tenir toujours fortement comme les deux bouts de la chaîne*, quoique on ne voie pas toujours le milieu, par où l'enchaînement se continue[1]. » — Nous l'avons d'ailleurs déjà dit; la morale a ses principes propres, et la liberté est un de ces principes.

1. *Traité du libre arbitre*, ch. IV.

V. — RÉPONSE AUX OBJECTIONS DES DÉTERMINISTES

Quant aux objections des déterministes, on ne peut nier qu'elles ne renferment une certaine part de vérité. L'homme n'est pas une liberté pure et parfaite, les influences extérieures et organiques agissent sur lui de mille manières ; les dispositions morales qu'il tient de ses parents et de ses ancêtres, l'éducation, l'exemple peuvent orienter sa conduite selon telle ou telle direction.

Mais la liberté limitée est encore la liberté. L'homme a conscience de pouvoir combattre et vaincre ces causes infiniment nombreuses et diverses qui de toutes parts l'assiègent et sollicitent son activité libre ; cela suffit. Si ces causes étaient toutes-puissantes, verrait-on sous le même climat, dans les mêmes conditions de *milieu*, de telles oppositions de caractère, de moralité, de vices et de vertus ? Si l'hérédité, l'éducation ne laissaient aucune place à l'initiative par laquelle chacun de nous peut modeler son être moral comme il le veut, l'humanité de génération en génération se répéterait sans cesse ; tout progrès comme toute diversité seraient éternellement impossibles. Il en est ainsi pour les individus dans chacune des espèces animales ; mais l'homme peut s'élever sans cesse à un degré de perfection supérieur, comme il peut déchoir, et cela ne peut être que l'œuvre de la liberté.

Dire que parmi les motifs le plus fort l'emporte toujours et nécessairement, c'est supposer que les motifs ont une force par eux-mêmes et sont pour ainsi dire étrangers à l'esprit. Aussi les déterministes les ont-ils souvent comparés à des poids différents placés dans les plateaux d'une balance et faisant pencher l'un ou l'autre suivant qu'ils sont plus légers ou plus lourds. Mais cette comparaison est vicieuse. Les motifs sont dans l'âme, ils sont nous-mêmes. Ce sont des idées, des sentiments, des désirs, et rien de cela n'est en dehors de nous. De plus, ils n'ont pas une force qui leur soit inhérente et ne change pas, comme un poids exprime un certain nombre de grammes. La force des motifs est celle que nous leur donnons par l'attention, la complaisance que nous avons pour eux, et enfin par le choix que nous faisons de l'un à l'exclusion des autres. C'est en réalité le choix qui fait de tel motif le plus fort, non le motif le plus fort qui détermine le choix. Jusqu'au moment où la décision du libre arbitre intervient, aucun motif n'est par lui-même prépondérant. La preuve, c'est qu'on hésite, qu'on délibère ; c'est que tantôt ce motif l'emporte, tantôt celui-là. Le plaisir est bien tentant : comment n'y céderai-je pas? Le devoir est bien austère : le moyen de lui sacrifier le plaisir? Pourtant le devoir triomphera, si je le veux. Alors en effet, il sera devenu le plus fort; mais il l'est après, non avant. Jusque-là, semblait-il, l'attrait du plaisir était irrésistible.

Rien, il est vrai, ne se produit sans cause, et un acte libre étant un effet doit avoir une cause ou des antécédents, comme tous les phénomènes de la nature. Mais cette cause, c'est précisément la liberté. — On dit que la liberté étant admise, c'en est fait du déterminisme scientifique; l'enchaînement rigoureux des phénomènes peut être à chaque instant rompu, et il ne sera plus possible de rien prévoir. — Mais le déterminisme peut être vrai pour le monde extérieur, sans l'être nécessairement pour le monde moral. La liberté d'ailleurs n'introduit pas le désordre dans l'univers; elle est seulement une force d'un caractère spécial, qui se manifeste, comme toutes les autres, par ses effets propres. Enfin la science ne peut prédire qu'à la condition que les circonstances où se produira un phénomène restent identiques. Si j'appuie le canon d'un pistolet sur ma tempe, et si je presse la détente, je me ferai sauter la cervelle, — à moins que le pistolet ne rate. La cause qui fait rater le pistolet est une circonstance nouvelle qui a empêché la prédiction de se réaliser. De même l'intervention de la liberté, sans bouleverser les lois de la nature, est une de ces circonstances perturbatrices qui peuvent rendre incertaine la prévision des événements.

Si d'ailleurs il fallait à toute force choisir entre le déterminisme scientifique et l'affirmation du libre arbitre, nous n'aurions pas à hésiter. Le déterminisme scientifique ne s'impose pas à la raison comme une vérité évidente; c'est simplement une généralisation de ce que l'expérience a constaté jusqu'ici. La liberté, au contraire, est à la fois attestée par la conscience et exigée par la raison comme condition essentielle du devoir. Ce n'est pas un devoir de croire au déterminisme absolu de tous les phénomènes de l'univers : c'en est un, nous l'avons dit déjà, de croire à la liberté.

Donc, en résumé, aucune des objections proposées par les déterministes n'est décisive et ne prévaut contre le témoignage direct de la conscience.

RÉSUMÉ

I. — Les anciens supposaient qu'une force aveugle et capricieuse, appelée *Destin* (en latin *Fatum*), décidait des actions humaines. Cette opinion, incompatible avec l'existence du libre arbitre, a donné lieu au *fatalisme*, aujourd'hui abandonné.

Mais on a, d'autre part, supposé que les actions humaines étaient déterminées par des lois immuables analogues à celles qui régissent le monde physique. Ce système, qui nie également la liberté, a pris le nom de *déterminisme*.

II. — L'homme moral est d'abord soumis à l'influence de son tempérament physique, qui est lui-même déterminé par des causes extérieures (climat, hérédité, etc.); l'homme est façonné aussi par l'éducation, par le milieu social où il vit, et ces circonstances déterminent ses actions : tel est le *déterminisme externe*.

Le *déterminisme interne* soutient que les résolutions sont déterminées par un motif prépondérant, lequel dépend à son tour de dispositions morales antérieures.

III. — Enfin le libre-arbitre ne se concilierait pas avec les attributs de Dieu. Comment l'homme pourrait-il se décider autrement que Dieu ne l'a prévu et en dehors de sa souveraine volonté ?

IV. — Dieu étant incompréhensible, nous ne pouvons savoir s'il ne lui a pas été possible de concilier sa toute-puissance et sa prescience avec l'indépendance relative de l'homme. On ne peut, sans imprudence, mêler la théologie à la morale.

V. — Les objections déterministes renferment une part de vérité : la liberté est limitée par diverses influences. Mais la liberté limitée est encore la liberté. D'ailleurs l'homme peut combattre et modifier ces influences.

L'homme se détermine, il est vrai, par les motifs qui se présentent à son esprit ; mais ces motifs sont dans l'esprit lui-même. Ils doivent leur force à la volonté.

L'acte libre a une cause comme les autres phénomènes ; cette cause est la liberté. Le déterminisme scientifique et la liberté ont leur domaine propre, et peuvent être vrais simultanément.

En résumé, aucune objection n'est décisive et ne prévaut contre le témoignage direct de la conscience.

Ouvrages à consulter :

Fouillée, *La Liberté et le Déterminisme.*
Jules Simon, *Le Devoir.* (1re part. ch. II.)
Paul Janet, *La Morale.* (L. III, ch. VI.)
Émile Beaussire, *Les Principes de la morale.* (L. II, ch. I.)
Renouvier, *Science de la morale.* (L. Ier, 1re sect., ch. III.)
Marion, *Leçons de morale.* (2e leçon.)
Fonsegrive, *Essai sur le Libre arbitre.* (2e part. L. II, ch. I, II, III, IV.)

TROISIÈME LEÇON

DEUXIÈME CONDITION DE LA MORALITÉ

Sommaire. — I. L'objet de la liberté. — II. Les motifs d'action. — III. Caractères des motifs d'action. — IV. L'obligation morale. — V. Le bien ou la perfection morale. — VI. L'idéal moral. — VII. Conscience morale.

I. — L'OBJET DE LA LIBERTÉ

Il ne suffit pas que l'homme soit capable de vouloir librement. On ne peut vouloir à vide sans savoir ce que l'on veut; on veut nécessairement quelque chose, ceci ou cela. — La liberté doit avoir un *objet*.

L'objet de la liberté, bien qu'il soit nécessairement connu, peut être considéré en un sens comme extérieur à nous-mêmes. Par cela qu'il est connu, il est en nous, à titre de pensée ou d'idée; mais par cela que la liberté doit tendre, pour ainsi dire, vers lui, on peut dire qu'il est distinct de nous, qu'il n'est pas proprement nous.

Cette condition nouvelle de la moralité, — l'objet de la liberté, — ne se confond donc pas avec la condition que nous venons de constater et d'étudier, savoir la liberté elle-même.

II. — LES MOTIFS D'ACTION

Quel est l'objet de la liberté ?

Par une journée brûlante d'été, un enfant, après une longue course, tout en sueur et dévoré de soif, boit avidement deux ou trois verres d'eau glacée. Il a cédé à l'attrait d'un plaisir immédiat; le but de son action est ici le plaisir, et le plaisir seul.

Plus prudent, il sait qu'en agissant ainsi il risque de se rendre gravement malade et s'abstient. S'abstenir c'est encore vouloir : c'est vouloir ne pas faire une chose à laquelle on est sollicité. Que se propose-t-il en s'abstenant ainsi, en prenant la résolution de ne pas apaiser sa soif tout de suite? Ce n'est plus, comme tout à l'heure le plaisir immédiat, puisqu'il veut, au contraire, endurer pour quelque temps une souffrance. Mais il a calculé que ce plaisir d'un moment pourrait être suivi d'un mal prolongé et dangereux, la fluxion de poitrine; il a compris qu'il était de son intérêt de ne pas céder à la tentation présente, car il est fort utile de se maintenir en bonne santé et fort nuisible d'être malade. L'objet de la volonté est donc ici différent : ce n'est plus le plaisir, c'est l'intérêt bien entendu.

Essayons de nous représenter ce qui se passe dans l'âme du chevalier d'Assas (les exemples les plus connus sont les meilleurs) au moment où, s'il donne l'alarme, vingt baïonnettes vont faire de lui un cadavre.

Il est jeune et plein de vie; son intérêt est de ne pas mourir et de se rendre silencieusement prisonnier. Mais le devoir est, s'il le faut, de se sacrifier pour son pays. Il le sait, nous le savons tous. Dans le court instant que dure cette scène, ces deux objets, l'intérêt si pressant de ne pas mourir, le devoir du citoyen et du soldat, s'offrent vivement à lui; a-t-il hésité? Peut-être; mais si peu! Son parti est bien vite pris : il veut et fait le devoir. « A moi d'Auvergne! ce sont les ennemis! » Il sauve l'armée et meurt.

Dira-t-on que c'est d'instinct, sans réflexion, sans y penser, sans une résolution délibérée, qu'il pousse son cri héroïque? Mais pour en arriver à ces explosions soudaines de dévouement, il faut qu'une âme se soit dès longtemps façonnée à l'habitude du devoir; on n'atteint pas à la sublimité morale du premier coup. Il est possible, d'ailleurs, que dans ces instants dramatiques, l'âme prenne une conscience plus lumineuse d'elle-même, que l'intelligence surexcitée aperçoive d'un seul regard, avec une clarté supérieure, la valeur des objets entre lesquels il faut choisir, et que, pour avoir duré moins d'une seconde, la délibération ait été aussi réfléchie, que si elle s'était prolongée pendant des heures et des jours.

Dira-t-on que d'Assas s'est proposé d'assurer à son nom l'immortalité? Mais quelle certitude avait-il que son souvenir serait recueilli par l'histoire? Combien sont morts pour leur pays qu'elle a toujours ignorés? Puis, sacrifier sa vie pour assurer sa mémoire ce n'est plus là proprement un calcul intéressé. Les grandes âmes seules en sont capables, les grandes âmes, c'est-à-dire celles qui se sont fait du dévouement, du sacrifice comme une seconde nature.

Ainsi trois objets principaux peuvent solliciter la volonté : le plaisir, l'intérêt, le devoir, ou encore l'agréable, l'utile, l'honnête.

III. — CARACTÈRES DES MOTIFS D'ACTION

En tant qu'ils sont connus par nous comme désirables ou dignes d'être recherchés ces objets sont des *motifs d'action*. Il y a donc trois grandes classes de motifs.

Le *motif du plaisir* exclut toute réflexion, et il est désintéressé en ce sens qu'il ne suppose pas le calcul des conséquences et la prévision de l'avenir. Mais cela montre qu'il ne peut être le motif unique qui détermine toute notre conduite. Dès qu'il est parvenu à l'âge de raison, l'homme tient plus ou moins compte de ce qui peut résulter pour lui dans le futur de telle ou telle action volontaire. Les animaux eux-mêmes, j'entends les animaux supérieurs, sont capables de renoncer à un plaisir immédiat si l'expérience leur a appris qu'il doit être suivi d'une douleur plus grande. Le chien s'abstient de voler le rôti qui est à sa portée quand on l'a battu deux ou trois fois pour de semblables méfaits.

Le *motif intéressé* suppose au contraire réflexion, calcul, prévision. Il consiste à se priver d'un plaisir qui doit entraîner après lui une peine ou plus vive ou plus durable, à accepter une peine légère et passagère pour une satisfaction future si celle-ci doit être plus longue et plus intense. Il supputle les conséquences plus ou moins lointaines d'une action. Il établit une balance entre les biens et les maux et détermine la volonté à rechercher, tout compensé, la somme la plus petite possible de souffrances jointe à la plus grande somme possible de jouissances. C'est, comme on l'a dit, une sorte d'arithmétique. Vivacité, durée, probabilité plus ou moins grande des plaisirs et des peines, voilà les éléments de ce calcul. L'homme qui se prive de tout et s'impose les plus rudes fatigues dans sa jeunesse pour amasser une fortune dont il espère jouir dans son âge mûr et sa vieillesse, obéit en cela au motif de l'intérêt.

Ce motif n'a par lui-même rien de méprisable, car il est légitime que chacun mette en œuvre les moyens les plus efficaces pour assurer son propre bien-être. Il ne mérite d'être flétri que si, se trouvant en opposition avec le motif du devoir, ou motif moral, il détourne la volonté d'obéir à celui-ci.

Le caractère essentiel du *motif moral*, c'est d'être obligatoire. Qu'entendons-nous par là ?

IV. — L'OBLIGATION MORALE

L'obligation morale est le caractère d'un motif qui s'adressant à la volonté s'exprime par ces mots : *tu dois*. Chercher son intérêt, poursuivre le bien-être, la richesse même, cela n'est pas défendu; mais jamais l'homme qui donne ce but à sa vie n'a prétendu obéir à une voix intérieure lui disant : « Tu dois ne manquer de rien; tu dois être riche. » Bien plus, s'il me plaît de rester pauvre et de me réduire au nécessaire (pourvu qu'ainsi je n'impose à aucun des miens des privations qui lui soient pénibles), j'ai parfaitement conscience que ni moi ni personne n'a de reproche à me faire.

Quand la volonté se propose l'agréable ou l'utile, elle sait qu'elle n'obéit pas à un motif sacré qui a droit de lui donner des ordres. Le devoir seul a qualité pour commander souverainement et sans condition.

Il commande, mais il ne *contraint* pas; bien qu'il s'impose en vertu d'une autorité souveraine, il laisse la volonté libre de la méconnaître. Elle peut toujours refuser d'obéir. Si elle ne le pouvait pas, il n'y aurait plus de devoir; car il n'y a devoir que parce qu'il y a liberté.

Telle est l'obligation morale; elle s'impose comme un ordre qu'il est toujours possible de violer.

Elle s'impose, de plus, sans condition. Elle ne dit pas : Tu dois vouloir ceci, *pourvu* que ton intérêt n'en souffre pas, *pourvu* que le sacrifice exigé ne soit pas trop douloureux. Elle dit : Tu dois, quoi qu'il arrive, tu dois, dusses-tu mourir. Et c'est ainsi que le devoir parle à d'Assas. L'égoïsme a beau se plaindre et se lamenter; le motif moral parle d'un ton impératif qui ne se laisse pas attendrir, n'admet ni compromissions ni réplique.

Ce caractère obligatoire du motif moral, tout homme le connaît avec évidence le jour où il est mis en demeure de choisir entre son plaisir, son intérêt personnel et ce qui lui apparaît comme un devoir. Il se manifeste d'autant plus que le sacrifice commandé par le devoir est plus douloureux. Le remords est la conséquence du devoir violé; jamais on n'a de remords pour avoir renoncé à un plaisir immédiat ou aux satisfactions plus durables de l'égoïsme.

L'homme qui accomplirait, toujours et en tout, ce qui est ordonné par le devoir serait évidemment meilleur ou plus parfait que celui dont la conduite serait tout opposé. L'accomplissement sans réserve du devoir est donc la plus haute perfection que l'homme puisse atteindre.

V. — LE BIEN OU LA PERFECTION MORALE

La perfection dont il s'agit ici, c'est la perfection morale. Nous comprenons très bien que la toute-puissance, l'omniscience, l'éternité sont pour un être des perfections; mais celles-là, l'homme n'y saurait prétendre. Sa puissance, son savoir seront toujours et nécessairement limités; et s'il peut espérer une vie future impérissable, il sait qu'il a commencé d'exister. La perfection qu'il doit poursuivre, ce n'est donc pas toute la perfection, mais seulement celle dont il est capable. Elle n'est que la volonté bonne. Bien vouloir, voilà ce qui dépend de nous. Aussi l'*intention* a-t-elle seule un caractère moral. Des actes inspirés par une intention égoïste ou perverse peuvent avoir quelques effets favorables : un homme opulent peut, par exemple, distribuer d'abondantes aumônes pour faire étalage de ses richesses ou pour se ménager des partisans qu'il espère pousser à la révolte contre le gouvernement de son pays. Dans ce cas, sa générosité soulage quelques misères, ce qui est un bien, mais sa conduite n'est pas moralement bonne, parce que le motif qui l'inspire n'est pas celui du devoir.

Quand nous disons que la bonne volonté suffit, nous ne voulons pas dire qu'on ait le droit de s'en tenir à l'intention. La bonne intention n'existe qu'à la condition de se réaliser dans la mesure du possible. Bien vouloir c'est vouloir bien faire et n'épargner aucun effort pour mettre à exécution ce qu'on a résolu. La bonne volonté qui n'agit pas quand elle le peut n'est pas une bonne volonté.

La perfection morale, ou l'accomplissement de tout le devoir, étant l'objet suprême auquel nous devons tendre, il faut que nous ayons l'idée de ce que serait l'homme s'il était parvenu à cette perfection. Cette idée qui nous représente une nature humaine supérieure à ce que nous sommes, à ce que sont nos semblables, s'appelle l'*idéal moral*.

VI. — L'IDÉAL MORAL

Un idéal est un objet conçu par l'esprit, qui n'existe que dans l'esprit, et qui exprime une perfection plus haute que ce que l'expérience de la réalité peut fournir.

On dit, par exemple, qu'un artiste a un idéal, quand il conçoit un modèle de beauté plus parfaite que toutes les choses belles qui sont dans la nature. L'idéal de l'artiste est un idéal *esthétique*. On dit encore le cercle *idéal* ou parfait, pour désigner le cercle parfaitement conforme à la définition géométrique, que nos instruments grossiers ne sauraient reproduire avec une entière exactitude. De même on dit l'*idéal moral*, entendant par là cette perfection d'une volonté toujours et absolument conforme au devoir, d'une âme à laquelle ne manquerait aucune des vertus qui résultent de cette perpétuelle conformité — perfection vers laquelle nous devons tendre de toutes nos forces, bien qu'il soit peut-être impossible à l'homme de l'atteindre jamais.

L'idéal moral a pu varier d'une époque à l'autre, et c'est par là que la morale est capable de progrès. Le sauvage n'a pas le même idéal que le civilisé, ni le chrétien que le Grec du temps de Périclès. Le sauvage ne conçoit guère de devoirs qu'envers les membres de sa tribu; le Grec du ve siècle avant Jésus-Christ admet l'esclavage comme légitime et se croit tout permis envers les barbares. L'idéal moral s'épure et se perfectionne à mesure que se développe la civilisation. Celui des épicuriens et des stoïciens est supérieur à celui d'Homère. La loi mosaïque, de même, s'élève et s'épure de siècle en siècle, et de prophète en prophète. Le christianisme, dernier épanouissement de cette loi, n'a produit une si grande révolution dans le monde que parce qu'il a fait pénétrer dans les âmes, par l'amour, l'idéal moral le plus élevé que les hommes eussent encore connu.

VII. — CONSCIENCE MORALE

Nous appellerons conscience morale, la connaissance qu'ont tous les hommes, quelles que soient les différences de temps, de pays et de civilisation, d'un certain idéal de conduite qui s'impose à eux comme obligatoire. Il est clair, par ce qui précède, que la conscience morale est capable de progrès et d'éducation. Celle d'un sauvage ne regardera pas comme criminelles certaines actions qui nous feraient horreur. Celle d'un enfant n'a sans doute qu'une notion très vague et incertaine du bien et du mal, et il faut que parents et maîtres la développent par le précepte et l'exemple.

Mais quel que soit l'idéal moral que se forme la conscience, toujours et partout cet idéal est conçu comme *devant être* réalisé, dans la mesure du possible, par la volonté. Si, par exemple, la conscience morale du sauvage ne lui représente guère d'autre idéal que la bravoure dans la bataille et la patience dans les tourments, le sauvage se sentira obligé d'être brave et patient : il se méprisera et se jugera digne du mépris de ses compagnons, de ses ennemis mêmes, s'il cède à la lâcheté ou se laisse vaincre par la douleur.

RÉSUMÉ

I. — On ne peut vouloir sans vouloir quelque chose; la volonté doit avoir un *objet*.

Cet objet existe en nous à titre d'idée; mais il est, en un sens, distinct de nous.

II. — Trois objets principaux peuvent solliciter la volonté : 1° le *plaisir* ou l'*agréable;* 2° l'*intérêt* ou l'*utile;* 3° le *devoir* ou l'*honnête.*

Ces objets sont des *motifs d'action.*

III. — Le *motif du plaisir* exclut toute réflexion. Il ne peut être le motif unique de toute notre conduite.

Le *motif intéressé* consiste à sacrifier un plaisir, à supporter une peine en vue d'une satisfaction importante. Ce principe n'est pas mauvais en soi; il ne deviendrait tel que s'il détournait la volonté du motif du devoir ou motif moral.

Le caractère essentiel du *motif moral* est l'obligation.

IV. — L'*obligation morale* ou le *devoir* s'impose comme un *ordre*, mais non comme une *contrainte*. L'homme reste libre en face du devoir.

De plus, le devoir s'impose *sans condition*. C'est un *impératif catégorique*.

L'accomplissement sans réserve du devoir est la plus haute perfection que l'homme puisse atteindre.

V. — La *perfection morale*, c'est-à-dire le *bien*, réside surtout dans le *bon vouloir*, qui dépend de nous.

VI. — Pour tendre vers la perfection, l'homme doit d'abord en avoir l'idée : cette idée, c'est l'*idéal moral*.

L'idéal moral s'épure et s'élève à mesure que se développe la civilisation.

VII. — La *conscience morale* présente à chacun de nous un idéal de conduite comme *devant être* réalisé dans la mesure de nos forces.

De même que l'idéal, la conscience est susceptible de progrès et d'éducation.

Ouvrages à consulter :

Jules Simon, *Le Devoir.* (2ᵉ et 3ᵉ parties.)
Paul Janet, *La Morale.* (L. I, ch. i, ii, iii, vii; L. II, ch. i, ii; L. III, ch. i, v.)
Émile Beaussire, *Les Principes de la morale.* (L. III, ch. i.)
Renouvier, *Science de la morale.* (L. I, 1ʳᵉ sect., ch. i; L. II, 1ᵉ sect.)
Marion, *Leçons de morale.* (Leçons 3 à 12.)
Jouffroy, *Cours de Droit naturel.* (2ᵉ et 3ᵉ leçons.)
Cousin, *Le Vrai, le Beau, le Bien.* (Le bien.)
Francisque Bouillier, *Morale et Progrès.*
Ch. Waddington, *Dieu et la Conscience.* (1ʳᵉ part., ch. i.)
L. Carrau, *La Morale utilitaire.* (2ᵉ part., l. I, ch. iv.)

QUATRIÈME LEÇON

LA LOI MORALE

Sommaire. — I. La loi morale. — II. Caractères de la loi morale.

I. — LA LOI MORALE

Nous comprenons maintenant ce qu'il faut entendre par la loi morale. Elle est essentiellement un commandement, ou, ainsi que l'a dit un grand philosophe, un *impératif*. Elle proclame, comme *devant être* réalisée dans la pratique, la conformité entre la volonté et l'idéal conçu par la conscience morale. Et si cet idéal nous l'appelons le *bien*, nous dirons : *la loi morale est l'obligation de conformer sa volonté, et autant qu'on le peut, sa conduite, à ce que la conscience déclare être le bien.*

L'obligation s'impose en outre d'éclairer et d'épurer sa conscience par tous les moyens possibles : en réfléchissant, en s'instruisant, en demandant des conseils. Il arrive bien souvent, en effet, que l'intérêt, les passions, les préjugés, obscurcissent la conscience et l'empêchent de discerner, autant qu'elle en serait capable, ce qui est bien et ce qui est mal. Par là s'expliquent nombre de crimes affreux commis par des hommes qui, semble-t-il, croyaient bien faire. Les inquisiteurs, qui faisaient brûler les hérétiques et les juifs, s'imaginaient peut-être agir conformément aux intentions de Dieu. Mais si la haine et l'orgueil ne les avaient pas aveuglés, ils auraient compris que l'homme est sacrilège quand il s'attribue le droit d'interpréter et d'exécuter la volonté divine; ils auraient compris encore qu'ils faisaient à Dieu la plus sanglante injure en suppliciant leurs semblables au nom de sa justice et de sa bonté souveraines. Le fanatisme n'est donc jamais une excuse, car une réflexion sincère sur les motifs de leur conduite, un examen de conscience véritablement scrupuleux eussent fait reculer d'horreur ceux qui dressaient les bûchers. On sait les remords d'Innocent III, en apprenant les massacres des Albigeois, qu'il avait d'abord encouragés.

II. — CARACTÈRES DE LA LOI MORALE

A quiconque s'interroge de bonne foi, la loi morale apparaît, non seulement obligatoire, mais *absolue, claire, universelle, immuable*.

Elle est *absolue*, c'est-à-dire qu'elle n'est subordonnée à aucune autre, que tout, au contraire, doit lui être subordonné. Les intérêts les plus pressants, les affections les plus chères, doivent lui être sacrifiés, si elle l'ordonne. Le mot *absolu*, en ce sens, ne veut guère dire autre chose que le mot *obligatoire*.

Elle est *claire*. S'il est des cas où, au premier abord, le devoir semble être douteux, la réflexion sincère et suffisamment prolongée finit toujours par le découvrir. On a dit qu'il est quelquefois plus difficile de connaître son devoir que de le faire. Il est permis de contester la justesse de cette assertion. Le devoir sera alors précisément de chercher quel est le devoir, et c'est là une obligation très claire. Quand il s'agit de devoirs, l'homme, malheureusement, en sait toujours plus qu'il n'en fait [1].

La loi morale est *universelle*. — On entend par là que l'obligation de vouloir et d'accomplir ce que lui dicte sa conscience s'impose non seulement à chacun de nous, mais à toute créature raisonnable et libre. Elle vaut pour tous les globes, disait magnifiquement Voltaire. Dieu même n'est pas soustrait à cette obligation, en ce sens que la volonté divine ne saurait vouloir le contraire de ce que la raison divine connaît comme juste et bon. Et c'est en cela que consiste la sainteté de Dieu. Certains philosophes ont soutenu que la loi morale n'avait d'autre fondement que le décret arbitraire, et pour ainsi parler, le caprice divin. Une telle doctrine est fausse. On croit par là sauvegarder la toute-puissance, qui, semble-t-il, serait détruite si elle était contrainte d'obéir à une loi qu'elle n'aurait pas faite. Mais la toute-puissance ne consiste pas à pouvoir vouloir et

---

1. « Ce qu'on appelle chercher le devoir dans une circonstance particulière, dit le moraliste anglais Butler répondant par avance au mot de M. Guizot, n'est souvent qu'une tentative pour l'esquiver. » (*Serm.* VIII, *sur le caractère de Balaam.*)

réaliser l'absurde. Or l'injustice, le mal, sont l'absurde en moral.

La loi morale, enfin, est *immuable*. — On ne voit pas tout d'abord comment l'immutabilité s'accorde avec le progrès; et, nous l'avons dit, il y a progrès dans la conception de l'idéal moral, à mesure que se développe la civilisation. Mais la loi morale n'est que cet idéal conçu comme *devant être* voulu, et autant que possible, réalisé. C'est donc ce rapport entre une volonté libre et un idéal de perfection qui est immuable. Entre deux et deux, quatre et quatre, huit et huit, le rapport est toujours le même, bien que les chiffres soient différents.

C'est faute de faire cette distinction qu'on a si souvent nié l'universalité et l'immutabilité de la loi morale. « Le droit a ses époques, dit Pascal; plaisante justice qu'une rivière borne! Vérité en deçà des Pyrénées, erreur au delà! » Et l'on a étalé avec complaisance nombre d'actions que nous déclarons criminelles et qui ont paru légitimes en certains siècles et dans certains pays : les sauvages mettant à mort leurs vieux parents, les Spartiates encourageant leurs enfants à voler, etc. — On oublie toujours que c'est l'intention seule qui fait la moralité des actes ; — le sauvage, dans l'impuissance où il est souvent d'assurer sa propre nourriture, peut croire de très bonne foi obéir à un motif de piété filiale en 'pargnant à son père les privations et les misères qui vont assiéger sa vieillesse; le Spartiate veut développer chez ses fils l'adresse nécessaire au guerrier, et croit qu'un bon moyen c'est de lui apprendre à voler sans être découvert, si même il y a possibilité de voler dans une république d'où les lois ont à peu près proscrit la propriété individuelle. Autorisé par l'usage et l'opinion publique, le larcin, en telles conditions, n'était plus la violation volontaire d'un droit reconnu et consacré.

D'ailleurs, on a beaucoup exagéré ces prétendues variations des jugements relatifs à la valeur morale des actes. Il y a des actions qui toujours et partout ont été approuvées ou flétries par la conscience du genre humain. Ceux qui ont étudié de près les idées, les mœurs et les sentiments des sauvages ont pu constater que sur bien des points leur idéal moral est conforme à celui des peuples civilisés[1]. Les moralistes chinois, hindous, grecs et latins, ont formulé de bonne heure d'admirables préceptes. La morale de Platon a mérité, par certains côtés, d'être appelée la préface humaine de l'Évangile. L'*Éthique à Nicomaque*, d'Aristote, n'a pour ainsi dire pas vieilli, et le portrait qu'elle nous trace du *magnanime* pourrait encore, par bien des côtés, servir de modèle au citoyen de nos sociétés démocratiques. Le *Traité des Devoirs*, de Cicéron, n'a rien à envier aux plus belles œuvres qui depuis aient été écrites en ce genre.

Après avoir rappelé l'admirable légende bouddhique de Kunala, fils du roi Açoka, M. Paul Janet a pu dire qu'elle nous donne en raccourci comme un tableau de toutes les vertus : « la chasteté, la piété, la résigna-

---

[1]. Nous avons essayé de le montrer dans notre ouvrage : *La Conscience psychologique et morale dans l'individu et dans l'histoire* (Perrin), ch. VI.

tion, le mépris de la douleur, le pardon des offenses, et avec tout cela une grâce naïve et candide qui y ajoute un charme souverain[1]. »

Cicéron a donc raison quand, s'inspirant de la plus haute des doctrines stoïciennes, il s'exprime en ces termes pleins de grandeur :

« Il y a une loi véritable, conforme à la nature, qui se trouve chez tous les hommes, toujours la même, éternelle; elle nous appelle au devoir par ses commandements; elle nous détourne du mal par ses défenses; ordres et défenses qui ne restent pas vains pour les hommes vertueux, mais dont les méchants n'ont pas souci. Cette loi, ni en totalité ni en partie, il n'est permis de l'abroger; on ne peut non plus s'en écarter légitimement; ni le sénat ni le peuple ne peuvent nous dispenser de la suivre. Il n'est besoin de personne qui l'interprète et qui l'explique; elle n'est pas autre à Rome, autre à Athènes, autre maintenant, autre plus tard; une loi unique, éternelle, immuable embrassera toutes les nations et dans tous les temps; le maître commun et le souverain de tous, c'est Dieu même, qui a établi, éclairci et promulgué cette loi. Qui la violera, se fuira lui-même, et renonçant à sa nature d'homme, subira par cela même les plus durs châtiments, encore qu'il ait pu échapper à ces autres tourments supposés[2] » (ceux de l'autre vie).

1. *Histoire de la science politique dans ses rapports avec la morale*, t. I, p. 25, 26, 3ᵉ édit.
2. *De la république*, l. III.

RÉSUMÉ

I. — *La loi morale est l'obligation de conformer sa volonté et, autant qu'on le peut, sa conduite à ce que la conscience déclare être le bien.*

Mais la conscience peut être obscurcie par l'intérêt, les passions et l'ignorance. Nous avons donc, en outre, le devoir de l'éclairer et de l'épurer en réfléchissant, en nous instruisant et en demandant des conseils.

II. — La loi morale, outre l'obligation, a les caractères suivants :

Elle est *absolue*, c'est-à-dire qu'elle n'est subordonnée à aucune autre, et que tout doit lui être sacrifié si elle l'ordonne;

Elle est *claire*, même dans les cas douteux où le devoir consiste à chercher quel est le devoir;

Elle est *universelle*, ce qui veut dire qu'elle s'impose à toute créature raisonnable et libre; elle n'émane point d'un décret divin arbitraire, mais de la volonté de Dieu conforme à sa suprême raison;

Enfin la loi morale est *immuable.* Il n'y a pas contradiction entre ce caractère et le progrès constaté dans la conception de l'idéal moral, à mesure que se développe la civilisation. L'idéal conçu se présente toujours comme *devant être* voulu et réalisé autant que possible. Donc le rapport entre l'idéal et la volonté demeure constant, c'est-à-dire immuable.

D'autre part, c'est l'intention qui fait le mérite des actes, les actes en eux-mêmes n'ont pas de caractère moral.

Ces distinctions permettent d'expliquer les exemples qui semblent en contradiction avec le caractère d'immutabilité de la loi morale.

Les ouvrages que nous ont laissés les anciens, en Grèce, à Rome et chez les Orientaux, prouvent d'ailleurs que les traits essentiels de l'idéal moral ont été à peu près les mêmes à toutes les époques.

Ouvrages à consulter :

Jules Simon, *Le Devoir*. (3ᵉ partie.)
Paul Janet, *La Morale*. (L. I, ch. II; L. II, ch. I, II.)
Émile Beaussire, *Les Principes de la morale*. (L. I, ch. II.)
Renouvier, *Science de la morale*. (L. I, 3ᵉ sect., ch. XVIII.)
Marion, *Leçons de morale*. (3ᵉ leçon.)
Beaussire, *De l'Obligation morale*.
Paul Janet, *Histoire de la Science politique dans ses rapports avec la morale*. (Chapitre préliminaire.)
L. Carrau, *La Morale utilitaire*. (2ᵉ part., l. I, ch. VI, VII.)
Idem, *La Théorie de l'Évolution aux points de vue psychologique, religieux et moral*. (Cinquième étude.)
Idem, *La Conscience psychologique et morale dans l'individu et dans l'histoire*. (Ch. VI.)

CINQUIÈME LEÇON

LA RESPONSABILITÉ
LE MÉRITE ET LE DÉMÉRITE

Sommaire. — I. La responsabilité. — II. Conditions qui diminuent ou suppriment la responsabilité. — III. La responsabilité des criminels. — IV. Le mérite et le démérite.

I. — LA RESPONSABILITÉ

Si l'homme est libre, et s'il est une loi à laquelle il doive conformer sa volonté et ses actes, il est véritablement cause des actes moralement bons ou mauvais qu'il accomplit, et l'on a droit de lui en demander compte. C'est là ce qu'on veut dire quand on dit qu'il est *responsable*.

La responsabilité est donc une conséquence immédiate et nécessaire de la liberté et de la conscience que nous avons du bien et du mal moral.

La responsabilité, par suite, croît ou décroît selon le degré de liberté de l'agent, et aussi selon que sa conscience morale est plus ou moins éclairée et développée.

Nous avons dit déjà que ni l'enfant en bas âge, ni l'idiot, ni le fou, ne sont libres, et ne discernent le bien du mal; ils ne sont donc pas responsables des torts ou des malheurs qu'ils peuvent causer.

II. — CONDITIONS QUI DIMINUENT OU SUPPRIMENT LA RESPONSABILITÉ

Certaines conditions diminuent ou suppriment passagèrement la responsabilité. Un homme, dans un accès de délire ou de somnambulisme, de fièvre chaude, sous l'empire d'une hallucination, devient meurtrier ou incendiaire. On n'hésitera pas à le déclarer irresponsable.

Il semble qu'une passion violente, comme la colère, la jalousie, enlève à l'homme son libre arbitre. La colère, dit un poète latin, est une courte folie. En conclurons-nous que nous cessions d'être responsables, quand nous agissons sous l'influence de la passion?

Non, car la passion ne devient irrésistible que parce que nous l'avons laissée grandir. Si nous l'avions dès l'origine énergiquement combattue, jamais elle n'aurait réussi à subjuguer le libre arbitre. D'ailleurs, quelque violente qu'elle soit, il est toujours possible, par un effort suprême, de n'y pas succomber.

Le cas de l'ivresse est analogue. Selon l'expression populaire, l'homme ivre ne sait plus ce qu'il fait. Mais, avant de s'enivrer, il sait que l'ivresse pourra lui faire commettre des actes délictueux ou criminels. Il sait qu'il va aliéner son libre arbitre et se réduire à un état dégradant.

De même pour l'habitude. Quand elle est invétérée, il est presque impossible de lutter contre elle, bien qu'une volonté, rassemblant toutes ses forces, ne puisse manquer d'y parvenir. Mais il dépendait de nous de ne pas contracter cette habitude mauvaise ou de la déraciner à temps.

Qu'il s'agisse donc de l'habitude, de l'ivresse ou de la passion, nous avons la responsabilité, non peut-être des actes mêmes qu'elles nous font commettre, mais de la faiblesse coupable que nous avons eue de nous laisser peu à peu dompter par elles. La responsabilité remonte ici dans le passé, jusqu'au moment où la volonté, pouvant encore aisément résister, ne l'a pas fait.

On a pu soutenir que le manque absolu d'éducation morale supprimerait la responsabilité. Mais l'hypothèse d'un enfant qui arriverait à l'âge adulte sans avoir entendu parler du bien et du mal, est irréalisable dans nos sociétés modernes.

Dans celles surtout, comme la nôtre aujourd'hui, où l'instruction est obligatoire, personne ne peut plus invoquer pour excuse qu'il ignorait les devoirs les plus élémentaires imposés à tout homme.

III. — LA RESPONSABILITÉ DES CRIMINELS

Une doctrine assez récente prétend décharger de toute responsabilité les criminels, parce que le crime est, dit-on, l'effet nécessaire de dispositions apportées en naissant ou transmises par l'hérédité. Il y aurait des hommes naturellement voleurs ou assassins, comme il y a des hommes naturellement bègues ou idiots, et des caractères, même extérieurs, les feraient reconnaître du premier coup par un œil exercé. — Les recherches de ce genre sont encore trop incomplètes et les résultats trop incertains pour qu'on puisse leur accorder quelque crédit. D'ailleurs une tendance, même innée, au crime n'entraînerait pas l'abolition complète de la responsabilité. Le libre arbitre pourrait subsister, affaibli, et avec lui, une responsabilité moindre.

Si la liberté et la conscience morale étaient entièrement absentes, alors seulement la responsabilité serait nulle. Mais en ce cas, on aurait véritablement affaire à des malades, non à des criminels.

Dans ces derniers temps encore, les curieuses expériences sur la suggestion ont soulevé un délicat problème de responsabilité. On sait qu'une personne, endormie d'une certaine manière par une autre, peut, si son tempérament s'y prête, subir à ce point l'influence de la volonté de l'opérateur, qu'elle exécutera, sans savoir pourquoi, poussée par un besoin irrésistible, ce qui lui aura été suggéré pendant son sommeil. On peut commander une action qui ne doit être accomplie qu'au bout de plusieurs mois; au jour, à l'heure fixés, la suggestion apparaît, et le *sujet*, malgré sa résistance, obéit, contraint par une force inconnue. Si ces faits sont exacts, il est évident qu'un crime commis en de telles circonstances ne saurait être imputé à son auteur; le vrai coupable est celui qui l'a suggéré. Mais le *sujet* est sans excuse pour s'être prêté à l'expérience, s'il savait qu'elle aurait pour résultat de livrer sa liberté à la merci d'une volonté étrangère. Le premier devoir d'un être libre est de se maintenir libre.

IV. — LE MÉRITE ET LE DÉMÉRITE

Le mérite et le démérite découlent de la responsabilité. Une vérité pour nous évidente, c'est qu'un être qui conforme en tout sa conduite à l'idéal moral ne peut pas être, pour cela, définitivement et pour toujours malheureux, qu'un être au contraire qui veut et fait le mal, sachant que c'est le mal, ne peut pas trouver comme conséquence de sa perversité même, une vraie et inaltérable félicité. Un sentiment impérieux de justice exige que l'homme de bien soit récompensé et le méchant puni. L'ordre des choses nous paraîtrait absurde, si la vertu n'était liée par un rapport nécessaire au bonheur, et le malheur au vice. Le mérite est le droit de la vertu au bonheur; le démérite, c'est le malheur qui doit tôt ou tard châtier une volonté révoltée contre la loi du devoir.

Hâtons-nous d'ajouter que ces idées de mérite et de démérite ne sont nullement en désaccord avec le désintéressement qui est le caractère essentiel d'une bonne volonté. Faire le bien uniquement en vue d'une récompense et pour éviter d'être puni, n'est pas vertu, mais calcul d'égoïste. Aussi faut-il pour qu'une conduite soit vraiment méritoire, qu'elle n'ait pas été inspirée par de tels motifs. Le bonheur, conséquence de la moralité, ne peut être espéré que par ceux qui ne l'auront pas exclusivement poursuivi. Spinoza a pu même dire, après

Sénèque, que la vertu est à elle-même sa propre récompense. Ce n'est donc pas l'homme vertueux qui demande son salaire : c'est la conscience du genre humain, c'est la Justice éternelle, qui le réclament pour lui.

RÉSUMÉ

I. — La *responsabilité* est la conséquence de la liberté et de la conscience du bien et du mal.

Elle croît ou décroît selon le degré de liberté de l'agent, et aussi selon que sa conscience est plus ou moins éclairée et développée.

Les enfants et les fous ne sont pas responsables.

II. — La responsabilité n'existe pas non plus pour les actions accomplies dans des accès de délire, de somnambulisme, de fièvre chaude, etc.

Il n'en est pas de même des actions faites sous l'empire des passions et des habitudes. D'abord la volonté a quelque pouvoir sur ces mobiles; ensuite on aurait pu et dû ne pas leur laisser prendre un empire absolu. L'ignorance et le défaut d'éducation ne sont excusables que dans une certaine mesure.

III. — La doctrine qui prétend décharger les criminels de toute responsabilité, parce qu'ils seraient naturellement et par hérédité organisés pour le crime n'est rien moins que prouvée. D'ailleurs une tendance innée ne supprime pas complètement la liberté, ni par suite la responsabilité.

La responsabilité d'un acte accompli par un sujet hypnotisé incombe à l'auteur de la suggestion. Le *sujet* est également responsable, s'il a consenti à l'expérience, sachant qu'elle aurait pour résultat de livrer sa liberté à la merci d'une volonté étrangère.

IV. — Le *mérite* et le *démérite* découlent de la responsabilité. Un sentiment impérieux de justice exige que celui qui a fait librement le bien obtienne le bonheur, c'est-à-dire soit récompensé; et que celui qui a fait volontairement le mal éprouve de la peine, c'est-à-dire soit puni.

Ces idées de mérite et de démérite ne sont pas en désaccord avec le désintéressement, qui caractérise le bien moral. L'homme vertueux ne demande point son salaire; mais la conscience humaine et la justice éternelle le réclament pour lui.

Ouvrages à consulter :

Paul Janet, *La Morale.* (L. III, ch. xi.)
Lévy Bruhl, *L'Idée de responsabilité.*
Henri Marion, *Leçons de morale.* (2ᵉ leçon.)
L. Carrau, *La Conscience psychologique et morale dans l'individu et dans l'histoire.* (Ch. ii et iii.)

SIXIÈME LEÇON

SANCTIONS DE LA LOI MORALE

SOMMAIRE. — I. La satisfaction intérieure. — II. Le remords. — III. Bonne et mauvaise santé. — IV. L'estime et le mépris. — V. Sanction des lois pénales.

I. — LA SATISFACTION INTÉRIEURE

Nous pouvons maintenant parler des sanctions de la loi morale; il est bien entendu que, sous peine de ne pas obéir à la loi morale, l'homme ne saurait faire de ces sanctions le motif exclusif de ses actions.

On appelle sanctions d'une loi un système de peines ou de récompenses attachées à la pratique ou à la violation de cette loi. Les lois civiles ont des sanctions. Celui qui se soustrait au service militaire est condamné à la prison, celui qui enfreint un règlement de police est frappé d'une amende. Si la loi morale est véritablement une loi, elle doit, elle aussi, avoir des sanctions.

Quand nous avons voulu et accompli ce que notre conscience déclare être moralement bon, nous éprouvons une satisfaction intérieure qui remplit l'âme de paix et de sérénité. Ce sentiment est d'autant plus vif que le sacrifice exigé par le devoir a été plus douloureux. Et il se passe alors ce fait étrange que nous sommes heureux en proportion de ce que nous souffrons. Un riche négociant s'est réduit à la misère pour faire honneur à ses engagements; je suppose qu'il ait pu légalement ne pas payer, qu'il n'ait pas obéi à la contrainte des tribunaux, mais à la voix seule de la probité. Il est cruellement affecté de sa ruine et de la ruine des siens, qu'il aime d'une profonde tendresse; mais la joie d'avoir fait tout son devoir lui est une suffisante compensation.

Cette joie morale n'est pas de celles qui éclatent en transports tumultueux et sont aussi passagères que violentes; elle est sans trouble, toujours égale à elle-même, et dure autant que la volonté de persévérer dans le bien. Elle est à l'abri des accidents du dehors; rien ne nous la peut ravir, car nous sommes maîtres d'en faire jaillir et d'en alimenter perpétuellement la source par l'accomplissement toujours répété de bonnes actions. Elle accompagne l'homme de bien jusqu'à sa dernière heure, lui rend bon témoignage de sa vie, l'assure contre la mort, et lui donne comme l'avant-goût d'une heureuse immortalité.

Il y aurait toutefois une évidente exagération à soutenir que les joies de la conscience font, dans tous les cas, équilibre à la douleur des sacrifices commandés par le devoir. « L'honnête homme est sans doute heureux de faire le bien, mais il n'est pas heureux par cela seul qu'il fait le bien, et son bonheur n'est pas toujours et nécessairement en proportion de sa perfection morale. L'humanité, qui de tout temps a considéré l'accomplissement du devoir comme pénible, n'est pas la dupe d'une illusion. Vertu veut dire force : à quoi bon cette force, s'il suffisait de se laisser aller au facile entraînement des plus nobles instincts ? Nous sommes profondément convaincus que l'on compromet la cause sacrée du devoir en la représentant comme trop aimable, et nous partageons pleinement sur ce point l'opinion de Kant. Le devoir est le devoir, non le bonheur...

« On dira que la pratique du bien, d'abord pénible, devient facile et même agréable par l'habitude ;... mais il est parfois dans la vie des circonstances où l'habitude n'a pu rendre ni facile ni attrayant l'accomplissement du devoir. — Voici un homme riche, plein d'avenir, nouvellement marié, père d'un enfant de quelques mois. Il est dans toute l'ivresse de son jeune bonheur. La guerre éclate, la patrie est envahie : nulle loi ne l'oblige à quitter son foyer, mais sa conscience lui en fait un devoir, et il part, le fusil sur l'épaule, s'arrachant volontairement à tout ce qui fait bénir la vie. Il tombe au coin d'un bois, le soir, victime obscure et sublime du plus héroïque des sacrifices. Il se traîne sanglant dans la nuit ; il sent venir la mort ; il pense à sa femme déjà veuve, à son fils orphelin ; et nul, sauf ces deux êtres ne saura son nom, son dévouement, son agonie pleine d'indicibles angoisses. Je demande s'il est heureux. Et encore, à l'instant suprême, Dieu est proche et les souffrances vont finir ; mais était-il heureux au moment des adieux ? l'était-il quand il partait, étouffant peut-être dans son cœur de sombres pressentiments? Non, non le devoir n'est pas toujours le bonheur, et l'humanité serait bien malade le jour où l'homme ne ferait plus le bien que pour être heureux [1]. »

II. — LE REMORDS

Le sentiment qui résulte immédiatement chez l'agent, de la conscience d'avoir violé la loi morale s'appelle le *remords*. Le remords est une souffrance dont l'intensité est souvent proportionnelle à celle du plaisir illégitime dont la poursuite a été le motif de la volonté perverse. Nous avons donc ici la même contradiction apparente que nous signalions tout à l'heure en parlant de la joie intérieure, conséquence de l'accomplissement du devoir. La douleur du remords peut, dans certains cas, faire équilibre à toutes les jouissances de la sensualité et de l'égoïsme satisfaits. « C'est un châtiment cruel, dit Juvénal,... que de porter jour et nuit dans sa poitrine son propre accusateur. » Et Lucrèce observe que, poussés par le remords, des criminels sont allés jusqu'à se dénoncer eux-mêmes. L'hallucination qui présente parfois au meurtrier l'image sanglante de ses victimes, prouve quel trouble mental peut enfanter le remords. Les poètes dramatiques en ont tiré des effets saisissants. C'est Oreste qui se croit poursuivi par les Furies :

> Mais quelle épaisse nuit tout à coup m'environne?
> De quel côté sortir? D'où vient que je frissonne?

[1]. Nous nous permettons d'emprunter ce passage à notre livre sur la *Morale utilitaire* (couronné par l'Institut et par l'Académie française).

Quelle horreur me saisit? Grâce au ciel j'entrevois...
Dieux! quels ruisseaux de sang coulent autour de moi?
....
Hé bien! filles d'enfer, vos mains sont-elles prêtes?
Pour qui sont ces serpents qui sifflent sur vos têtes?
A qui destinez-vous l'appareil qui vous suit?
Venez-vous m'enlever dans l'éternelle nuit[1]?

C'est Macbeth, devant qui se dresse, au milieu d'un festin le spectre de Banquo ; c'est lady Macbeth voyant toujours sur sa petite main blanche une tache de sang que toute la mer ne pourrait laver; c'est Richard III, qui la nuit d'avant la bataille où il perdra son royaume et sa vie, voit défiler tous les innocents qu'il a fait mourir pour s'assurer le trône. Il faut relire cette scène : aucun moraliste n'a été aussi grand que ne l'est ici Shakespeare :

« L'OMBRE DU PRINCE ÉDOUARD, FILS DE HENRI VI, A RICHARD. — Que demain je pèse sur ton âme. Souviens-toi que tu m'as poignardé dans la fleur de ma jeunesse à Tewksbury; désespère donc et meurs!

« L'OMBRE DU ROI HENRI VI A RICHARD. — Lorsque j'étais mortel, mon corps oint du seigneur fut percé par toi de mille coups mortels. Pense à la tour et à moi. Désespère et meurs! Henri VI te dit : Désespère et meurs!...

« L'OMBRE DE CLARENCE A RICHARD. — Que demain je pèse sur ton âme, moi, qui fus noyé dans du méchant vin, pauvre Clarence mis à mort par ta trahison! Demain dans la bataille pense à moi et que ton épée tombe émoussée! Désespère et meurs!

1. RACINE, *Androm.*, V, v.

« L'ombre de Rivers a Richard. — Que demain je pèse sur ton âme! moi, Rivers, qui mourus par toi à Pomfret! Désespère et meurs!

« L'ombre de Grey. — Pense à Grey et que ton âme désespère!

« L'ombre de Vaughan. — Pense à Vaughan, et que la crainte qui vient du crime fasse tomber ta lance. Désespère et meurs!...

« L'ombre d'Hastings. — Sanglant et criminel, réveille-toi pour le crime, et dans la bataille sanglante finis tes jours. Pense à lord Hastings, et désespère et meurs!...

« Les ombres des deux jeunes princes (les enfants d'Édouard). — Songe à tes neveux étouffés dans la Tour. Que nous soyons un plomb dans ton sein, Richard, et que notre poids t'entraîne à la ruine, à la honte et à la mort. Les âmes de tes neveux te disent : Désespère et meurs!...

« L'ombre de la reine Anne. — Richard, ta femme, cette pauvre Anne ta femme, qui jamais n'a dormi une heure tranquille avec toi, remplit maintenant ton sommeil de trouble. Demain dans la bataille pense à moi, et que ton épée tombe émoussée; désespère et meurs!

« L'ombre de Buckingham. — Je suis le premier qui t'ai aidé à atteindre la couronne, le dernier j'ai senti ta tyrannie. Oh! dans la bataille pense à Buckingham, et meurs dans la terreur de tes crimes! Rêve, rêve d'actions sanglantes et de mort, de défaillance, de désespoir; désespéré, rends ton âme.

« Richard s'éveille en sursaut.

« RICHARD. — Donnez-moi un autre cheval, — bandez mes blessures. — Jésus, ayez pitié ! — Doucement, ce n'était qu'un rêve. — O lâche conscience, comme tu me tourmentes ! Les flambeaux brûlent avec une flamme bleue. — Il est maintenant minuit, l'heure de mort. Des gouttes froides, pleines d'épouvante, se glacent sur ma chair tremblante. Qu'est-ce que je crains ? — moi-même ! il n'y a ici que moi ; Richard aime Richard... Y a-t-il un meurtrier ici ? — Non. — Si, moi-même. Fuyons donc. — Quoi ! fuir loin de moi-même ? Belle raison ! Pourquoi ? De peur que je ne me venge. — Quoi ? que je ne me venge moi-même sur moi-même ? Je m'aime moi-même ! Et pourquoi ? pour quelque bien que moi-même je me suis fait à moi-même ? Oh ! non ! hélas ! Je me hais plutôt moi-même pour les actions exécrables commises par moi-même. Je suis un scélérat ; non, je mens, je ne le suis pas. Insensé, dis du bien de toi-même ! Insensé, ne te flatte pas. Ma conscience a mille langues différentes, et chaque langue apporte une histoire différente, et chaque histoire me condamne comme un scélérat. Le parjure, le parjure au plus haut degré ; le meurtre, le meurtre cruel, à son degré le plus affreux ; tous les crimes de toute nature, se pressent à la barre, criant tous : coupable ! coupable ! Je tomberai dans le désespoir. — Il n'y a pas une créature qui m'aime, et si je meurs, aucune âme n'aura pitié de moi. Et pourquoi en auraient-elles puisque moi-même je ne trouve en moi-même aucune pitié pour moi-même. Il m'a semblé que les âmes de tous ceux que j'ai tués étaient venues dans ma tente et chacune appelait la vengeance de demain sur la tête de Richard[1]. »

Mais les poètes sont suspects d'exagération, et il n'est pas bien sûr que Richard III ait éprouvé, la veille de la bataille de Bosworth, les remords si admirablement décrits par Shakespeare. Les historiens, plus véridiques, mentionnent des cas analogues d'hallucinations vengeresses. Théodoric, après avoir fait assassiner son ministre Symmaque, le beau-père du philosophe Boëce, crut voir, un jour qu'on servait sur sa table un gros poisson, la tête menaçante de sa victime, à la place de celle de l'animal. Au témoignage de Tacite, Néron, après avoir accompli le meurtre de sa mère, « comprit enfin toute la grandeur du crime. Le reste de la nuit, tantôt immobile et silencieux, tantôt se levant plein d'épouvante et l'esprit égaré, il attendait le jour, comme s'il devait lui apporter la mort. » En vain la garde prétorienne, Burrhus en tête, en vain les courtisans viennent le féliciter; en vain les municipalités de Campanie remplissent les temples de leurs actions de grâces; Néron ne peut plus soutenir la vue de ces rivages menaçants; on croyait entendre sur les collines d'alentour des sons de trompette, et sur le tombeau de la mère de l'empereur des cris lugubres et des gémissements. Le parricide s'enfuit à Naples.

Mais quelque poignant qu'il soit, le remords n'est pas toujours une suffisante expiation. L'expérience

---

1. *Richard III*, act. V, sc. III. — Ce merveilleux monologue renferme l'analyse la plus exacte et la plus pénétrante du remords. Le professeur pourra en faire remarquer aux élèves tous les détails. — Voir aussi, comme description du remords, les incomparables chefs-d'œuvre de la *Légende des siècles* : la Conscience et le Parricide.

prouve qu'on s'y fait; l'âme s'endurcit à la longue, et en arrive, selon la forte parole de l'Écriture, à boire l'iniquité comme de l'eau. On aboutirait donc à cette conséquence contradictoire au point de vue moral, que les plus grands criminels seraient les moins punis. Et de même, une conscience délicate jusqu'au scrupule éprouvera de véritables remords pour les fautes les plus légères. Le rapport exigé par la justice est entièrement renversé.

III. — BONNE ET MAUVAISE SANTÉ

Il est vrai que ces sanctions de la conscience ne sont pas les seules. Une vie vertueuse a généralement pour effet d'établir ou de maintenir entre les fonctions organiques cette harmonie parfaite qui constitue la santé; une vie livrée au désordre et à l'immoralité risque d'être en proie aux maladies et d'être promptement détruite. Mais il en peut être, il en est souvent tout autrement; un Pascal, après des années de souffrances sans trêves, meurt à trente-neuf ans. D'autre part, un tempérament robuste supportera sans dommage tous les excès, et il est nombre d'actions coupables ou criminelles qui n'ont aucune influence appréciable sur l'état de l'organisme. En tout cas, l'égoïste s'entend admirablement à conserver sa vie et sa santé, et c'est lui qui recueillera le plus sûrement cette prétendue récompense de la vertu.

IV. — L'ESTIME ET LE MÉPRIS

L'estime et le mépris sont des sentiments qui ont pour objet exclusif la valeur morale de nos semblables. Ils diffèrent, à ce titre, de la sympathie et de l'antipathie, de l'amour et de la haine. Nous tenons à l'estime, nous redoutons le mépris; de plus mille avantages mondains, quelquefois la fortune et les honneurs, résultent d'une bonne réputation; l'ignominie, la ruine peut-être, peuvent être les conséquences d'une réputation mauvaise. C'est là une sanction puissante et efficace.

Mais il est à peine besoin d'ajouter qu'elle est, au moins dans notre état social, entièrement insuffisante, et qu'elle le sera sans doute encore pendant longtemps. Elle est souvent mal informée, et il est certains vices ou certaines actions fort blâmables, criminelles même, qui la trouvent fort indulgente. Puis, l'opinion publique fût-elle toujours éclairée et toujours honnête, que peut-elle juger, glorifier et flétrir? Ce qu'elle peut connaître, à savoir les actes extérieurs et leurs résultats. Quant aux intentions, elles lui échappent, ou elle ne peut les connaître que par conjecture. Or, nous l'avons dit, l'intention seule donne aux actes le caractère de la moralité. D'ailleurs l'opinion publique ne saurait jamais avoir de prises véritables sur les actions qui restent ignorées au dehors du foyer domestique. Le moraliste anglais Bentham compte, il est vrai, sur la presse pour faire pénétrer la sanction de l'opinion dans les plus basses comme dans les plus hautes sphères. Mais Bentham méconnaît ici les nécessités de l'intérêt général. Installée au sein de la vie privée, l'opinion publique deviendrait facilement de l'espionnage; il est contraire à la liberté et au maintien des relations sociales que chacun ait le droit de connaître et de juger dans tous ses détails la conduite de son voisin.

Enfin, en admettant que l'opinion publique puisse connaître et juger avec équité tous les actes qui ont un caractère moral, elle ne dispose par elle-même que de deux sanctions, le blâme et l'éloge. Mais il est des hommes dont la perversité cynique s'inquiète assez peu du mépris. Pourvu que le code ne puisse les atteindre, ils se font de l'impudence une sorte de point d'honneur. Presque toujours ils finissent par triompher du dégoût qu'ils inspirent. Chacun est trop occupé de ses propres affaires pour persévérer longtemps dans ses sentiments à l'égard d'un malhonnête homme. Le temps efface bien des choses; il suffit parfois de changer de ville ou de faire une absence de quelques années pour laver la réputation la plus souillée.

V. — SANCTION DES LOIS PÉNALES

Les tribunaux disposent aussi de sanctions; mais elles sont plus insuffisantes encore que toutes celles qui précèdent. La loi ne récompense pas; elle punit bien certains manquements à la loi morale, mais non pas tous : ceux-là seulement qui portent atteinte aux droits légaux des citoyens ou à la sécurité publique. Le juge n'est d'ailleurs pas infaillible ; il peut frapper l'innocent et absoudre le coupable. Enfin lui non plus ne saurait tenir un compte rigoureux de l'intention ; les consciences lui sont fermées, et il ne peut guère apprécier que ce qu'on appelle la matérialité des actes.

Si toutes les sanctions humaines sont impuissantes à assurer toujours entre le bonheur et la vertu, la perversité et le malheur, cette proportion exacte que notre raison proclame nécessaire, on doit admettre, avec la tradition du genre humain et les plus grands moralistes de tous les temps, une sanction suprême et parfaite, dans une autre vie. Nous n'avons ici ni à démontrer l'immortalité ni à en déterminer les conditions. Peut-être même l'homme ne saurait-il arriver sur ces hautes questions qu'à des probabilités, et Kant a pu dire que la vie future doit rester une espérance, car si elle était démonstrativement certaine, la vertu risquerait de n'être plus qu'un calcul et de perdre tout mérite.

Cependant, pour ne parler que de l'expiation à venir, « la méconnaissance volontaire d'un idéal obligatoire, le mépris délibéré, persévérant, de la loi morale, constituent un désordre qui ne saurait être définitif.

« Si l'activité libre existe en vue du bien, réciproquement l'essence de ce bien, c'est d'être progressivement réalisé par toutes les libertés. Une liberté qui se soustrait à cette obligation (et elle le peut puisqu'elle est liberté) contredit par cela même et détruit, autant qu'il est en elle, l'essence du bien ; elle déconcerte, par sa révolte, l'ordre absolu du royaume des esprits. L'anéantissement de cette liberté, ce serait donc un démenti sans réplique à la vérité du devoir, la loi suprême du monde moral éternellement violée. Éternellement encore, ce qui doit être ne serait pas; l'absurde et le contradictoire triompheraient dans le domaine de la raison pratique. Il ne se peut donc que tout se termine à la mort pour le méchant; il faut que par le repentir et l'expiation volontaire, il fasse amende honorable et glorifie sans fin l'ordre un instant troublé par sa perversité. Il y va de la moralité de l'univers, et, si l'on ose dire, de la sainteté même de Dieu [1]. »

RÉSUMÉ

I. — On appelle *sanction* d'une loi un système de peines ou de récompenses attachées à la pratique ou à la violation de cette loi.

La loi morale a aussi ses sanctions.

Quand nous avons suivi l'impulsion de notre conscience, nous éprouvons une *satisfaction intérieure* d'autant plus vive que le sacrifice a été plus grand. Toutefois les joies de la conscience ne compensent pas toujours les efforts ou les sacrifices commandés par le devoir. Ce serait d'ailleurs rabaisser le devoir que d'en faire, dès cette vie, la condition unique du bonheur.

---

1. Nous empruntons ces lignes à un Mémoire lu par nous devant l'Académie des sciences morales et politiques et intitulé : *Étude critique sur les arguments du Phédon, de Platon, en faveur de l'immortalité de l'âme humaine* (chap. IV).

II. — Quand l'homme a violé la loi morale, il éprouve une souffrance appelée *remords*, dont l'intensité est proportionnelle à la gravité de la faute commise. Plusieurs écrivains ont fait une peinture terrible du remords. Mais, si poignant qu'il soit, il n'est pas une expiation suffisante. Il finit même par s'affaiblir et s'éteindre chez les personnes qui ont l'habitude du mal.

III. — Une vie réglée et honnête est récompensée par la *santé*. Les *maladies* et quelquefois la mort prématurée punissent les hommes livrés aux passions sensuelles. Mais ces sanctions sont loin d'être constantes. Ainsi, il peut arriver que l'homme vertueux soit condamné à la maladie et à la souffrance par son tempérament et qu'une constitution robuste permette à l'homme vicieux de se livrer impunément à tous les excès.

IV. — L'*estime* qui s'attache au mérite et le *mépris* encouru par les malhonnêtes gens constituent une autre sanction. Elle n'est pas non plus entièrement suffisante, parce que l'opinion publique peut se tromper dans ses jugements et qu'elle ne s'applique guère qu'aux actions extérieures. Les intentions lui échappent souvent. D'autre part, les personnes perverses, « qui ont bu toute honte », ne sont plus sensibles au mépris.

V. — Les sanctions des *lois pénales* sont encore plus insuffisantes. Leur domaine est restreint, et les juges ne sont pas infaillibles.

Conclusion :

Les sanctions humaines étant impuissantes à récompenser tout le bien et à punir tout le mal, et, par suite à satisfaire notre besoin inné de justice, il faut une sanction suprême dans une autre vie.

L'immortalité de l'âme est réclamée par la raison et par la conscience morale.

Ouvrages à consulter :

Paul Janet, *La Morale*. (L. III, ch. ii.)
Idem, *La Philosophie du bonheur*.
Renouvier, *Science de la morale*. (L. II, 3e section.)
Beaussire, *Principes de la morale*. (L. IV, ch. iii.)
Marion, *Leçons de morale*. (13e leçon.)
L. Carrau, *La Morale utilitaire*. (Part. II, l. I, ch. viii et ix.

DEUXIÈME PARTIE

LA FAMILLE. — SES DEVOIRS

SEPTIÈME LEÇON

LES DEVOIRS, LES VERTUS
DEVOIRS DOMESTIQUES

Sommaire. — I. Les devoirs, les vertus. — II. Classification des devoirs et des vertus. — III. Devoirs domestiques. La famille. — IV. Principaux types de la famille. — V. Devoirs des époux entre eux.

I. — LES DEVOIRS, LES VERTUS

Nous avons dit ce que l'on doit entendre par le devoir; c'est l'obligation de se conformer à l'idéal de perfection conçu par la conscience; ou, plus simplement, d'obéir à la loi morale.

Les devoirs, ce sont ces prescriptions obligatoires particulières résultant pour l'homme des relations qui existent entre lui et les autres êtres, ou entre ses différentes facultés et sa volonté libre, en tant que celle-ci est capable de donner au développement de ces facultés telle ou telle direction. — La seconde partie de cette définition sera expliquée tout à l'heure quand nous parlerons des devoirs personnels.

La vertu est cette disposition acquise, ou habitude, qui résulte pour l'homme de la pratique constante du devoir.

Les vertus sont ces dispositions ou habitudes particulières qui résultent pour l'homme de la pratique constante des devoirs particuliers.

En grec et en latin le mot qui exprime ce que nous entendons par la vertu est synonyme de *force*. En français, nous disons de même les *vertus* des plantes, pour désigner les propriétés actives de certains végétaux. C'est qu'en effet, l'idée de vertu morale implique nécessairement celle d'une *force*. Cette force est celle de la volonté luttant, pour se conformer à la loi morale, contre les tendances égoïstes de notre nature, les suggestions de l'intérêt, ou des habitudes mauvaises déjà prises. La vertu suppose donc la lutte souvent douloureuse, l'effort toujours tendu, et c'est par là qu'elle est méritoire.

Une difficulté se présente ici. On sait que l'habitude a pour effet de rendre à mesure les actions plus faciles, au point qu'on en arrive à accomplir sans y penser ce qui a d'abord coûté le plus de peine. Il semble donc que la vertu étant une habitude, doive devenir de plus en plus aisée à pratiquer, et, par suite, de moins en moins méritoire ; de sorte qu'au degré le plus élevé de vertu, l'effort, et le mérite qui en est la conséquence, seraient tombés au minimum. — Mais d'abord, on aurait toujours le mérite des efforts antérieurs ; de même que la responsabilité remonte jusqu'à l'origine même de l'habitude mauvaise, de même, pourrait-on dire, le mérite qui est au commencement de l'habitude bonne, se transmet, sans se perdre, jusqu'aux plus lointaines conséquences de l'effort primitif. Puis, par la nature même de l'idéal moral, il est manifeste que l'œuvre d'une volonté qui veut faire tout le devoir ne saurait être jamais achevée. Toujours, il reste quelque vertu à conquérir, ou quelque degré supérieur de vertu à atteindre ; et la volonté qui, satisfaite de la perfection où elle est parvenue, cesserait de faire effort pour s'élever plus haut, cesserait, par cela seul, d'être une bonne volonté. L'homme n'a donc pas à redouter que la matière ou les occasions de mérite lui fassent défaut. Une pareille crainte serait le comble de l'orgueil et de l'aveuglement, et dénoncerait un niveau très inférieur de moralité.

II. — CLASSIFICATION DES DEVOIRS ET DES VERTUS

Puisque les devoirs particuliers et les vertus particulières résultent des relations diverses qui existent entre l'homme et les autres êtres, une classification des vertus devra se fonder sur la nature même de ces relations. Il va sans dire qu'on ne considère ici que les relations les plus générales, celles qui s'imposent à tout homme, par cela seul qu'il est raisonnable et libre, qu'il fait partie d'une famille, d'une nation, de l'humanité, de l'univers. De toutes ces relations, les premières en date sont celles qui unissent l'individu à sa famille. Elles donnent naissance aux devoirs et aux vertus domestiques.

Puis, l'individu connaît qu'il vit et doit vivre en communauté avec ses semblables. De là les relations sociales, les devoirs sociaux et les vertus qui leur correspondent.

Autour de lui, l'individu trouve également des êtres qui ne sont pas ses semblables, parce qu'ils ne sont ni raisonnables ni libres, mais qui possèdent certaines facultés analogues aux siennes, par exemple, la faculté de jouir et de souffrir. Tels sont les animaux, surtout les animaux supérieurs. L'homme aura donc aussi des devoirs envers eux.

Si l'individu vit et se développe au milieu de la société de ses semblables, il est rattaché par des liens particulièrement étroits au groupe de ses concitoyens. L'ensemble de ces relations détermine les devoirs et les vertus civiques.

L'individu, avons-nous dit, par cela qu'il est libre, peut donner à ses facultés telle ou telle direction. Il a la faculté d'aimer et il peut attacher son amour à telles choses de préférence à telles autres ; il a la faculté de connaître, mais il peut la laisser dans l'ignorance ou l'exercer, la perfectionner, l'appliquer à l'étude de la nature, de l'histoire, de la philosophie, etc. On comprend ainsi que l'homme puisse être regardé comme étant en relations avec lui-même, car sa sensibilité, son intelligence, toutes ses facultés, doivent être développées, par l'effort de sa volonté libre, conformément à l'idéal moral. Il a donc des devoirs envers lui-même; il y a donc une classe de devoirs dits personnels et une classe de vertus correspondantes.

Enfin, l'homme se pose nécessairement certaines questions relatives à son origine et à celle de l'univers ; sa raison conçoit que ni lui-même, ni l'ensemble des choses et des êtres qui l'entourent, ne sauraient s'être faits tout seuls. Il s'élève ainsi à l'idée d'une cause première, infiniment puissante et infiniment bonne, de la nature et de l'humanité. Il ne se peut qu'ayant l'idée d'un être qui l'a créé, il ne se sente pas en rapport avec lui. De là une nouvelle et dernière classe de devoirs, les devoirs religieux, de là les vertus religieuses, qui résultent de la pratique de ces devoirs.

III. — DEVOIRS DOMESTIQUES. LA FAMILLE

La famille est une société naturelle, composée essentiellement du père, de la mère et des enfants.

La famille a dû exister dès l'origine même de l'humanité. Quelques auteurs l'ont contesté[1], mais à tort. L'enfant vient au monde, dans l'incapacité absolue de pourvoir aux besoins les plus impérieux de l'existence. Sans la mère, il périrait immédiatement. La mère elle-même pendant les premiers jours qui suivent la crise de la maternité, est à peu près inca-

1. Lucrèce, dans l'antiquité, et de nos jours M. M'Lennan. MM. Tylor et Sumner Maine ont réfuté sur ce point M. M Lennan.

pable d'affronter les dangers et les fatigues que supposent, au début du genre humain, la recherche de l'aliment et la conquête d'un sûr abri. La mère aurait donc à peu près infailliblement péri avec son nouveau-né, si le père n'eût été là pour la nourrir et protéger ces deux faiblesses. L'espèce humaine eût été anéantie au berceau. Mais il est difficile d'admettre qu'une fois formés par une communauté prolongée d'existence et de périls, les liens domestiques se soient tout à fait rompus, que père, mère et enfant, après les premières années de celui-ci, soient devenus entièrement étrangers les uns aux autres. Certains animaux donnent des témoignages d'affections paternelle et maternelle fort vives : veut-on que l'humanité primitive ne les ait pas connues? Que l'amour réciproque des époux, l'amour de tous deux pour l'être qui leur doit la vie, aient été comme une invention ultérieure, une habitude lentement acquise dans le cours des générations? Non, le cœur humain n'a pas été d'abord absolument vide de toute tendresse ; dès qu'il a commencé de battre, il a battu sous l'émotion de ces sentiments sacrés. Et si quelques voyageurs ont cru, chez quelques peuplades sauvages, constater l'absence de la famille et des affections qui la fondent et la perpétuent, nous verrons là, non l'image fidèle des premiers humains, mais la dégradation de races condamnées à bientôt périr.

IV. — PRINCIPAUX TYPES DE LA FAMILLE

Mais la famille n'a pas toujours présenté dans l'histoire la même constitution. Les deux types principaux sont le type polygamique et le type monogamique.

Le premier est formé du père, de plusieurs épouses et généralement d'un assez grand nombre d'enfants. Nous ne nous y arrêterons pas. C'est un type inférieur, que les races civilisées ont depuis longtemps proscrit.

Le type monogamique est le seul qui soit réellement conforme à la dignité comme aux intérêts essentiels des différents membres de la société domestique. Dans la famille monogame, l'affection du père, concentrée sur une seule épouse et sur un nombre restreint d'enfants, est à la fois plus vive, plus durable et plus morale. L'époux n'a plus à craindre les rivalités de femmes acharnées à se supplanter et à assurer tous les avantages à leurs propres enfants, au détriment de ceux de leurs rivales. D'autre part, la femme n'a pas à redouter la perte d'une tendresse à laquelle elle a seule un droit exclusif. Elle est l'épouse, la compagne unique du mari, la reine vénérée et incontestée du foyer. Elle travaille avec un zèle sacré à la prospérité commune, certaine que ses enfants en recueilleront tous les fruits. Enfin, les enfants eux-mêmes aiment et respectent plus un père que ne dégrade et ne compromet pas à leurs yeux le partage entre plusieurs objets de l'affection conjugale, une mère à qui personne ne dispute le cœur et la pensée de son époux. Ils ne se haïssent et ne se jalousent pas entre eux, comme ceux de la famille polygame, car ils se savent également chers à leurs parents, et nulle influence installée dans la maison même ne travaille sourdement contre leurs intérêts.

Quelques philosophes[1] ont fait valoir, en faveur de la famille polygame, qu'à une certaine phase de la vie des sociétés, elle était plus favorable que l'autre à l'accroissement de la population, et c'est là un intérêt social de premier ordre. Nous ne discuterons pas cette assertion, mais nous ferons observer qu'à toutes les époques il n'y a pas d'intérêt social supérieur à l'accroissement, chez l'individu, du sentiment de la dignité personnelle, à l'épuration des sentiments, au développement des parties les plus hautes de sa nature. Or, si la famille monogame contribue dans une large mesure à ces résultats, elle l'emporte toujours, même au point de vue de l'utilité sociale, sur la famille polygame.

Les devoirs domestiques se divisent en devoirs des époux entre eux, devoirs des enfants envers les parents, devoirs des parents envers les enfants, devoirs des frères et sœurs entre eux.

V. — DEVOIRS DES ÉPOUX ENTRE EUX

L'homme et la femme qui se proposent de constituer une famille, s'unissent par le mariage, acte solennel et grave, que la loi et les religions consacrent, et qui impose aux conjoints les plus sacrés devoirs.

Ces devoirs commencent pour ainsi dire avant le mariage. L'homme doit mériter la dignité d'époux et de père de famille par sa bonne conduite, par le travail qui lui assure la position et les ressources nécessaires

---

1. Entre autres, M. Herbert Spencer.

pour faire vivre honorablement les siens. La jeune fille doit s'y préparer, de son côté, par l'apprentissage des vertus qui feront d'elle l'orgueil et le bonheur de son époux, le charme du foyer, la mère irréprochable, la consolatrice des misères inévitables de la vie. Ces vertus sont la douceur, la modestie, la patience, la bonne humeur, le courage aussi et la résignation.

Ce qui doit déterminer le mariage, ce sont moins les attraits extérieurs ou la richesse que la sympathie des caractères et la douce séduction qu'exercent les qualités morales. Il importe que les âges et la fortune ne présentent pas de trop fortes inégalités. Les mariages qu'on appelle mal assortis, sont rarement heureux.

Une fois contracté, le mariage impose aux époux l'obligation d'une affection réciproque, d'une confiance absolue, d'une fidélité inaltérable. On dit parfois que l'affection, la confiance, ne se commandent pas. Mais ces deux sentiments ont dû préexister au mariage, par suite, ils ne sauraient s'altérer sans qu'il y ait de la faute soit du mari, soit de la femme. Mais si l'un des époux cesse de mériter l'amour et la confiance de l'autre, ce n'est pas une raison pour que celui-ci s'arme à son tour de défiance et de haine. Une affection vraie et profonde ne meurt pas ainsi au premier mécompte; elle s'attache avec une sorte d'opiniâtreté généreuse à son objet, même indigne, refuse de voir les torts aussi grands qu'ils sont, plaide éloquemment devant elle-même la cause du coupable, et souvent, à force d'abnégation, de tendresse, de dévouement, finit par le reconquérir tout entier.

Quant au devoir de fidélité, il n'est pas moins rigoureusement obligatoire pour le mari que pour la femme. Tous deux ont juré de l'observer, tous deux sont également parjures s'il y manquent.

« Les époux, dit le Code civil, se doivent mutuellement fidélité, secours, assistance (art. 312).

« Le mari doit protection à sa femme, la femme doit obéissance à son mari (article 313) ».

L'autorité, en effet, appartient, de droit, à celui qui est présumé avoir le plus d'expérience, le plus de force physique et d'énergie morale. En fait, l'affection tempère l'autorité, et les époux, unis de cœur, d'intérêts, d'intentions, doivent n'avoir qu'une volonté. Les dissentiments passagers céderont sans peine à une persuasion toute pénétrée de douceur et de patience. Dans un bon ménage, la puissance maritale n'a pas à invoquer la loi : elle est obéie sans avoir à commander, parce qu'elle ne veut que le bien, le bonheur de la famille, et que dans la famille telle que la constituent l'affection et le devoir, aucun conflit sérieux ne saurait jamais se produire.

RÉSUMÉ

I. — Les *devoirs* sont les applications particulières du *Devoir*. La *Vertu* est l'habitude qui résulte de la pratique du devoir. Les *vertus* sont les habitudes résultant de la pratique constante des devoirs.

Conformément à l'étymologie du mot, la vertu est une *force*. C'est la volonté luttant pour le devoir. Pour cette raison, la vertu est méritoire.

Le mérite n'est pas supprimé par l'habitude, qui rend le bien plus facile à pratiquer. Il reste le mérite d'avoir acquis la vertu. D'autre part, la volonté peut et doit toujours combattre pour conserver les positions conquises et y ajouter de nouvelles conquêtes.

II. — Division des devoirs de l'homme :

1° Il vit d'abord dans sa famille, de là des devoirs *domestiques*;

2° Il est en relation avec les hommes en général, d'où résultent des devoirs *sociaux*;

3° Il a des devoirs envers les *animaux*, qui sont aussi des êtres sensibles, et, dans une certaine mesure, intelligents;

4° Il fait partie d'un groupe dans l'humanité, appelé nation, ce qui lui impose des devoirs *civiques*;

5° Il doit respecter et développer en lui les facultés qui constituent la dignité humaine : ce sont là les devoirs *personnels*;

6° Enfin l'homme s'élève par la pensée et l'amour jusqu'à Dieu, d'où découlent des devoirs *religieux*.

A chacun de ces devoirs divers correspondent des vertus de même ordre.

III. — La *famille* est une société *naturelle*, et non point une invention des hommes, un produit de la civilisation.

IV. — L'histoire nous fait connaître deux types principaux de la famille : la famille *polygame* et la famille *monogame*. Le premier est un type inférieur, que les races civilisées ont proscrit. Le second est le seul qui soit réellement conforme à la dignité comme aux intérêts essentiels des différents membres de la famille.

V. — Le *mariage* est un acte solennel et grave, que la loi et les religions consacrent, et qui impose les plus sacrés des devoirs.

Avant le mariage, le jeune homme et la jeune fille doivent s'attacher à posséder les qualités qui assurent le bien-être et le bonheur dans le ménage. La sympathie des caractères et les vertus morales doivent passer avant les attraits extérieurs et la richesse. Néanmoins, il importe que les âges et les fortunes ne présentent pas de trop fortes inégalités.

Pendant le mariage, les principaux devoirs des époux sont l'affection, la confiance et la fidélité. L'*affection* persistera, même quand l'un des conjoints cesserait momentanément de la mériter. La *fidélité* est aussi obligatoire pour l'époux que pour l'épouse.

Le mari est, de par la nature et la loi, le chef de la famille. Son autorité sera douce et raisonnable, et n'aura pas de peine à se faire accepter par la femme, unie à lui par une communauté de volonté, de sentiments et d'intérêts.

Ouvrages à consulter :

Paul Janet, *La Famille*.
Renouvier, *Science de la morale*. (L. IV, 2⁵ sect.)
Ch. Waddington, *Dieu et la Conscience*. (2⁵ partie, ch. III.)
Marion, *Leçons de morale*. (Leçons 26 et 27.)

HUITIÈME LEÇON

DEVOIRS DES ENFANTS ENVERS LEURS PARENTS

Sommaire. — I. Préliminaires. — II. Piété filiale. — III. Obéissance et respect. — IV. Autres devoirs envers les parents. — V. Devoirs à l'égard des grands-parents. — VI. L'esprit de famille.

I. — PRÉLIMINAIRES

Les devoirs des enfants envers leurs parents sont déterminés par les bienfaits qu'ils en reçoivent. Or ces bienfaits sont en quelque sorte infinis. Les enfants doivent à leurs parents la vie et la conservation de la vie, car, ainsi qu'on l'a remarqué, l'homme est de tous les animaux celui qui, à sa naissance, est le plus incapable de se suffire à lui-même.

Certains philosophes, appelés pessimistes, soutiennent que la vie est un mal; ainsi l'homme, d'après eux, devrait maudire ses parents de l'avoir appelé à l'existence. Cette conséquence, qui révolte le sentiment sacré de la piété filiale, suffirait, s'il en était besoin, à réfuter une telle doctrine. Nous ne nous attarderons pas à démontrer que la vie est un bien. Pour le moraliste, d'ailleurs, cela ne fait pas question. Fût-il prouvé par l'expérience du genre humain que dans la vie la somme des douleurs l'emporte d'ordinaire sur celle des plaisirs (c'est là la thèse de Schopenhauer et de Hartmann), il resterait encore qu'elle est l'indispensable condition de la moralité. Or faire le devoir, tendre à la perfection morale, voilà pour un être raisonnable et libre, sinon toujours le bonheur ici-bas, au moins le bien suprême ; un être capable de moralité, qui maudirait ce sans quoi la moralité serait éternellement impossible, maudirait donc la loi morale elle-même, et serait ainsi, par sa pensée et ses dispositions intérieures, absolument pervers.

II. — PIÉTÉ FILIALE

Auteurs de notre vie, nos parents doivent être pour nous l'objet d'un sentiment analogue à celui que le croyant éprouve pour Dieu même. Aussi la langue française a-t-elle gardé du latin la juste et belle expression de *piété filiale*. Platon disait de même que les parents sont les statues vivantes de la divinité. Certains philosophes, par exemple M. Herbert Spencer, soutiennent même que le culte des ancêtres est l'origine de toute religion.

La piété filiale est un sentiment qui implique à la fois l'amour, la reconnaissance, le respect et l'obéissance. Il ne semble pas au premier abord que l'amour puisse être obligatoire, car on n'est pas libre d'aimer ou de ne pas aimer. Mais avant d'être un devoir, l'amour des enfants pour les parents est un besoin spontané du cœur. L'enfant, tout nourri de tendresse, s'attache, avant d'avoir conscience de lui-même, à ses parents. Ce sont eux qui ont attiré ses premiers regards, apaisé ses premières souffrances; eux qu'il s'est habitué à appeler à son secours, qui ont soutenu ses premiers pas, eux dont le sourire dissipait ses premières terreurs. Si l'amour filial n'est pas épanoui avant toute réflexion, dans le cœur de l'enfant, on dit avec raison qu'il est *dénaturé*. C'est un monstre moral ; nous ne nous occupons pas des monstruosités.

L'amour naturel et spontané de l'enfant pour ses parents devient un devoir, et le premier des devoirs domestiques, dès que la réflexion commence. Alors l'enfant doit se représenter tout ce que ses parents ont fait et souffert pour lui, tout ce qu'ils feront et souffriront encore; les soins et les sacrifices qu'exige son éducation physique, intellectuelle, morale, le surcroît de travail que s'impose son père, pour lui assurer l'avenir, les angoisses toujours renaissantes de sa mère dès qu'il semble menacé de quelque maladie, ses veilles, ses larmes secrètes, quand la maladie est venue. A partir de l'âge de sept ou huit ans, l'enfant est en état de comprendre tout cela, s'il le veut, et il doit le vouloir. Son amour s'accroît alors de sa reconnaissance. Il sent qu'il ne pourra jamais reconnaître assez tant de bienfaits, et tout en aimant avec autant de spontanéité et une effusion plus vive qu'autrefois, il doit songer déjà à payer, autant qu'il le peut, de retour.

III. — OBÉISSANCE ET RESPECT

Le peut-il? Il le peut, d'intention du moins par l'obéissance et le respect. L'obéissance dont il s'agit ici n'est pas celle qui consiste à exécuter avec une froide exactitude les ordres reçus. L'enfant obéissant est celui qui se conforme de cœur, une fois pour toutes et pour toujours, aux volontés, aux désirs les plus secrets de ses parents; car cette obéissance, faite d'amour, est clairvoyante, ingénieuse à deviner, et va au devant du désir même. La véritable obéissance ne transforme pas l'enfant en esclave; elle le rend au contraire le collaborateur zélé, dévoué, joyeux, toujours prêt, des parents dans l'œuvre si délicate, si difficile et si complexe de l'éducation. Alors l'enfant trouve sa récompense, qu'il n'a pas cherchée, dans ses progrès. Le travail a pour lui moins d'épines, ses défauts se corrigent presque d'eux-mêmes, et, façonné par une telle obéissance sur le modèle de son père et de sa mère, il est heureux du bonheur qu'il leur donne, comme il reçoit, sans le savoir, l'empreinte de leurs vertus.

L'obéissance de l'enfant sera-t-elle aveugle? Dans les premières années, elle le sera, car on comprendrait mal un enfant de trois ou quatre ans discutant ce qu'on lui commande ou ce qu'on lui défend. Mais dès qu'arrive l'âge du discernement, l'obéissance est ce que nous venons de dire; parce qu'elle ne discute pas, elle n'est pas aveugle pour cela. Il peut arriver que plus tard la conscience morale de l'enfant, déjà formée et scrupuleuse, proteste contre certains ordres qu'elle condamne invinciblement. Le respect doit alors venir au secours de l'obéissance aux abois. Dans ces cas, heureusement exceptionnels, on doit refuser d'obéir, pourvu que le respect entier, absolu, subsiste à l'égard du caractère, malgré tout sacré, des parents. Un fils peut se refuser à une apostasie; mais alors même qu'il paraît désobéir, il obéit en réalité à ce père qui lui a appris ou a dû lui apprendre que mentir à sa conscience est la suprême flétrissure.

Devenu adulte et chef de famille à son tour, le fils n'a plus que rarement l'occasion de remplir le devoir d'obéissance. Mais de l'amour, de la reconnaissance, du respect, rien ne saurait le délier. L'immoralité même des parents n'en dispense pas les enfants. Ici, et ici seulement, il leur est interdit à jamais de s'ériger en juges de la conduite et de punir la faute par le mépris[1].

---

[1]. Socrate s'étant aperçu que Lamproclès, l'aîné de ses fils, était irrité contre sa mère : « Dis-moi, mon enfant, lui demanda-t-il, sais-tu qu'il y a certains hommes qu'on appelle ingrats? — Je le sais, répondit le jeune homme. — Sais-tu donc aussi ce qu'ils font pour recevoir ce nom ? — Oui; l'on appelle ingrats ceux qui ont reçu des bienfaits, et qui le pouvant, n'en témoignent pas de reconnaissance...

— Eh bien! où trouverons-nous jamais personne qui ait reçu plus de bienfaits que les enfants n'en reçoivent de leurs parents? Ce sont les parents qui les ont fait passer du néant à l'être, au spectacle de tant de merveilles, à la jouissance de tant de biens que les dieux ont donnés à l'homme; et ces biens sont si précieux que tous, tant que nous sommes, nous ne craignons rien tant que de les perdre.

« L'époux nourrit avec lui celle qui l'aide à devenir père ; il amasse d'avance pour ses futurs enfants tout ce qu'il croit devoir leur être utile durant leur vie, et il en fait la plus ample provision possible. La femme... nourrit et soigne, sans aucun retour, un enfant qui ne sait

IV. — AUTRES DEVOIRS ENVERS LES PARENTS

D'autres obligations, plus précises et plus spéciales, s'imposent aux enfants à l'égard des parents. Ils leur doivent tous les genres d'assistance ; les recueillir et les

pas de qui lui viennent ces soins affectueux, qui ne peut pas même faire connaître ce dont il a besoin, tandis que la mère cherche à deviner ce qui lui convient, ce qui peut lui plaire, et qu'elle le nourrit jour et nuit, au prix de mille fatigues, et sans savoir quel gré la paiera de ses peines. Mais c'est peu de nourrir les enfants ; dès qu'on les croit en âge d'apprendre quelque chose, les parents leur communiquent toutes les connaissances utiles qu'ils possèdent eux-mêmes ; ou bien, ce qu'ils croient un autre plus capable de leur enseigner, ils les envoient l'apprendre auprès de lui, sans épargner la dépense ni les soins, mais faisant tout pour que leurs fils deviennent les meilleurs possible ».

A cela le jeune homme répondit : « Oui, certes, elle a fait tout cela et mille fois plus encore, mais personne ne pourrait supporter son humeur. » Alors Socrate : « Crois-tu donc, dit-il, que l'humeur sauvage d'une bête soit plus insupportable que celle d'une mère ? — Non vraiment, du moins d'une mère telle que la mienne. — Est-ce que par hasard elle t'aurait fait quelque morsure ou lancé une ruade, comme tant de gens en reçoivent des bêtes ? — Mais, par Jupiter, elle dit des choses qu'on ne voudrait pas entendre au prix de la vie. — Et toi, dit Socrate, combien, depuis ton enfance, ne lui as-tu pas causé de désagréments insupportables, et de parole, et d'action, et le jour, et la nuit ? combien de soucis ne lui ont pas donnés tes maladies ? — Mais, du moins, je ne lui ai jamais rien dit, jamais rien fait dont elle eût à rougir. — Quoi donc ? dois-tu trouver plus pénible d'entendre ce qu'elle te dit, qu'il ne l'est aux comédiens d'écouter les injures qu'ils se prodiguent mutuellement dans les tragédies ? — Mais, à mon avis, comme ils ne pensent pas que celui qui les injurie les injurie pour leur infliger une peine, ni que celui qui les menace les menace pour leur faire du mal, ils endurent facilement ce qu'on leur dit. — Et toi, qui sais bien que ta mère, quoi qu'elle te dise, le dit sans songer à mal, mais qu'elle voudrait te voir aussi heureux que personne, tu t'irrites contre elle ? crois-tu donc que ta mère soit pour toi une ennemie ? — Non certes, je ne le crois point. » Alors Socrate : « Eh bien, cette mère qui t'aime, qui prend de toi tous les soins possibles quand tu es malade, afin de te ramener à la santé et que rien ne te manque, qui, en outre, prie les nourrir s'ils sont indigents, les soigner s'ils sont malades. La loi civile en fait d'ailleurs l'objet d'une prescription formelle, car le mot *aliments*, qu'elle emploie, ne désigne pas seulement la nourriture, mais tout ce qui, dans le sens le plus large, est nécessaire à la santé et à la vie. Mais sur ce point l'exécution stricte de la loi civile ne satisfait pas à ce qu'exige la morale. Il faut que l'amour, la reconnaissance, d'un mot la piété filiale, multiplient, transfigurent ces secours et ces soins. Il faut que jusqu'à la dernière minute de la dernière heure, les vieux parents sentent près d'eux la tendresse consolatrice de leurs enfants. Ce n'est pas tout, il faut qu'ils sentent que, morts, ils seront toujours de la famille, et toujours vivants dans le souvenir des leurs. Conserver pieusement la mémoire des parents, la perpétuer par l'observance des anniversaires, la raviver et l'entretenir chez ses propres enfants qui souvent étaient bien jeunes quand le grand-père et la grand'mère sont partis ; s'inspirer de leurs conseils, de leurs exemples, puiser dans la pensée qu'ils sont encore là et qu'ils approuvent, le courage d'une résolution généreuse, d'un acte de charité et de dévouement : — voilà les suprêmes devoirs qui, arrachant, pour ainsi dire, leur objet à la mort, sont plus sacrés peut-être que celui de la sépulture.

dieux de te prodiguer leurs bienfaits et s'acquitte des vœux qu'elle a faits pour toi, tu te plains de son humeur? Pour moi, je pense que si tu ne peux supporter une telle mère, tu ne peux supporter rien de bon. » (XÉNOPHON, *Mémorables*, l. II, ch. II, trad. de M. Talbot, t. I, p. 10-12.)

V. — DEVOIRS A L'ÉGARD DES GRANDS-PARENTS

Il va sans dire qu'à l'égard des grands-parents, les obligations des petits-enfants sont les mêmes. D'ordinaire, les grands-parents, n'ayant pas la responsabilité directe d'élever l'enfant, et, quand il le faut, de le punir, sont aimés par lui avec plus d'abandon, respectés avec plus de familiarité. Il est bon qu'il en soit ainsi. L'autorité, nécessaire dans la société domestique, et qui doit conserver entre les mains du père une sorte de sévérité, parfois d'inflexibilité bienfaisante, se trouve tempérée sans dommage par l'indulgence attendrie de l'aïeul. La mère pourrait être trop faible, et d'ailleurs il n'est pas bon qu'elle paraisse, aux yeux de l'enfant, en conflit trop direct avec la volonté paternelle ; mais le père peut pardonner à la demande du grand-père ou de la grand'mère, et il semble donner une leçon d'obéissance, qui justifie l'obéissance qu'il exige à son tour. Ainsi le pardon peut atténuer la punition sans lui ôter son efficacité ; ainsi l'âme de l'enfant fait de bonne heure l'heureux et salutaire apprentissage de tous les genres de tendresse et de bonté.

VI. — L'ESPRIT DE FAMILLE

Les enfants doivent rester attachés aux traditions de leurs familles, en ce qu'elles ont d'honorable et de légitime. Ils doivent être fiers d'un nom roturier, qui n'a jamais été flétri, comme d'autres le sont d'un nom recueilli par l'histoire et immortalisé par maints exploits. Rougir de son nom, parce qu'il est obscur, et le changer contre un autre, est petitesse et lâcheté. C'est de plus injure grave à la mémoire du père et des ancêtres, qui s'en sont contentés. C'est un manquement coupable à la piété filiale. Un héritage de probité et d'humbles vertus vaut la plus éclatante noblesse. C'est à nous d'illustrer, par nos œuvres, nos talents, plus de vertus encore, ce nom transmis inconnu jusqu'à nous, et d'anoblir du même coup, la série indéfinie de nos aïeux ignorés. Par là nous accomplirons un dernier devoir filial, celui qui nous lie à ces générations lointaines dont le sang fait battre nos artères et dont la pensée même, s'il faut en croire certains psychologues, est encore écrite dans les plis de notre cerveau.

RÉSUMÉ

I. — Les devoirs des enfants envers leurs parents sont la conséquence des nombreux bienfaits qu'ils en reçoivent. En premier lieu, ils leurs sont redevables de la vie, qui est un grand bien, quoi qu'en disent les pessimistes.

II. — Les parents sont les représentants de la Divinité. Aussi le sentiment qui unit les enfants aux parents s'appelle-t-il *piété filiale*. La piété filiale implique l'amour, la reconnaissance, le respect et l'obéissance.

L'*amour* est d'abord naturel et spontané : la réflexion en fait un devoir, et provoque aussi la *reconnaissance*.

III. — Ces sentiments disposent en outre à l'*obéissance*. La vraie obéissance est celle où l'esprit, le cœur et la volonté sont d'accord pour exécuter et même prévenir les ordres des parents.

Le fils, devenu à son tour chef de famille, n'a plus guère à pratiquer l'obéissance; mais les autres devoirs subsistent même à l'égard des parents ayant des fautes à se reprocher. Il n'appartient pas à leurs enfants de les juger ni de les mépriser.

IV. — Un autre devoir est l'*assistance :* les enfants doivent subvenir à tous les besoins de leurs parents, quand ceux-ci sont privés de ressources. Ce devoir sera rempli avec empressement et délicatesse.

V. — Les devoirs ci-dessus seront pratiqués à l'égard des grands-parents. Les rapports entre ceux-ci et les petits-enfants impliquent une douce familiarité qui leur donne beaucoup de charme.

VI. — Les enfants cultiveront l'*esprit de famille*. Ils auront à cœur d'ajouter par leurs propres vertus au patrimoine d'honneur légué par leurs ancêtres.

Ouvrages à consulter :

XÉNOPHON, *Entretiens mémorables de Socrate*. (L. II, ch. II, III.)
PAUL JANET, *La Famille*.
A. BURDEAU, *Devoir et Patrie*. (Ch. II et III.)

NEUVIÈME LEÇON

DEVOIRS DES PARENTS ENVERS LES ENFANTS
DEVOIRS DES FRÈRES ET SŒURS

Sommaire. — I. Devoirs envers les enfants. — II. L'éducation. — III. L'exemple. — IV. L'instruction. — V. Devoirs des frères et sœurs entre eux.

I. — DEVOIRS ENVERS LES ENFANTS

Aux devoirs des enfants envers les parents, correspondent les devoirs des parents envers leurs enfants. Ils commencent, pourrait-on dire, avant la naissance même de ceux-ci. Le jeune homme et la jeune fille, en effet, avant de contracter mariage, doivent avoir réfléchi déjà à la manière dont ils élèveront leurs enfants. Sans doute, l'expérience, les conseils, la différence des caractères qu'il s'agira de former, pourront modifier leurs principes, et il ne serait pas bon d'apporter dans l'accomplissement de cette œuvre, toute de délicatesse et de tendresse, des idées préconçues et un système inflexible; mais c'est déjà un devoir, que de se représenter toute la gravité du devoir à remplir, d'en avoir mesuré longuement l'importance et l'étendue, de s'être préparé à tous les genres d'abnégation qu'il exige

Les parents, il est presque inutile de le dire, doivent à leurs enfants la nourriture et tous les soins nécessaires. Coupable serait l'ignorance des règles les plus simples de l'hygiène enfantine; un père, une mère, ne sauraient toujours s'en rapporter là-dessus au médecin; ils doivent savoir au moins l'indispensable. Que d'enfants malades, infirmes ou morts avant l'âge, parce que les parents ont négligé d'apprendre ou d'appliquer les éléments de cette science de l'hygiène qui, dans la plupart des cas, rendrait inutile le secours trop souvent tardif de la médecine!

II. — L'ÉDUCATION

Avec la nourriture et la santé, les parents doivent à leurs enfants l'éducation et l'instruction. L'éducation a pour objet la formation du caractère et la culture morale; l'instruction cultive l'intelligence en lui apportant les connaissances qu'elle doit posséder et les moyens d'en acquérir d'autres.

L'éducation se fait par le précepte et surtout par l'exemple. Ç'a été l'erreur de Rousseau et d'Herbert Spencer, de croire que l'enfant doit être livré presque entièrement aux conséquences naturelles de ses actes, et que les choses se chargeront toutes seules de discipliner sa volonté. Il veut s'approcher trop près du feu? Laissez-le faire : il se brûlera et ne sera plus tenté de recommencer. — Applicable en quelques rares circonstances, ce système a le défaut essentiel de soumettre la conduite de l'enfant à des sanctions qui ne sont pas proportionnées à la gravité de la faute, ne tiennent aucun compte de l'intention bonne ou mauvaise, et conduiraient au culte exclusif de la force aveugle et brutale. Il peut former des égoïstes prudents, non des êtres véritablement moraux.

Le précepte est positif ou négatif, selon qu'il commande de faire ou de s'abstenir. Il faut toujours, dès que les enfants sont en âge de comprendre, que le précepte se justifie par une explication. L'ordre ou la défense n'auront plus ainsi les apparences d'un caprice tyrannique. La désobéissance volontaire sera inévitablement et aussitôt suivie de la punition annoncée. Appliquée sans retard, sans adoucissement et sans colère, celle-ci ressemblera fort à ces *réactions naturelles* vantées par Rousseau et Spencer, elle en aura les avantages sans en avoir les inconvénients.

C'est un des devoirs les plus pénibles pour les parents que de se résoudre à punir. Résister aux prières, aux larmes, aux cris; ne s'emporter ni ne faiblir, se priver des caresses du coupable, affecter l'indifférence devant ses rancunes, voilà qui dépasse l'héroïsme de bien des mères, de bien des pères aussi. Pourtant, de cette fermeté d'une heure, dépend quelquefois l'avenir moral d'un enfant. Céder, c'est se condamner à céder encore et toujours, car une première faiblesse a révélé à l'enfant son pouvoir et il ne manquera pas d'en abuser : il sait le moyen de faire capituler les plus sévères résolutions. Un despote est installé au foyer domestique :

enfant mal élevé, d'abord, plus tard mauvais sujet ou quelque chose de pis.

Il est des cas cependant où il faudra pardonner. Comment le faire sans paraître se déjuger et se contredire? Un discernement très délicat pourra seul apprendre aux parents si le repentir est sincère; s'il l'est, on adoucira la punition, mais en ayant soin de faire observer au coupable que si l'on change en n'appliquant pas la sanction dans toute sa rigueur, c'est qu'il a changé lui-même, puisqu'il déteste maintenant sa faute de tout son cœur. Il saura ainsi, pour en faire à l'égard d'autrui l'une des règles de sa conduite, que parmi les hommes, — à la différence de ce qui se passe dans la nature, — le repentir et la bonté font partie essentielle de l'ordre des choses.

Ce que l'éducation doit chercher surtout à développer chez l'enfant, c'est l'énergie de la volonté. Aussi, sans aller jusqu'à la dureté, les parents doivent-ils se tenir en garde contre le système de l'éducation attrayante. Supprimer toute épreuve, tout effort; instruire en amusant, former le caractère par des lectures ou des récits qui captivent, enrichir sans même qu'il s'en doute, le cœur de toutes les vertus, voilà la prétention d'une certaine école de pédagogues; elle est très en faveur auprès des parents, trop nombreux, qui trouvent dans une tendresse mal entendue, un prétexte pour se soustraire aux responsabilités et aux difficultés d'une méthode plus virile. Repoussons cette fausse philanthropie qui brise par avance dans une jeune âme la faculté maîtresse, en lui épargnant toutes les occasions de vouloir; ne craignons pas d'apprendre de bonne heure à l'enfant que la vie n'est pas une perpétuelle partie de plaisir; qu'il fasse très vite l'apprentissage du travail douloureux, de l'attention obstinée, du courage qui ne se lasse pas; qu'il se doive à lui-même tout ce qu'il est. A ce prix seulement, il sera un homme. Le plaisir même aura pour lui plus de saveur, car on ne le goûte vraiment que quand on l'a mérité, comme récompense légitime de l'effort.

Mais une volonté énergique n'exclut ni la douceur, ni la compassion, ni les sentiments tendres et délicats. On est quelquefois trop porté à ne voir dans l'éducation qu'un moyen de se tirer d'affaire dans la vie, de triompher des obstacles, de conquérir, en dépit de tout, une position aisée ou brillante. Créer et développer chez l'enfant une volonté forte, n'a d'autre objet pour bien des gens que de réaliser cet idéal tout pratique et utilitaire. Il ne sera pas celui de parents soucieux d'accomplir tout leur devoir d'éducateurs. L'éducation de la sensibilité morale et esthétique doit accompagner celle de la volonté. L'enfant apprendra à s'émouvoir d'une souffrance étrangère, à soulager une infortune; son âme s'élargira par la plus compréhensive et la plus active sympathie. Il saura goûter le beau sous toutes ses formes, dans la nature et dans l'art; il se sentira en communion avec l'humanité toute entière, même avec la vie animale et celle qui, peut-être, sommeille latente au fond des choses. Son vouloir, trempé par de sévères épreuves, ne sera pas toujours tendu pour une lutte sans trêve, ou un gain sans mesure. Il aura été initié aux nobles délassements, aux jouissances élevées de l'esprit, aux jouissances plus élevées de la charité.

III. — L'EXEMPLE

A cette éducation vraiment libérale d'une âme vraiment humaine, le précepte ne suffit pas ; il y faut encore et surtout l'exemple. Le devoir des parents envers leurs enfants se résume donc à être eux-mêmes tels qu'ils veulent que ceux-ci soient plus tard. L'obligation est d'autant plus rigoureuse que la piété filiale de l'enfant le modèle comme d'instinct sur le père et la mère. Ce ne sont pas seulement les habitudes ; ce sont les gestes, les expressions du langage, les moindres détails de la personnalité physique et morale qu'il imite et reproduit, sans le savoir ni le vouloir. L'hérédité y est pour quelque chose; mais l'influence d'un commerce incessant, d'une tendresse réciproque, la disposition de l'enfant à voir dans ses parents des êtres infaillibles et parfaits, y sont pour presque tout.

Ce culte naïf dont ils se sentent l'objet, impose aux parents la nécessité de s'observer toujours, de veiller sur leurs paroles comme sur leurs actes, d'imprimer à leurs sentiments comme à leur conduite un caractère de pureté absolue. On l'a dit : le plus grand respect est dû aux enfants ; qu'est-ce donc quand il s'agit de *ses* enfants? Et respecter l'enfant n'est possible qu'à la condition de se respecter scrupuleusement soi-même.

Cette surveillance perpétuelle que les père et mère sont tenus d'exercer sur soi, ne risque-t-elle pas d'altérer par quelque contrainte la douce intimité de la vie domestique? Si respecté, et si respectueux, l'enfant ne sera-t-il pas moins aimant et moins aimé? On semble quelquefois le craindre, et les parents ne sont pas rares qui vivent avec leurs enfants sur un pied d'égalité familière et de bonne camaraderie. C'est un excès blâmable, qui peut compromettre leur autorité sans retour. Il y a ici une mesure que l'affection, quand elle n'est pas aveugle ou superficielle, sait toujours trouver. Le respect, du côté des enfants, n'exclut ni la confiance ni l'abandon, ni l'amour; du côté des parents, il est la manifestation la plus haute d'une tendresse épurée, mais non affaiblie par le sentiment du devoir

IV. — L'INSTRUCTION

Outre l'éducation, les parents doivent à leurs enfants l'instruction, c'est-à-dire le degré de culture intellectuelle qui est nécessaire pour occuper une place honorable dans la société.

Cette obligation n'est plus discutée aujourd'hui. On ne trouve plus guère personne, en France du moins, pour soutenir sérieusement que l'ignorance absolue vaut mieux que le savoir. On peut craindre qu'un demi-savoir, en favorisant la présomption et l'orgueil, ne multiplie le nombre de ce qu'on appelle les déclassés : il est toujours possible de mal user des meilleures choses. Mais que l'instruction par elle-même soit un mal, voilà une thèse qu'on ne s'attarde plus à combattre.

Le devoir des parents est ici tellement tracé, que

chez plusieurs des nations les plus civilisées, il est inscrit dans la loi. En France, l'instruction primaire est obligatoire et de plus gratuite, ce qui enlève aux parents tout prétexte de résistance. En vain a-t-on parlé de la liberté du père qui ne doit pas être contraint de se séparer de son enfant, fût ce pour l'envoyer à l'école : le droit, le seul droit véritable est ici celui de l'enfant qui doit être mis dès le jeune âge en mesure d'être plus tard un homme et un citoyen, ce qu'il ne saurait être sans un minimum d'instruction. Ajoutons-y le devoir qu'a l'État d'assurer la sécurité et la prospérité du corps social, pour qui des individus totalement ignorants sont un fardeau et un péril. La prétendue liberté du père cesse d'être respectable quand elle porte directement atteinte aux intérêts les plus chers de l'enfant et de la société.

Les parents ont-ils rempli tout le devoir quand ils ont, conformément à la loi, envoyé leurs enfants à l'école primaire jusqu'à treize ans ? S'ils sont pauvres, ouvriers ou cultivateurs, oui sans doute ; car il faut que l'enfant vienne, à son tour, contribuer par son travail aux ressources communes de la famille. Mais s'ils le peuvent, ils ne doivent pas craindre de faire donner à leurs enfants une instruction plus complète. Y a-t-il danger, comme on le dit souvent, que ceux-ci, parvenus par le bénéfice de leurs études, à des positions sociales auxquelles leurs parents n'ont pu prétendre, ne rougissent d'eux et ne les méprisent ? S'ils sont capables de sentiments si honteux, l'instruction qu'ils ont reçue n'y est pour rien : ce sont des âmes naturellement viles, dont la bassesse se serait manifestée dans quelque condition que ce fût. Heureusement ces cas sont fort rares; presque toujours les enfants ainsi élevés au-dessus de leur sphère d'origine, paient par un surcroît de reconnaissance, les sacrifices de leur humble et héroïque famille. Celle-ci en reçoit une sorte de lustre, un tardif bien-être, et la société toute entière profite de ces talents, souvent plus vigoureux que ceux auxquels donnent naissance les classes moyennes ou supérieures.

Inutile d'ajouter que les parents doivent diriger leurs enfants dans le choix d'une carrière, faciliter autant que possible leurs débuts, leur prodiguer, dans toutes les circonstances importantes, les encouragements, les conseils, et les secours. Le choix d'une carrière décidant de toute la vie, les parents sauront démêler une vocation sérieuse d'un caprice passager; ils pourront exiger de l'enfant une réflexion prolongée et approfondie, mais ils commettraient un abus d'autorité, et se rendraient coupables envers la société elle-même, s'ils opposaient une résistance invincible à un choix honorable inspiré par un goût persévérant et justifié par de suffisantes aptitudes.

Il en est de même pour le mariage des enfants. La loi sauvegarde ici dans une juste mesure leur indépendance et l'autorité des parents. En cas de conflit, si d'ailleurs l'union projetée n'a rien de flétrissant, il est désirable que les parents n'aillent pas jusqu'au bout de leur droit. Ces conflits d'ailleurs ne sont pas à craindre dans les familles où la tendresse réciproque a réalisé par avance et pour toujours l'harmonie des volontés.

V. — DEVOIRS DES FRÈRES ET SŒURS ENTRE EUX

Les frères et sœurs ont entre eux des devoirs que détermine aisément la nature des rapports qui les unissent. Ces rapports sont des plus étroits : communauté de sang, de nom, d'intérêts, d'éducation, communauté d'affection à l'égard des parents; plus tard, communauté de ces souvenirs et de ces impressions d'enfance, qui marquent d'une si forte empreinte la vie tout entière. Des frères et sœurs qui ne s'aimeraient pas, ne s'aideraient pas, ne seraient pas prêts à des sacrifices réciproques, seraient véritablement dénaturés.

Des obligations plus précises s'imposent aux aînés à l'égard des cadets. Ils leur doivent une tendresse plus vigilante, l'exemple, et si les parents sont malades ou infirmes, la protection que ceux-ci ne peuvent plus exercer. La famille a-t-elle perdu ses chefs naturels? C'est l'aîné ou l'aînée qui les remplace; il en prend l'autorité, la responsabilité, les devoirs. A leur tour, les cadets doivent aux aînés une affection mêlée de déférence, et, si les parents sont morts, le respect et l'obéissance, celle-ci tout au moins jusqu'à l'âge adulte.

La sœur doit avoir aux yeux de ses frères un caractère analogue à celui de la mère elle-même. Elle est le charme et l'honneur du foyer; on refuse difficilement les pardons qu'elle implore pour des fautes qui ne sont pas les siennes; elle a presque le droit de grâce. Sa présence seule adoucit la brutalité trop fréquente des garçons, arrête sur leurs lèvres les expressions triviales; ses conseils ont une sagesse et une droiture précoces; elle inspire le travail, dont elle donne l'exemple joyeusement et sans effort; les bonnes pensées, car elle n'en connaît pas d'autres, le courage, et, s'il le faut, cette vertu plus particulièrement féminine, et plus touchante encore dans la jeunesse, la résignation. Quand la sœur est cela, et tel est son rôle naturel, le sentiment auquel elle a droit de la part de ses frères, est quelque chose de plus que la tendresse; c'est, comme à l'égard de la mère, la vénération.

Il est rare que la famille soit restreinte aux parents et aux enfants. D'ordinaire elle comprend des oncles, des tantes, des cousins, etc. Les obligations générales d'affection, de déférence, si les collatéraux sont des ascendants, d'assistance en cas de besoin s'imposent, mais avec un caractère moins rigoureusement déterminé. On ne peut d'ailleurs entrer ici dans le détail, et ces différents devoirs seront suffisamment connus et pratiqués de toute âme honnête et délicate.

RÉSUMÉ

I. — Les jeunes époux ont dû antérieurement au mariage se préparer, par la réflexion et l'étude, à remplir leurs devoirs de père et de mère.

Ils doivent d'abord *nourrir* leurs enfants et leur donner avec intelligence tous les *soins physiques.*

II. — Vient ensuite *l'éducation morale* qui se fait par le précepte et par l'exemple. Le système des *conséquences naturelles,* cher à Rousseau, employé exclusivement serait insuffisant et dangereux.

Voici les principales règles de l'éducation par le *précepte :* les ordres et les conseils seront, quand cela sera possible, accompagnés d'explications qui éclaireront la conscience de l'enfant ; — toute désobéissance volontaire sera suivie de la punition annoncée ; — les parents auront de la fermeté, et sauront résister à leur propre tendresse, comme aux instances de l'enfant ; — une fois leur autorité bien établie, ils pourront pardonner quand ils seront en présence d'un sincère repentir ; — ils développeront surtout l'énergie de la volonté, et éviteront les dangereuses exagérations du système de *l'éducation attrayante;* l'éducation de la volonté sera complétée par la culture de la sensibilité morale et esthétique.

III. — Les enfants sont imitateurs. Ils sont surtout portés à imiter leurs parents, qui sont à leurs yeux des êtres infaillibles. Il en résulte, pour ceux-ci, l'obligation de surveiller leur conduite, de façon à donner toujours le *bon exemple.* La retenue des parents n'empêchera pas dans la famille une douce intimité qui n'exclura pas le respect dont les enfants ne doivent jamais se départir.

IV. — Enfin les parents sont obligés de donner ou de faire donner à l'enfant une *instruction* en rapport avec leurs ressources et leur condition. Le minimum est l'instruction obligatoire légale.

La loi sur l'obligation ne viole pas la liberté des parents. D'ailleurs leur droit n'est pas seul en cause. Il y a aussi, pour l'enfant, le droit à l'instruction, qui fera de lui un homme et un citoyen, et, pour l'État, le devoir de protéger la société contre les dangers de l'ignorance.

Plus tard, quand les enfants auront à choisir une carrière et à fonder une nouvelle famille, les parents leur viendront en aide par des conseils, des secours, et au besoin par leur autorité, sans toutefois entraver la liberté des jeunes gens.

V. — Les devoirs entre *frères et sœurs* sont motivés par une communauté de sentiments et d'intérêts très naturels et très forts.

Les aînés doivent aux jeunes, outre l'affection, la protection et le bon exemple. Si les parents viennent à manquer, c'est à l'aîné des enfants que reviennent l'autorité et les obligations de chef de famille. En retour, les cadets leur doivent de la déférence et quelquefois de la soumission.

Ouvrages à consulter :

Paul Janet, *La Famille*.

E. Legouvé, *Les Pères et les Enfants au XIXe siècle*. (*Enfance et adolescence*.) — *Éducation de la Conscience; la tendresse et l'autorité; l'éducation du courage*, etc.

Marion, *La Solidarité morale*. (2e part., ch. IV.)

H. Spencer, *Essai sur l'Éducation*.

TROISIÈME PARTIE

DEVOIRS SOCIAUX

DIXIÈME LEÇON

RESPECT DE LA VIE HUMAINE
RESPECT DE L'HONNEUR ET DE LA RÉPUTATION

SOMMAIRE. — I. Inviolabilité de la personne. Le droit. — II. Devoir de légitime défense. — III. L'honneur et la réputation. — IV. La calomnie. — V. La médisance. — VI. La délation. — VII. L'envie. — VIII. L'émulation.

I. — INVIOLABILITÉ DE LA PERSONNE. LE DROIT

La loi du devoir étant chose sacrée et obligatoire par soi, l'homme qui la conçoit et doit la pratiquer doit être aussi, pour l'homme, sacré et inviolable. Ce serait en effet violer la loi morale de la façon la plus grave que d'en empêcher, d'une manière quelconque, l'accomplissement par ceux à qui elle s'impose comme à nous.

La personne humaine, c'est l'homme en tant qu'il est ou peut devenir raisonnable et libre. L'animal n'est pas une personne. Mais l'enfant est déjà une personne, parce qu'il aura plus tard la raison et la liberté. Le fou, l'idiot, sont encore des personnes, parce qu'ils ont possédé ou peuvent recouvrer les attributs qui constituent la personnalité.

L'inviolabilité de la personne humaine est le fondement du droit. Le droit est le pouvoir de vouloir et de faire toute ce qui est ordonné ou n'est pas défendu par le devoir.

Le premier de tous les droits de l'homme c'est de vivre. La vie est la condition suprême de la moralité. Le premier devoir de chacun à l'égard de ses semblables est donc de respecter leur vie. « Tu ne tueras pas » est un commandement inscrit dans la conscience avant de l'être dans les lois de Moïse et dans les codes de tous les peuples.

Mais l'homme n'a pas seulement le droit de vivre ; il en a le devoir, puisqu'il renonce à la pratique du bien moral, en abandonnant volontairement la vie. Il ne peut faire cet abandon que s'il le doit, c'est-à-dire si un motif d'ordre supérieur lui impose l'obligation de ce suprême sacrifice. Nous verrons dans quels cas il en est ainsi.

II. — DEVOIR DE LÉGITIME DÉFENSE

Si l'homme a le devoir de vivre, il a celui de défendre sa vie quand elle est injustement attaquée. C'est ce qu'on appelle le *droit*, et ce qu'il serait plus exact d'appeler le *devoir* de légitime défense. Ce devoir explique et justifie les exceptions apparentes que comporte le précepte : tu ne tueras point.

En effet, si je suis assailli dans un lieu désert par un homme à qui je n'aie jamais fait le moindre mal; si, après l'avoir averti que je suis armé, je ne puis échapper à la mort qu'en le tuant, il est clair que j'étais dans mon droit et que j'ai fait mon devoir. L'un des deux devait périr, l'honnête homme ou l'assassin. On avouera que la vie de l'honnête homme a bien autant de prix que celle de l'assassin, et puisque cette nécessité douloureuse existe, que l'une des deux soit sacrifiée, il est juste que ce soit la plus coupable.

Même alors, on doit épuiser tous les moyens de se défendre sans donner la mort, et ne s'y résoudre qu'à la dernière extrémité. Une autre exception se produit en cas de guerre, sur le champ de bataille. Le soldat qui tue l'ennemi armé et menaçant obéit au devoir de légitime défense, il obéit de plus à l'obligation sacrée de défendre son pays. Tuer l'ennemi, c'est, avant tout, assurer, autant qu'on le peut, le salut de la patrie. Mais désarmé, blessé, captif, l'ennemi n'est plus qu'un brave homme inoffensif, qui a fait aussi son devoir, et le tuer alors serait la plus odieuse des lâchetés.

Enfin les nations les plus civilisées croient encore aujourd'hui ne pouvoir assurer la sécurité sociale qu'en mettant à mort les individus reconnus coupables de certains crimes. La loi qui punit ainsi du dernier supplice ne fait que remplir, au nom des citoyens honnêtes et de la société tout entière, le devoir de légitime défense. Les juges qui condamnent, le bourreau même qui exécute, accomplissent également un devoir en obéissant à la loi.

Si, en dehors de ces cas, il est criminel d'attenter à la vie du prochain, il l'est aussi, quoique à un degré moindre, de le blesser, de le frapper, de compromettre en quoi que ce soit l'intégrité de sa vie physique.

III. — L'HONNEUR ET LA RÉPUTATION

Mais l'homme n'est pas seulement un être vivant, il est aussi et surtout un être social. Dans la société chacun joue un rôle et tient une place. Chacun est en relations avec tous, en relations plus étroites et plus fréquentes avec quelques-uns. De là, des jugements que nous portons sur la valeur morale, intellectuelle de nos semblables. De là l'opinion, bonne ou mauvaise, que nous avons les uns des autres. Jouir d'une bonne réputation, passer pour un homme intelligent et honorable, est un avantage dont on ne saurait exagérer l'importance. Tous y tiennent et ont le devoir d'y tenir. Ma réputation c'est moi-même, dans ce que j'ai de plus cher et de plus précieux ; c'est moi-même en tant que jugé par mes semblables et apprécié par eux.

L'honneur et la réputation font donc partie intégrante de la personnalité et, par suite, ont droit au respect. Les outrages qui flétrissent, les mépris hautement témoignés, autant de violations graves de ce qui est dû à autrui. Même le mépris non exprimé est coupable ;

car la pensée qui déshonore intérieurement une réputation porte atteinte au caractère sacré de la personne.

Il y a deux manières principales d'attaquer l'honneur des autres : la calomnie et la médisance.

IV. — LA CALOMNIE

La calomnie invente de toutes pièces le mal dont elle charge un innocent. Elle le répand dans l'opinion des hommes, soit directement, soit par insinuations perfides. Le calomniateur est essentiellement un menteur qui prêtera à celui qu'il veut perdre les actions les plus honteuses, les plus noirs forfaits. On voit par là jusqu'à quel point la calomnie est criminelle. La victime se voit déshonorée, abandonnée de tous, parfois ruinée, traînée en justice, réduite au désespoir, sans qu'elle sache à qui s'en prendre. La calomnie a tout l'odieux et toute la lâcheté de l'assassinat.

Il semble que par ses mensonges mêmes et ses excès, la calomnie soit inoffensive : à qui faire croire d'un homme jusqu'ici réputé honnête, qu'il est à ce point méprisable ? Mais on a raison de dire de la calomnie qu'il en reste toujours quelque chose. Plus elle est incroyable, plus elle trouve d'oreilles disposées à l'accueillir. De telles accusations, dit-on, sont trop graves pour n'être pas en partie fondées. Puis, un calomniateur habile sait tirer profit de fâcheuses apparences ; il ne s'attaque pas à qui ne donne aucune prise au soupçon. Et il a malheureusement pour complice la disposition, générale dans la société, à accepter sans contrôle tout ce qui peut ternir la réputation d'autrui.

V. — LA MÉDISANCE

Cette même disposition assure un accueil plus favorable encore à la médisance. Celle-ci n'invente pas le mal qu'elle colporte, et d'ailleurs ce qu'elle raconte du prochain, ce sont moins des actes déshonorants, criminels que des travers, des fautes qui ne flétrissent pas. De plus, ses intentions ne sont pas toujours haineuses; elle veut égayer, faire rire, assaisonner une conversation d'anecdotes piquantes. Aussi des âmes qui se croient charitables, que révolterait la calomnie, ne découragent pas trop la médisance; elles s'imaginent assez faire en n'y prenant pas une part active, en l'écoutant avec un silence bienveillant.

Pour n'être pas un mensonge meurtrier, la médisance n'en est pas moins dangereuse et coupable. Nous n'avons pas le droit de livrer ainsi les ridicules ou les faiblesses d'un homme en pâture à la malignité des autres; la considération dont il jouit lui appartient, et nous portons atteinte à cette propriété en diminuant, sans autre motif que le désir égoïste d'amuser les autres et de passer pour spirituels, l'estime que malgré tout il n'a pas cessé de mériter. Puis, fût-il vraiment digne de blâme, quelle qualité avons-nous pour nous ériger en justiciers? Sommes-nous tellement parfaits que nous n'ayons nous-mêmes besoin d'aucune indulgence? Et la perfection ne consisterait-elle pas précisément à pratiquer la plus large charité? Médire du prochain ne le corrigera pas ; mais par la médisance, nous altérons la cordialité, la douceur, la sécurité des relations sociales ; nous semons la haine, les ressentiments ; nous risquons parfois, sans l'avoir voulu peut-être, d'amener des catastrophes. On ne sait jamais jusqu'où ira une médisance ; elle peut, envenimée par l'envie, aller frapper en plein cœur un honnête homme, et causer des maux incalculables.

C'est médire encore que d'attirer avec complaisance l'attention sur l'infériorité intellectuelle de certaines personnes, sans autre motif que le désir secret de faire entendre combien nous leur sommes supérieurs. N'avoir ni esprit ni beaucoup de savoir n'est pas déshonorant ; l'essentiel est d'être homme de bien, et d'ailleurs il est des intelligences de lourde apparence qui cachent une grande finesse. On porte atteinte à la personne humaine, même en disant d'un sot qu'il est un sot, si sa sottise est bienveillante ou inoffensive.

Le devoir n'est pas seulement de s'interdire toute médisance et toute calomnie, il est encore de les décourager à tout jamais par l'accueil qu'on leur fait. On doit par son attitude, souvent même par un témoignage de reprobation directe, imposer silence au médisant ; on doit sommer le calomniateur de prouver ce qu'il avance. Ces fléaux de la société disparaîtraient, si chacun avait, comme il le doit, le courage de les combattre. Calomniateurs et médisants n'existent que par la faiblesse ou la complicité de ceux qui les écoutent ; mais ceux-ci, qu'ils le sachent, se rendent responsables de leurs méfaits. Il en est ici comme des mauvais livres ; s'ils ne trouvaient pas de lecteurs, il n'y aurait personne pour les écrire ou les publier.

On peut se demander comment ces préceptes s'accordent avec ce que nous avons dit de la sanction de l'opinion. Si l'estime et le mépris s'attachent justement aux bonnes et aux mauvaises actions, n'avons-nous pas le devoir de démasquer un malhonnête homme et de le noter publiquement d'infamie ? Et n'est-ce pas là proprement la médisance ? Non ; car le motif est tout autre. La médisance n'a pas pour objet l'intérêt supérieur de la vertu : elle s'insinue sournoisement et se cache avec soin de sa victime. L'homme de bien qui croit devoir s'ériger en justicier, attaque en face celui qu'il dénonce au tribunal du mépris public, et le met en demeure de réfuter les accusations portées contre lui. Et c'est un rôle, encore, qu'on ne doit prendre qu'en tremblant, dans des circonstances exceptionnelles, quand la sécurité publique ou le sort de quelque innocent se trouvent directement intéressés.

VI. — LA DÉLATION

Si l'on a connaissance d'un crime qui tombe sous le coup de la loi, on doit en informer les magistrats. Ce n'est pas là de la délation, mais l'accomplissement d'une obligation stricte envers la société. La délation consiste à révéler, sous l'empire d'un sentiment mauvais, aux autorités chargées de les punir, des manquements peu graves et qui ne portent pas sérieusement atteinte aux droits d'autrui. La délation est surtout blâmable chez les enfants élevés en commun, au lycée ou ailleurs. Un tel a copié sa version dans une traduction. Il a eu tort, et le professeur, s'il s'en aperçoit, le mettra justement en retenue. Mais si cette version est un devoir ordinaire, si par là le coupable n'a volé à aucun de ses camarades une récompense, une bonne place, ou un prix, celui qui le dénonce est un délateur. On juge en effet que sa conduite n'est pas conforme à cette fraternité pleine de confiance qui doit régner entre enfants vivant ensemble sur les mêmes bancs. Il pourra faire honte au fraudeur de son indélicatesse et le livrer au témoignage de sa conscience; il ne devra pas le trahir. Encore moins le maître devra-t-il encourager la délation qui est toujours l'indice d'une âme envieuse.

VII. — L'ENVIE

L'envie est ce sentiment de tristesse que nous fait éprouver le bonheur ou la supériorité d'autrui, de joie que nous ressentons quand il est malheureux ou humilié. L'écolier délateur dont je viens de parler, n'a pas agi par amour de la justice, mais par désir de voir infliger un châtiment à son camarade. Et c'est là ce qui fait qu'il a mal agi. L'envie est de tous les mauvais sentiments le plus méprisable. L'envieux souffre de tous les avantages qu'il ne possède pas : intelligence, richesse, rang social, succès de toutes sortes. L'envieux souffre toujours, parce qu'il trouve toujours à envier. Il ne pourrait être heureux que du malheur de tous les hommes. Et un tel bonheur serait encore pour lui la plus cruelle des souffrances, car il ne pourrait qu'être empoisonné de remords. L'envieux se ronge lui-même et il se sent indigne de toute sympathie : son mal est trop honteux pour qu'il ose jamais l'avouer. Taciturne, solitaire, en horreur aux autres comme à sa propre conscience, l'envieux n'a pas sa place dans la société, dont sa rage voudrait la ruine; il n'a pas d'amis, les affections de famille sont trop pures pour qu'il les connaisse; il est vraiment, et dans toute la force terrible du terme, ce que la théologie chrétienne appelle un réprouvé.

VIII. — L'ÉMULATION

L'émulation est, malgré les apparences, tout le contraire de l'envie. Elle est une tendance qui nous dispose à nous réjouir de la supériorité d'autrui, et à faire effort, en même temps, pour l'égaler et, s'il se peut, la surpasser. L'émulation est donc comme un hommage sincèrement rendu à ce qu'il y a de meilleur chez nos semblables, puisque sans chercher à les diminuer, nous ne croyons pas pouvoir donner à notre activité un plus noble but que de les prendre pour modèles. Elle est la condition de tout progrès, intellectuel, moral, social; elle élève sans cesse au dessus d'eux-mêmes individus, corporations, générations. L'envie est inerte, ou elle n'agit que pour nuire. L'émulation est infatigable pour le mieux; elle voudrait voir les autres plus parfaits encore, afin d'avoir à monter toujours plus haut. Elle est la forme la plus délicate du respect dû à la personne humaine. Les émules s'aiment et s'estiment; ils s'estiment parce que chacun reconnaît avec joie les qualités et les vertus de l'autre; ils s'aiment, parce qu'on aime qui vous inspire le courage et la pensée de devenir toujours meilleur. Dans l'enfance et la jeunesse, entre camarades surtout, elle forme de ces amitiés qui peuvent embellir toute une vie. Ceux qui, dans une classe, se disputent les premières places sont généralement unis par la plus charmante intimité ; et plus tard, même si les hasards de l'existence les ont séparés, ils se souviennent avec émotion du rival qui, d'un cœur sincère, applaudissait à leurs triomphes, comme ils étaient prêts à applaudir aux siens.

C'est donc par une injuste défiance que certains pédagogues ont prétendu proscrire l'émulation. Ils l'ont confondue avec la jalousie et avec l'envie. Ils ont calomnié la nature humaine, surtout la nature généreuse de l'adolescent. Il faut n'avoir pas vécu dans nos lycées pour ignorer que l'émulation peut être suscitée sans qu'il y ait nécessairement péril d'éveiller avec elle aucun mauvais sentiment. Il y faut sans doute quelque prudence : c'est affaire aux maîtres et aux directeurs de la jeunesse.

L'obligation de respecter l'honneur et la réputation de nos semblables ne s'éteint pas avec leur vie. Quoi qu'on en ait dit, on doit des égards, non seulement aux vivants mais aux morts. Outrager leur mémoire, ou mettre cruellement au grand jour leurs faiblesses, c'est violer ce qui est dû à la personne humaine, laquelle ne périt pas, avec cette lâcheté de plus, qu'ils ne sont plus là pour se défendre. Dans l'intérêt supérieur de la vérité, l'historien peut cependant mettre à nu sans scrupule et juger en toute impartialité les personnages historiques; mais s'il a le devoir d'être souvent sévère et quelquefois de flétrir, il ne doit jamais aller jusqu'à l'insulte.

RÉSUMÉ

I. — La *personne humaine* est sacrée et inviolable comme la loi morale qu'elle conçoit et doit pouvoir pratiquer.

L'inviolabilité de la personne humaine est le fondement du droit.

Le *droit* est le pouvoir de vouloir et de faire tout ce qui est ordonné ou n'est pas défendu par le devoir.

L'homme a d'abord le droit et le devoir de *vivre*.

II. — Il en résulte le droit, ou plutôt le devoir de *légitime défense*, que l'homme exerce quand sa vie est injustement attaquée : il vaut mieux sacrifier la vie d'un malfaiteur que celle d'un honnête homme.

La société exerce le même droit en temps de guerre et lorsqu'elle condamne à mort les assassins. La vie de l'ennemi désarmé est sacrée.

En dehors des cas de légitime défense, la vie physique de l'homme doit être respectée dans son intégrité.

III. — L'*honneur* et la *réputation* font partie intégrante de la personnalité, et doivent être respectés au même titre.

Ces biens précieux sont attaqués principalement par la calomnie et la médisance.

IV. — La *calomnie* invente de toutes pièces le mal dont elle charge un innocent. Elle est basse et criminelle. Les effets en sont toujours funestes.

V. — La *médisance* n'invente pas le mal qu'elle colporte; mais elle est également pernicieuse, même quand les intentions du médisant ne sont pas absolument malveillantes.

Non seulement il ne faut pas médire, mais il faut encore décourager la médisance par une attitude réservée, et, au besoin, par des protestations énergiques. Il n'y aurait ni calomniateurs ni médisants, si ceux-ci ne rencontraient pas de complices.

Ce n'est pas médire que d'attaquer *ouvertement* les vices, dans l'intérêt de la sécurité et de la moralité publique.

VI. — Dénoncer un crime aux magistrats, c'est accomplir un devoir social strict; mais révéler, sous l'empire d'un sentiment mauvais, une violation de la loi qui n'est pas sérieusement préjudiciable, c'est commettre une action basse appelée *délation*.

VII. — L'*envie* est ce sentiment de tristesse que nous fait éprouver le bonheur ou la supériorité d'autrui. C'est un sentiment méprisable, qui dégrade l'homme et le rend très malheureux.

VIII. — On ne confondra pas l'envie avec l'*ému-*

lation, qui, au contraire, nous dispose à nous réjouir de la supériorité d'autrui, et à faire effort en même temps, pour l'égaler, et, s'il se peut, la surpasser. Elle est la condition de tout progrès, et la forme la plus délicate du respect dû à la personne humaine.

C'est à tort que certains pédagogues voudraient proscrire l'émulation.

Les devoirs précédemment exposés subsistent même à l'égard des morts. Outrager leur mémoire, et révéler leurs faiblesses sans nécessité, c'est encore offenser la personne humaine.

Ouvrages à consulter :

Cicéron, *Des Devoirs*. (L. I, ch. vii; L. II, ch. xiii.)
Beaussire, *Les Principes du droit*. (L. III, ch. iv.)
Marion, *Leçons de morale*. (Leçon 22.)

ONZIÈME LEÇON

RESPECT DE LA PROPRIÉTÉ. CARACTÈRE SACRÉ DES PROMESSES ET DES CONTRATS

Sommaire. — I. Fondement du droit de propriété. — II. Droit de tester et d'hériter. — III. Le vol. La fraude. — IV. Le mensonge. — V. Promesses et contrats.

I. — FONDEMENT DU DROIT DE PROPRIÉTÉ

Si la vie humaine est respectable par elle-même, elle l'est aussi dans les moyens sans lesquels elle ne pourrait subsister. Parmi ces moyens, l'un des plus nécessaires est la propriété. Sans la possession de certains objets, aliments, abri, vêtements, instruments de travail, ou sans l'argent qui, dans nos sociétés procure tout cela, l'homme mourrait de misère et de faim. Le vol est donc, dans une certaine mesure, un attentat à la vie de nos semblables.

Il est encore et surtout un attentat à leur personne morale. Celle-ci, en effet, se manifeste essentiellement par ce genre d'activité qu'on appelle le travail. Quand, à l'origine, la terre n'était pas partagée, celui qui le premier en a défriché un petit coin, et y a semé quelques graines pour se nourrir plus tard de sa récolte, était évidemment le légitime possesseur de ce que son travail avait ainsi produit. Il avait rendu siens ce champ, cette moisson, qui n'appartenaient à personne; il les avait rendus siens, parce que la terre avait comme reçu son empreinte; elle avait changé d'aspect et de valeur; de stérile, par l'effort de cette activité réfléchie et persévérante qui est l'homme moral lui-même, elle était devenue fertile et nourricière. Et quant à la moisson, elle était bien plus sienne encore, puisque sans lui elle n'eût jamais existé.

Ce que l'homme produit par son travail, est donc quelque chose de son activité libre, est *de* lui, par suite est *à* lui. Le droit de la propriété a ainsi son fondement dans le respect dû à la personne humaine et à toutes ses manifestations légitimes : comme elles, il est moralement inviolable.

II. — DROIT DE TESTER ET D'HÉRITER

Le droit de tester et d'hériter en découle rigoureusement. En effet, le propriétaire peut transmettre à qui bon lui semble le fruit de son travail, et il est naturel qu'il en fasse profiter après sa mort ceux qu'il chérit le plus, ceux en vue de qui il a principalement multiplié ses efforts pour produire plus qu'il ne lui était strictement nécessaire. Ce sont évidemment ses proches, surtout ses enfants. Mais le droit étant absolu, et personne ne pouvant justement prétendre à une propriété qui ne lui appartient pas, on comprend qu'à défaut d'enfants, ou de parents, le propriétaire puisse faire héritier qui bon lui semble.

Acquise par le travail personnel, par héritage, ou par simple donation, la propriété a donc droit au plus entier respect. De là le mépris qui partout s'attache au voleur, et les peines partout édictées contre lui.

III. — LE VOL. LA FRAUDE

Mais le vol n'est pas toujours cet attentat brutal et direct qui consiste à fracturer nuitamment un coffre-fort, ou à prendre un porte-monnaie dans la poche de quelqu'un. Il use souvent de moyens très détournés, il se dissimule par de savantes manœuvres, au point qu'il n'est pas toujours possible à la loi de l'atteindre et de le frapper. Dans ce cas, il s'appelle la *fraude*. Les formes en sont infinies. La fraude est plus méprisable peut-être que le vol, précisément parce qu'elle se complique d'une hypocrisie profondément calculatrice, et qu'elle s'arrange d'ordinaire pour n'avoir rien à craindre de sa victime ni du code pénal.

Ne craignons pas de flétrir celui qui, abusant de la faiblesse d'esprit d'un riche vieillard, s'est fait léguer, au détriment d'héritiers légitimes, une fortune à laquelle il n'avait aucun droit; — le marchand qui trompant les consommateurs sur la qualité de sa marchandise, accumule d'énormes bénéfices; — le financier qui répand de fausses nouvelles dans l'intérêt de ses spéculations; — le directeur qui déprécie lui-même l'entreprise qui lui est confiée pour effrayer les actionnaires et racheter à vil prix des titres dont il est seul à connaître toute la valeur, etc. Quelle que soit parfois l'indulgence des tribunaux et de l'opinion publique à l'égard de pareilles manœuvres, pour la conscience elles n'ont qu'un nom : ce sont des fraudes, c'est-à-dire des vols.

S'il est vrai qu'un voleur est celui qui s'empare de ce qui ne lui appartient pas, on ne peut guère non plus donner un autre nom à qui, ayant trouvé une somme d'argent ou un objet précieux, le garde au lieu d'en rechercher le propriétaire. Il est vrai que cette recherche est quelquefois difficile ou même impossible ; la probité commande alors d'affecter la somme ou le prix de l'objet à une œuvre de charité ou d'utilité publique.

Un préjugé malheureusement fort répandu, c'est qu'en faisant tort à l'État de ce qui lui revient, on ne fait tort à personne. Bien des gens s'étonneraient et s'indigneraient d'être appelés voleurs parce qu'ils se sont arrangés pour ne pas acquitter des droits de douane, d'octroi ou d'enregistrement. Volontiers on s'en vanterait, comme d'un bon tour et d'une preuve d'adresse. Peut-être la culpabilité morale n'est-elle pas aussi grave en ce cas que dans celui du vol ordinaire, parce que l'intention de nuire n'est pas aussi formelle, ni le motif de cupidité aussi manifeste ; néanmoins, un peu de réflexion suffit à montrer le caractère coupable et frauduleux de pareils actes. Il y a d'abord mensonge volontaire et délibéré, ce qui est dégradant ;

il y a ensuite un dommage causé à la société civile et politique qui ne pourrait subsister sans le produit assuré de certaines taxes; il y a encore un dommage plus particulier et plus direct causé aux bons citoyens; car si les finances de l'État sont en déficit, une augmentation d'impôt deviendra nécessaire, et elle pèsera principalement sur les contribuables les plus scrupuleux, ceux précisément qui ne se permettent aucune fraude; il y a enfin le dommage que l'on cause toujours quand on donne l'exemple de la désobéissance à l'autorité légale et celui qu'on se fait à soi-même en prenant l'habitude de mépriser et de violer la loi.

IV. — LE MENSONGE

La fraude se complique presque toujours de mensonge; elle est, pourrait-on dire, un mensonge en acte, comme le mensonge est une fraude en paroles. Mentir c'est voler à autrui la vérité à laquelle il a droit.

Je dis à laquelle il a droit; car nous ne sommes pas tenus de dire à autrui tout ce que nous pensons. Nous pouvons avoir des projets, des opinions sur les choses ou les hommes qu'il nous importe ou qu'il nous convienne de taire, et dans ce cas, celui-là nous fait tort qui cherche, par importunité ou par ruse, à nous arracher ce que nous ne voulons pas dire. C'est la curiosité indiscrète, fléau des relations sociales. — Il est même souvent obligatoire de ne pas dire ce que l'on pense. On connaît ce passage du dialogue entre Alceste et Philinte, dans la première scène du *Misanthrope*[1]:

PHILINTE.

...Quoi! vous iriez dire à la vieille Émilie,
Qu'à son âge il sied mal de faire la jolie
Et que le blanc qu'elle a scandalise chacun?

ALCESTE.

Sans doute.

PHILINTE.

A Dorilas, qu'il est trop importun,
Et qu'il n'est à la cour, oreille qu'il ne lasse
A conter sa bravoure et l'éclat de sa race.

ALCESTE.

Fort bien.

PHILINTE.

Vous vous moquez.

ALCESTE.

Je ne me moque point.
Et je vais n'épargner personne sur ce point.

Eh bien, Alceste a tort et très grand tort. S'il ne peut fermer les yeux sur les travers d'autrui, qu'il garde pour lui ses observations malveillantes. Il n'a nullement le droit de dire à chacun son fait. Il croit ainsi remplir un devoir, mais qu'il sache que c'est un devoir aussi et plus important d'être indulgent, charitable, de ne pas rendre impossible par une prétendue franchise, qui n'est au fond qu'orgueil ridicule et contentement excessif de soi-même, les relations des hommes entre eux; enfin, s'il ne peut supporter rien de personne, il fera bien de partir tout de suite pour son désert.

Le mensonge n'est donc pas de ne pas dire ce qu'on

---

1. MOLIÈRE, *le Misanthrope*, édition Pélissier. Paris, maisons Quantin, Picard et Kaan.

pense, mais de dire le contraire de ce qu'on pense, quand autrui a droit qu'on lui dise la vérité. L'enfant qui, interrogé par son maître s'il a commis une faute, se déclare innocent lorsqu'il ne l'est pas, est un menteur, parce que son maître, ayant la responsabilité de son éducation, a droit de connaître sa conduite. De même, le témoin appelé devant un tribunal: le juge a le droit de connaître l'auteur et les détails d'un crime, parce qu'il a charge d'assurer la sécurité sociale. Il y a plus; dans ce cas, on est coupable non seulement si l'on dit le contraire de la vérité, mais encore si l'on ne dit pas toute la vérité; car il y va de l'intérêt public, et quelquefois de l'honneur et de la vie d'un innocent.

Le mensonge est un des actes les plus déshonorants. Outre le dommage qu'il cause à autrui en le trompant sur ce qu'il a droit de savoir, le mensonge est bassesse et lâcheté. En effet, c'est presque toujours par peur que l'on ment. Nous espérons par le mensonge échapper à une punition méritée; ou bien nous espérons obtenir ce qui nous eût été refusé si nous eussions dit vrai. Dans les deux cas, nous nous dégradons à nos propres yeux; car nous avons conscience de profiter frauduleusement d'une impunité ou d'un avantage dont nous ne sommes pas dignes.

Nous nous dégradons tout autant aux yeux de nos semblables. Celui qui a été une fois convaincu de mensonge n'obtient plus nulle créance: sa parole ne compte pas. Autant dire qu'il ne compte plus comme personne morale; car la parole, c'est la personne même, pensées, intentions, actes libres, qui se traduit au dehors sous forme de sons articulés. Douter de la parole d'un homme, n'est-ce pas douter que cet homme ait encore ce qui fait vraiment l'homme, je veux dire l'honneur et le légitime sentiment de sa dignité? Et quelle honte suprême que d'avoir mérité un traitement de cette sorte !

La sincérité de la parole humaine est une des conditions essentielles à l'existence de la société. Le mariage est une parole donnée et reçue. Les promesses, les contrats, les traités diplomatiques sont des échanges de paroles. La rédaction écrite d'une convention ne lui donne pas, moralement, plus de valeur; la parole d'un honnête homme n'a pas besoin d'être confirmée par sa signature.

V. — PROMESSES ET CONTRATS

Une promesse est l'expression d'une volonté qui s'engage librement envers une autre pour l'avenir: un contrat est un engagement libre et réciproque de deux volontés.

Promesses et contrats sont également sacrés; y manquer, quand il est possible de les exécuter, c'est avouer qu'on n'a pas d'honneur, qu'on n'est pas moralement un homme, qu'on n'est pas digne de faire partie d'une société d'êtres libres.

Mais ce caractère inviolable de la parole donnée ou échangée nous impose d'autres devoirs encore que celui de la tenir. Et d'abord nous devrons ne nous engager qu'après mûre délibération, et quand nous aurons la certitude de pouvoir nous acquitter. Un engagement contracté à la légère est plus qu'une imprudence; il nous expose à mentir plus tard à notre promesse, ce qui est toujours un déshonneur. Nous sommes ici responsables de toutes les conséquences qu'un peu plus de réflexion nous eût fait prévoir.

Puis nous ne devrons jamais nous engager à rien de déshonnête, car cela même est chose coupable; et de plus, tenir la promesse, serait en ce cas plus coupable encore que de la violer. Ainsi l'homme s'abstiendra rigoureusement de tout contrat qui le mettrait dans l'impossibilité d'accomplir ses devoirs d'homme, de père de famille, de citoyen. Devant la loi, d'ailleurs, de tels contrats sont nuls de plein droit.

Mais si l'action à laquelle on s'est engagé n'est pas déshonorante, il faut tenir sa parole, quoiqu'il en doive coûter, même envers un méchant, même envers un ennemi. Cicéron, Horace, exaltent justement l'intraitable obstination de Régulus à reprendre une captivité qui se terminera pour lui, il le sait, par les plus affreux supplices. Il importe peu que le fait ne soit pas historiquement certain. L'essentiel c'est la beauté morale de l'exemple, et si connu soit-il, il mérite d'être éternellement glorifié.

Longtemps le mensonge et la mauvaise foi ont paru de mise dans la politique et la diplomatie; il s'est même trouvé un grand écrivain, Machiavel, pour en recommander sans scrupules l'emploi et en tracer les préceptes aux souverains. Le *machiavélisme*, de nos jours, est heureusement flétri, la conscience des peuples est unanime à proclamer que rien, pas même l'intérêt national, ne saurait absoudre, chez les gouvernants, la violation volontaire de la parole solennellement donnée.

Une doctrine analogue au machiavélisme, est celle des intentions et des restrictions mentales. J'ai promis à haute voix, ou par écrit, de faire telle chose, de payer par exemple, telle somme, à telle époque. Mais mon intention secrète est de n'en payer que la moitié, ou bien, j'ai fait mentalement cette restriction que je payerais à la condition d'avoir reçu moi-même de l'argent. Il est trop clair que, dans les deux cas, il y a mensonge éhonté et mauvaise foi flagrante. Si j'ai réellement l'intention de ne payer que la moitié, je dois le dire, car cette intention, celui envers qui je m'engage a le droit de la connaître : je le trompe en lui laissant croire que j'en ai une autre, qui est de payer le tout. Et la restriction que j'ai faite mentalement, met à néant ma promesse, puisque celle-ci est exprimée et comprise sans restriction. Donc, j'ai l'air de promettre, et en réalité je ne promets pas, ce qui est proprement la mauvaise foi. On ne saurait avoir trop de mépris pour de tels subterfuges et pour les casuistes impudents qui les ont proclamés légitimes.

Mais un dernier précepte peut être tiré de là; c'est qu'un engagement ne doit prêter à aucune équivoque. Sans aller jusqu'à la restriction mentale, il est des gens qui laissent volontairement dans le vague certaines clauses d'un contrat, espérant échapper ainsi à l'exécution rigoureuse de toutes les conditions. Ils n'ont peut-être pas l'intention formelle de tromper; mais il ne leur répugnerait pas trop de se prévaloir au besoin d'une expression douteuse, d'un mot au sens mal défini. Ceux-là ont déjà commis la fraude dans leur cœur, car ils n'ont pas fait loyalement leur possible pour s'interdire à l'avance tout moyen de la commettre. Le devoir de donner aux termes d'un engagement une précision et une clarté irréprochables, s'impose d'ailleurs aux deux parties contractantes; car si l'on est moralement tenu d'éviter tout ce qui pourrait faire naître plus tard la tentation de la fraude, on ne l'est pas moins de prendre les précautions nécessaires pour n'en être pas victime.

RÉSUMÉ

I. — L'homme a besoin de la *propriété* pour vivre. Le *vol* est indirectement un attentat à la vie de nos semblables et à leur personne morale.

Le *droit de propriété* a son fondement dans le *droit du premier occupant* et surtout dans le *travail*. La chose utile produite par l'activité de l'homme est comme une extension de sa personnalité. Elle est inviolable.

II. — Le droit de propriété a pour conséquence le droit de *tester* et d'*hériter*.

III. — La *fraude* est le vol accompagné de ruse et d'hypocrisie. Ces circonstances la rendent quelquefois plus coupable que le vol ordinaire.

C'est également commettre un vol que de s'approprier la chose *trouvée*.

Un préjugé, malheureusement très répandu, prétend que *voler l'État ce n'est pas voler*. Erreur funeste ! Celui qui fraude en matière d'impôts (douanes, octroi, droits d'enregistrement, etc.) commet un mensonge, cause un dommage à la société civile et politique, et un dommage particulier au bon citoyen qui paye l'impôt pour lui, car il faut toujours que les caisses de l'État se remplissent; enfin il donne l'exemple de la désobéissance à l'autorité légale.

IV. — La fraude se complique presque toujours de *mensonge*. Mentir c'est voler à autrui la vérité à laquelle il a droit.

La justice et la charité nous obligent parfois à ne pas dire *tout* ce que nous pensons. D'autres fois, au contraire, nous devons faire connaître *toute la vérité*, par exemple dans les témoignages en justice. Mais toutes les fois que nous parlons, nos paroles doivent être d'accord avec nos pensées.

Le mensonge n'est pas seulement une faute envers autrui; il dégrade la dignité humaine dans la personne qui le commet; il est souvent une bassesse et une lâcheté : dans tous les cas, il fait perdre la confiance : le menteur ne compte plus comme personne morale.

Le mariage, les promesses, les contrats, les traités diplomatiques reposent essentiellement sur la sincérité de la parole humaine.

V. — Une *promesse* est l'expression d'une volonté qui s'engage envers une autre pour l'avenir; un contrat est un engagement libre et réciproque de deux volontés.

Promesses et contrats sont également sacrés. Il ne faut pas s'engager à la légère, et sans avoir la certitude de pouvoir s'acquitter. De plus, l'objet des engagements pris doit être moral et licite.

Le *machiavélisme* dans les relations diplomatiques est aujourd'hui flétri.

On ne saurait non plus trop s'élever contre les *restrictions mentales*, derrière lesquelles se cachent le mensonge et la mauvaise foi.

Ouvrages à consulter :

Kant, *La Doctrine du droit.* (1ʳᵉ part., ch. I et II.)
Thiers, *De la Propriété.* (Du droit de propriété, 2ᵉ part.)
E. Beaussire, *Les Principes du droit.* (L. III, ch. II.)
A. Franck, *Philosophie du droit civil.* (ch. XVI à XX.)
Ch. Waddington, *Dieu et la Conscience.* (2ᵉ part., ch. IV.)

DOUZIÈME LEÇON

JUSTICE. — ÉQUITÉ. — RECONNAISSANCE
BIENVEILLANCE ET BIENFAISANCE
SOLIDARITÉ. — POLITESSE

Sommaire. — I. La justice. — II. La bienveillance. L'équité. — III. La reconnaissance. — IV. La bienfaisance. — V. La solidarité. — VI. La politesse.

I. — LA JUSTICE

Tous les devoirs sociaux que nous avons énumérés jusqu'à présent sont compris sous le nom général de *devoirs de justice*. La justice est la vertu qui consiste dans l'habitude de les pratiquer. On a dit que la justice c'est de rendre à chacun ce qui lui est dû. Le mot *rendre* n'a pas ici le sens de restitution; car on doit n'avoir rien pris. On veut dire que la justice est de laisser à chacun la libre et tranquille jouissance de ce qu'il possède légitimement. L'homme possède légitimement la vie, l'honneur et la réputation tant qu'il ne les a pas flétris par sa faute, les richesses acquises par son travail ou par héritage, le droit de développer son activité physique et intellectuelle, de rechercher la douceur des affections permises, de compter sur une parole donnée, etc. — L'obligation de ne lui rien ravir de tout cela, de respecter la personne et tous ses droits, voilà donc la justice, avec toutes les prescriptions moins générales qu'elle comporte. Et comme tout homme veut être ainsi respecté dans sa personne et dans ses droits, on a pu exprimer les devoirs de justice par cette autre formule, plus claire et plus populaire : « Ne faites pas à autrui ce que vous ne voudriez pas qu'on vous fît à vous-même. »

Mais la justice ne suffit pas. N'être que juste c'est n'être pas coupable ou criminel, ce n'est pas encore être vertueux. Il faut que la justice soit vivifiée, complétée par la bienveillance.

II. — LA BIENVEILLANCE. L'ÉQUITÉ

La bienveillance consiste dans cette disposition de l'homme à aimer ses semblables et à vouloir leur faire du bien. Quand la bienveillance se mêle à la stricte justice, celle-ci devient l'équité.

Il est juste, par exemple, que le coupable soit objet de mépris, et que, si sa faute tombe sous le coup de la loi, on lui applique la peine. C'est là lui rendre ce qui lui est dû. Mais il est telles circonstances qui peuvent atténuer la gravité morale de la faute : l'entraînement, le mauvais exemple, les mauvaises doctrines trop facilement propagées et accueillies dans certains milieux, etc. Alors il est équitable de suspendre notre jugement sur la conduite d'autrui, et d'en tempérer la rigueur. Un jury, un tribunal, seront équitables, si l'un admet des circonstances atténuantes, et si l'autre abaisse d'un ou deux degrés la punition. On obéit, dans ce cas, à un sentiment de bienveillance envers la personne même du coupable, quoique la faute en elle-même mérite toujours d'être détestée et réprimée. L'équité tient ainsi compte de la faiblesse humaine; elle avertit chacun qu'il est, lui aussi, faible et faillible, et que l'indulgence, parfois le pardon, sont également de la justice.

C'est qu'en effet, comme on l'a dit, à être juste en toute rigueur, on risque d'être injuste. Rendre à chacun ce qui lui est dû entraîne comme conséquence le droit d'exiger de chacun ce qu'il nous doit. Si je suis tenu de payer intégralement une dette d'argent, je puis sans violer, semble-t-il, la justice, contraindre mon débiteur à s'acquitter envers moi. Mais je suis riche, il est pauvre; la somme qu'il me rendra, sans rien ajouter à mon bien-être, va le ruiner et le réduire, lui et sa famille, au désespoir. L'équité sera, soit de proroger l'échéance du payement, soit de faire au débiteur remise partielle ou totale. Et l'équité, ici n'est qu'une justice supérieure, une justice bienveillante et vraiment humaine. Ne craignons pas de le dire : agir autrement serait être injuste, car ce serait volontairement causer à autrui un tort peut-être irréparable.

Dans l'exemple que nous venons de citer, le créancier ne fait, après tout, que son devoir; mais comme il a témoigné de la bienveillance à son débiteur, celui-ci lui en doit en retour. Cette bienveillance à l'égard de quelqu'un qui nous en a montré le premier par sa conduite envers nous, s'appelle la reconnaissance.

III. — LA RECONNAISSANCE

La reconnaissance est une forme de la justice, puisqu'elle ne fait que rendre ce qui est dû. Mais elle appartient à cette justice supérieure qu'on nomme l'équité, puisqu'elle est une justice accompagnée d'amour.

La reconnaissance, pourrait-on dire, est le paiement par le cœur d'une dette de cœur. En effet, elle consiste surtout dans le sentiment. Il est bien des manières de témoigner de la reconnaissance, et quand elle peut se manifester par des actes, elle le doit. Le débiteur à qui un créancier généreux a fait remise de sa dette, devra, si celui-ci se trouve à son tour dans le besoin, lui venir en aide jusqu'à la limite de ses ressources, et toute sa conduite, sous peine d'une odieuse ingratitude, sera reconnaissante; mais l'essentiel, c'est que la reconnaissance soit en lui-même. Il faut qu'elle soit une disposition constante à aimer qui nous a voulu et fait du bien, et une résolution de saisir toutes les occasions de lui en faire. Si ces occasions ne s'offrent pas, la reconnaissance est entière, par cela seul que la disposition intérieure existe et persiste.

Puisque la reconnaissance suppose l'amour, il est clair qu'elle exclut tout calcul. Celui-là ne sera donc pas véritablement reconnaissant, qui se croira quitte envers la générosité d'autrui pour avoir rendu simplement l'équivalent de ce qu'il a reçu. Les anciens[1] disaient déjà que l'obligé doit, s'il le peut, donner, en retour, de l'excédant. En effet, c'est l'amour qui inspire sa conduite, et l'amour répugne à peser en d'exactes balances la dose de reconnaissance et la valeur du bienfait. Ainsi rabaissée, la reconnaissance cesserait d'être l'accomplissement d'un devoir moral; elle ne serait plus que la probité commerciale du marchand. Mais l'équité elle-même et la bienveillance qu'elle implique, ne suffisent pas. Il faut de plus la bienfaisance, la charité.

Le créancier riche qui remet une dette à un débiteur pauvre donne l'exemple d'une générosité à peine méritoire. La loi lui conférait le droit de réduire un honnête homme à la misère : il ne l'a pas fait, c'est-à-dire qu'il n'a pas fait une action moralement mauvaise. Il a fait, à vrai dire, un peu plus que s'abstenir d'une mauvaise action; il a obéi à un bon mouvement du cœur; par là, sa conduite est moralement bonne. Mais il n'a pas cherché l'occasion d'être charitable; elle s'est offerte à lui, et il ne l'a pas repoussée. Il a été, si l'on peut dire, plutôt passif qu'actif; il a, dans une circonstance particulière, prévenu et empêché des souffrances qui se rencontraient sur sa route, il n'a pas été au-devant de ceux qui souffrent, pour découvrir et soulager leurs douleurs physiques et morales. On voit par là ce que c'est que bienfaisance et charité.

1. ARISTOTE, *Morale à Nicomaque*, l. VIII.

IV. — LA BIENFAISANCE. LA CHARITÉ

Les deux mots sont souvent pris comme synonymes : cependant la bienfaisance désigne plutôt l'habitude de faire du bien à autrui, et la charité, l'amour du prochain qui inspire la volonté, la force, souvent le courage nécessaires pour être bienfaisant. Les deux choses sont inséparables; n'est pas bienfaisant, au sens moral du mot, qui n'a pas un ardent amour de ses semblables; n'est pas charitable celui dont la charité ne se traduit pas au dehors par des actes répétés, incessants, de bienfaisance. Si donc nous ne parlons ici que de bienfaisance, il est entendu qu'elle ne saurait exister, aux yeux du moraliste, là où n'est pas la charité. Le riche qui, tous les ans, inscrit sur son budget une somme à distribuer aux pauvres, si d'ailleurs il est sans cœur et sans entrailles pour les souffrances du prochain, fait une œuvre utile au point de vue de la sécurité sociale; la conscience du genre humain et la sienne propre, l'accusent et le condamnent.

La bienfaisance est active, ingénieuse, persévérante, infatigable. Animée d'un amour qui va croissant à mesure qu'il se dépense, elle est à la poursuite de la misère humaine, sous toutes ses formes, et lui fait une guerre sans merci. Elle sait que cette misère a souvent sa pudeur ou son orgueil, qu'elle se cache, qu'elle fuit quelquefois la charité comme humiliante; aussi la bienfaisance ne se laisse-t-elle jamais rebuter. Elle sera pleine des plus délicats ménagements pour la sainte fierté des vrais pauvres; elle se fera humble et suppliera, pour faire accepter ses bienfaits. Elle aura du génie pour trouver, à côté du secours qui sauve, les paroles qui relèvent et consolent; et si elle n'a rien à donner, elle sera bienfaisante encore, en pleurant avec ceux qui pleurent, en souffrant avec ceux qui souffrent.

V. — LA SOLIDARITÉ

Le principe d'où découlent les devoirs de charité est ce qu'on appelle le principe de la *solidarité humaine*. On entend par là que tous les hommes sont liés les uns aux autres par une communauté d'origine, de nature, d'intérêts, de destinée. Par suite, nul ne peut se considérer comme étranger à ses semblables; leur bonheur, leur malheur font partie intégrante de son malheur ou de son bonheur. Par suite encore, chacun doit s'efforcer, ne fût-ce qu'en vue de son propre intérêt, de procurer le bien d'autrui, de soulager les misères des autres dans la mesure la plus large possible. En travaillant pour eux, il travaille pour lui-même; il s'assure les jouissances les meilleures, celles que donne le sentiment d'avoir bien fait; il se crée de précieuses sympathies, il collabore à l'œuvre sacrée du progrès, car le progrès c'est essentiellement la diminution sur terre du mal physique, comme de l'ignorance et du vice, et quiconque console une douleur, supprime une souffrance, fait éclore une joie, est dans son humble sphère et selon ses forces un ouvrier du progrès humain.

VI. — LA POLITESSE

Un hommage délicat rendu à la solidarité humaine, c'est la politesse, « qualité, dit M. Legouvé[1], qui tient au cœur par la bienveillance, à l'esprit par le tact, au corps par la grâce, et qui prend tour à tour, selon les circonstances, les noms variés et toujours charmants d'urbanité, d'affabilité, de courtoisie, de déférence et de respect ». Par elle, en effet, la société devient une source toujours renouvelée de jouissances, en forçant chacun à sacrifier quelque chose de son égoïsme, en lui inspirant la crainte de froisser, si peu que ce soit, ses semblables, le désir de leur plaire et de les charmer. Elle apprend, dit encore M. Legouvé, « à tenir compte, dans les relations sociales, de l'âge, du sexe et du rang; à écouter patiemment l'opinion d'autrui, et à attendre plus patiemment encore le moment de produire la sienne; à pousser la crainte d'offenser jusqu'à l'héroïsme en sachant supporter même un ennuyeux, et le désir d'être agréable jusqu'à la charité en dissimulant les vérités pénibles sous une forme qui les adoucisse ». Elle a tout son prix quand elle est naturelle, qu'elle vient d'un sincère amour de prochain, d'un sentiment profond de ce qui est dû, surtout chez les plus humbles, à la dignité de la personne humaine.

---

[1]. *Les Pères et les Enfants au XIX*e *siècle* (Enfance et adolescence): la politesse aristocratique et démocratique.

RÉSUMÉ

I. — La *justice* est l'obligation de respecter la personne et tous ses droits. Elle a pour formule la fameuse maxime : « Ne faites pas à autrui ce que vous ne voudriez pas qu'on vous fît à vous-même. »

La justice doit être complétée par la bienveillance.

II. — La *bienveillance* est une disposition à aimer ses semblables et à vouloir leur faire du bien.

Quand la bienveillance se mêle à la stricte justice, celle-ci devient l'*équité*.

C'est être équitable que de tenir compte dans les jugements des circonstances qui peuvent atténuer une faute; que d'accorder des délais à un débiteur pour ses payements, afin d'éviter à lui et à sa famille la ruine et le désespoir.

Celui qui a été l'objet de la bienveillance d'autrui, doit en retour de la reconnaissance.

III. — La *reconnaissance*, de même que l'équité, est une justice accompagnée d'amour, ou encore le payement par le cœur d'une dette de cœur. Elle est d'abord un sentiment; mais elle devra aussi, à l'occasion, se manifester par des actes.

Seulement on ne s'acquitte pas de la reconnaissance comme des autres dettes : elle survit même à la restitution des bienfaits reçus. Elle suppose la bienfaisance et la charité.

IV. — La *bienfaisance* est l'habitude de faire du bien à autrui. La *charité* est l'amour du prochain qui donne la volonté et la force de pratiquer la bienfaisance. On ne saurait être bienfaisant sans être charitable et réciproquement.

La bienfaisance est active, ingénieuse, persévérante, infatigable; elle est délicate dans ses procédés et ménage l'amour-propre du pauvre; elle console en compatissant avec ceux qui souffrent et pleurent.

V. — Le principe des devoirs de charité est la *solidarité humaine*. Les hommes sont liés les uns aux autres par une communauté d'origine, de nature, d'intérêts, de destinées. Contribuer au bonheur d'autrui, c'est travailler à son propre bonheur, c'est réaliser le *progrès*. Le progrès est la diminution du mal physique, comme de l'ignorance et du vice.

VI. — L'amour du prochain et le respect de la dignité humaine engendrent aussi la *politesse*, qualité précieuse, qui réprime les tendances égoïstes, rend les relations agréables, et contribue à faire régner la paix parmi les hommes.

Ouvrages à consulter :

Jules Simon, *Le Devoir*. (3ᵉ part.)
V. Cousin, *Justice et Charité.*
Franck, *Philosophie du droit civil.* (Ch. I.)
Beaussire, *Principes du droit.* (L. I, ch. I.)
P. Janet, *La Philosophie du bonheur.*
L. Carrau, *La Morale utilitaire.* (2ᵉ part., l. I, ch. X.)

TREIZIÈME LEÇON

DIFFÉRENTES FORMES DE LA BIENFAISANCE

Sommaire. — I. L'aumône. — II. Manifestations de la bienfaisance. — III. Assistance dans le péril. — IV. Le dévouement. Le sacrifice.

I. — L'AUMONE

La bienfaisance se manifeste d'abord par l'aumône, qui consiste à retrancher de son superflu pour nourrir, abriter, vêtir les indigents. Mais l'aumône n'a toute sa valeur morale que si elle est faite directement. On doit s'habituer à voir la misère en face, à pénétrer dans les réduits où la faim, la maladie, consument silencieusement leurs victimes. Le riche surtout, doit en quelque sorte racheter sa richesse par ces spectacles. Il comprendra mieux ce qu'il doit aux pauvres, et quelle part de son superflu il est tenu de leur distribuer. Les jeunes gens aussi doivent apprendre là ce que la vie comporte de douleurs et de devoirs. Le découragement pessimiste qu'une certaine littérature se donne pour mission d'inoculer à notre jeunesse, ne saurait résister à ces visites de charité : nous savons qu'elles sont l'une des traditions les plus touchantes de nos grandes écoles, l'École polytechnique et l'École normale supérieure. On s'attache à la vie quand on en voit de plus malheureux que soi qui ne la maudissent pas et à qui les secours de la bienfaisance suffisent pour la faire aimer.

Porter soi-même l'aumône aux indigents est encore un devoir envers eux. Ils sont assez à plaindre d'être dans le besoin; épargnons-leur l'amertume de venir solliciter nos secours. Puis, il arrive souvent qu'ils ne le peuvent pas : un dur travail, insuffisant pour vivre, demande tout leur temps, ou bien la vieillesse, les infirmités, la maladie, les clouent sur place. Enfin, votre bienfait leur va plus au cœur quand il est apporté par vous. Vous leur témoignez ainsi que vous ne les méprisez pas, que vous voyez en eux des égaux, rendus plus respectables par le malheur même.

Il est des personnes à qui une délicatesse égoïste fait redouter ces visites. Elles s'attendrissent de loin, elles sont prêtes à beaucoup donner, et elles donnent en effet, par un élan de générosité; mais ne leur demandez pas d'entrer dans ces greniers malpropres, d'approcher ces malades, de respirer cet air méphitique. Leur goût d'artiste est grossièrement choqué de ces laideurs; leur âme, avide au théâtre des émotions les plus brutales, ne peut supporter le contact de ces réalités. Eh bien, le devoir commande de n'être pas si délicat. La vie morale ne se borne pas à des jouissances de dilettante ni même à des sympathies généreuses; l'art est un plaisir, la conscience d'être généreux est un plaisir aussi : mais la bienfaisance est un devoir, et elle n'est complète, répétons-le, que chez celui qui paye de sa personne. Sans doute, le spectacle de la misère n'est pas beau; mais par cela même, il est beau, d'une beauté morale, de ne pas le fuir. Aux yeux de la charité, disions-nous, l'humanité malheureuse prend un caractère plus sacré encore, et toutes ces répugnances d'une âme qui ne veut pas s'exposer à des souffrances esthétiques sont une insulte à ce caractère.

II. — MANIFESTATIONS DE LA BIENFAISANCE

Mais l'aumône n'est pas la seule forme de la bienfaisance. On peut soulager les maux d'autrui de mille autres manières. Recueillir les enfants moralement abandonnés, les soustraire aux tentations du vice; chercher et procurer du travail à ceux qui n'en ont pas, donner de bons conseils, prodiguer son temps et sa peine pour instruire gratuitement les ignorants, ou pour répandre, dans des conférences populaires, des connaissances utiles; propager les notions élémentaires de l'enseignement moral et civique; contribuer activement au développement des institutions de prévoyance et d'épargne, des sociétés coopératives de consommation et de production, combattre les doctrines antisociales : telles sont quelques-unes des manifestations les plus efficaces de la bienfaisance. Un homme bienfaisant sait d'ailleurs varier, selon les besoins et les circonstances, le concours qu'il a le devoir de donner à ses semblables; il ne croira jamais avoir assez fait;

il trouvera dans sa charité des moyens toujours nouveaux d'égaler la variété et le nombre des remèdes au nombre et à la variété des maux. Il provoquera, stimulera la charité des autres; il se fera l'apôtre du bien, il ne reculera pas devant cette sainte importunité qui fait violence à l'apathie et à l'égoïsme, et recrute partout des soldats pour la guerre, jamais achevée, contre la misère et le mal. Il y a un génie de la bienfaisance comme il y a le génie scientifique, artistique, littéraire; c'est le génie de ceux qui découvrent quelque souffrance nouvelle et le moyen de l'adoucir : tels saint Vincent de Paul, l'abbé de l'Épée. Mais ce génie a cela qu'il n'est pas, comme l'autre, un privilège exceptionnel. Il est à la portée du plus humble : l'amour y suffit.

III. — ASSISTANCE DANS LE PÉRIL

La bienfaisance n'a pas seulement pour objet de secourir les malheureux et les déshérités : elle nous porte aussi à prêter assistance à nos semblables dans le péril. Les circonstances où cette obligation s'impose peuvent être rares : dans la vie ordinaire, on n'a pas tous les jours à sauver quelqu'un d'un danger. Peut-être aussi faut-il pour cela une présence d'esprit, une force ou une adresse que la meilleure volonté du monde ne donne pas. Mais un amour sincère du prochain entretient dans l'âme une disposition générale à venir au secours du prochain, et fait que l'homme vraiment charitable trouve en soi, quand l'occasion l'exige, des ressources qu'on ne lui soupçonnait pas. Dans un incendie, dans un naufrage, on voit parfois de modestes artisans, de simples matelots ou passagers, faire preuve d'un sang-froid, d'une énergie qui font l'admiration de tous. N'y voyons que la bonne habitude d'une âme qui s'est fait de l'amour du prochain comme une seconde nature, et puise dans cet amour même de soudaines illuminations. C'est la récompense de la charité de n'être jamais prise au dépourvu. L'amour est plus fort que la mort : les victimes que celle-ci croit déjà tenir, par un suprême élan, la charité les lui arrache.

IV. — LE DÉVOUEMENT. LE SACRIFICE

Quand elle va jusqu'à donner sa vie pour le prochain, la bienfaisance prend les noms augustes de dévouement et de sacrifice. C'est le triomphe de la moralité humaine, et par où l'homme se rapproche le plus de la sainteté. D'ailleurs, le dévouement et le sacrifice ne consistent pas toujours dans le renoncement volontaire à la vie physique; il en est, plus méritoires quelquefois, qui consistent à renoncer au bonheur et à vivre exclusivement pour autrui. Et le dévouement est alors d'autant plus sublime qu'on se sacrifie, non pour des parents ou des amis, mais pour des étrangers. C'est quelque humble fille qui, sans accepter aucun salaire, soignera pendant de longues années les infirmités répugnantes de sa maîtresse; c'est la riche héritière d'un grand nom qui en pleine jeunesse, quand la vie s'ouvre devant elle avec ses joies, abandonne tout pour aller, dans les salles d'hôpitaux, veiller au chevet des pauvres, vivre au milieu de toutes les misères, panser les plaies hideuses, répondre à tous les désespoirs par des paroles consolatrices, n'avoir d'autre famille que les malades et les mourants, et mourir peut-être avant l'âge d'une contagion qu'elle savait funeste, mais qu'elle n'a pas voulu fuir parce que c'eût été déserter.

C'est généralement dans la famille, à l'égard des parents, que le dévouement trouve le plus matière à s'exercer. Il est alors tellement naturel et tellement obligatoire qu'on peut le confondre avec le devoir strict de la piété filiale. On ne sait si l'expression : se dévouer pour ses parents, est bien juste, car on ne fait après tout que leur rendre ce qui leur est dû. Mais il est toujours beau de ne faire même que son devoir quand il en coûte le bonheur. Et il peut en coûter le bonheur s'il faut, par exemple, renoncer à une carrière brillante, à un mariage désiré, pour soutenir par son travail, et adoucir par sa présence la vieillesse indigente d'un père ou d'une mère. Ne craignons pas de dire qu'il en peut coûter le bonheur : les joies de la conscience sont du bonheur aussi, mais nous avons vu qu'elles ne sont pas toujours suffisantes à elles seules pour faire équilibre à celles dont le devoir exige parfois le sacrifice.

On s'est demandé si la bienfaisance, sous la forme supérieure du dévouement, non pas envers les parents, mais envers les étrangers, est rigoureusement obligatoire. Pourquoi, se dit-on, me dévouerais-je aux autres, plutôt que les autres à moi ? Tous les hommes étant égaux, il semble que chacun ait un droit égal au dévouement d'autrui, et qu'ainsi il n'y ait aucune raison pour que quelqu'un donne l'exemple de commencer. Poser une telle question, c'est profondément méconnaître la nature de l'obligation morale. S'il est vrai qu'elle consiste à se rapprocher le plus possible d'un idéal de perfection conçu par la conscience; s'il est vrai que le dévouement est, aux yeux de la conscience, la manifestation la plus élevée de cette perfection, comment le dévouement ne serait-il pas obligatoire ? Sans doute, je ne suis pas tenu de me dévouer pour telle ou telle personne plutôt que pour telle autre (parents, amis et bienfaiteurs exceptés); mais je suis tenu de me dévouer si je puis le sauver, pour tel qui va périr sous mes yeux. J'y peux perdre la vie : qu'importe ? La vertu consiste-t-elle à ne courir jamais aucun danger ? Et où serait donc le mérite du sacrifice, s'il ne coûtait rien ?

Un dévouement qui hésite et fait un calcul des risques n'est plus un dévouement. Le propre de la charité c'est, contrairement au dire d'un proverbe égoïste, de s'oublier soi-même : sa beauté est dans son absolu renoncement. Qui, pouvant sauver son semblable, ne l'a pas fait, crainte de périr, est un lâche.

A plus forte raison, les formes inférieures de la bienfaisance sont-elles obligatoires. L'aumône est un devoir strict. Le pauvre, il est vrai, n'a pas le droit d'exiger par menaces ni violence la moindre part de mon superflu; mais cette part, je suis moralement tenu de la lui faire, et la plus large possible. Qui, pouvant empêcher un homme de mourir de faim, ne l'a pas fait, est homicide.

Il n'est même pas bien sûr que l'aumône ne soit pas légalement exigible. Nous maintenons que l'indigent n'a pas le droit de s'approprier cette part du superflu d'autrui qui le sauverait de la mort; mais la société peut, sous forme de taxe ou d'impôt, la revendiquer pour lui. La société en effet, se compose de tout le monde, riches et pauvres; elle assure à tous la sécurité; au riche, en particulier, elle garantit la tranquille possession de ses richesses. Celles-ci d'ailleurs, n'ont été acquises et n'ont de valeur que grâce à l'ordre social; si donc cet ordre social se trouvait menacé par l'excès de misère d'un grand nombre, la société ne ferait peut-être que remplir un devoir envers elle-même en créant, pour venir en aide à l'indigence, un impôt spécial, comme celui qui existe en Angleterre sous le nom de taxe des pauvres. Cet impôt aurait sans doute, au point de vue économique, de graves inconvénients, et il n'est pas désirable qu'on l'établisse en France; mais on ne saurait soutenir qu'il fût injuste de soi, et portât, plus que tous les autres, une atteinte au droit de propriété.

RÉSUMÉ

I. — L'*aumône* consiste à retrancher de son superflu pour soulager les indigents. Elle n'a toute sa valeur que si elle est faite directement. Il faut savoir vaincre ses répugnances et ne pas craindre de pénétrer dans les réduits où s'étale la misère. Ce spectacle est salutaire ; il permet de se mieux rendre compte de l'étendue des besoins du pauvre ; il rattache à la vie les pessimistes découragés, qui se trouvent par là en présence de maux plus sérieux que les leurs. L'aumône *directe* est aussi une attention délicate qui va au cœur du pauvre, et adoucit son chagrin.

II. — La bienfaisance se manifeste sous bien des formes : par exemple, elle recueille ou protége les enfants abandonnés, elle procure du travail à ceux qui n'en ont pas, elle instruit les ignorants, elle contribue au développement des institutions de prévoyance, etc.

La vraie charité est ingénieuse, ne se rebute jamais, et se livre au plus noble des prosélytismes.

III. — La bienfaisance nous porte aussi à secourir nos semblables dans le péril.

IV. — Alors la charité se montre sous sa forme la plus élevée, celle du *dévouement* et du *sacrifice*. Elle peut aller jusqu'au sacrifice de la vie. Le dévouement est peut-être plus difficile encore, quand il faut renoncer au bonheur dans l'intérêt de l'humanité, ou pour accomplir héroïquement un devoir filial.

Le dévouement est moralement obligatoire, comme les autres devoirs. Celui qui, pouvant sauver son semblable, ne l'a pas fait, crainte de périr, est un lâche.

A plus forte raison les formes inférieures de la bienfaisance sont-elles obligatoires. L'aumône est un devoir strict.

Ouvrages à consulter :

Cousin, *Justice et Charité*.
Marc Aurèle, *Pensées*.
Épictète, *Manuel*.
Baudrillart, *L'Économie politique dans ses rapports avec la morale*.
Maxime Du Camp, *La Vertu en France*.
Cicéron, *Des Devoirs*. (L. I, ch. xiv.)
Sénèque, *Des Bienfaits*.

QUATORZIÈME LEÇON

DEVOIRS DE L'AMITIÉ. — RESPECT DE LA VIEILLESSE DES SUPÉRIORITÉS MORALES

Sommaire. — I. L'amitié. — II. Devoirs de l'amitié. — III. Respect de la vieillesse. — IV. Respect des supériorités morales.

I. — L'AMITIÉ

En dehors des devoirs de famille, dont nous avons parlé, et en dehors des devoirs civiques dont nous parlerons tout à l'heure, il est certaines obligations particulières qui nous lient d'une manière plus précise envers quelques-uns de nos semblables. Tels sont les devoirs de l'amitié, le respect dû à la vieillesse et aux supériorités morales.

L'amitié est un attachement réciproque de deux ou d'un petit nombre de personnes. Elle se forme ordinairement par degrés insensibles et a son origine dans certaines sympathies de caractère. On dit quelquefois que l'amitié naît des contrastes. Le mot n'est pas tout à fait exact. Sans doute il n'est pas nécessaire, pour devenir amis, d'avoir en tout les mêmes opinions et les mêmes goûts; mais il serait fâcheux de ne se ressembler en rien, et l'amitié, dans ce cas, risquerait d'être peu durable. Elle serait querelleuse, toujours sur la défensive, et ne tarderait pas à se rompre.

Selon une belle parole des anciens, la seule amitié véritable et solide est celle qui unit entre eux les gens de bien. Aimer la vertu, la pratiquer, c'est le moyen de vouloir toujours la même chose et d'être toujours d'accord.

La loi du devoir est, en effet, comme le point commun auquel toutes les âmes doivent être suspendues. L'amitié vraie, d'ailleurs, n'existe pas sans l'estime, et comment deux hommes vertueux n'auraient-ils pas l'un pour l'autre cette estime suprême que commande la beauté morale, et qui s'appelle le respect?

L'amitié suppose une confiance absolue. Les anciens disaient encore que tout doit être commun entre amis. Ils avaient raison, si l'on entend par là la communauté des pensées et des sentiments. Nous ne disons pas que les amis penseront et sentiront toujours de même, mais qu'ils ne se cacheront rien de ce qu'ils pensent et de ce qu'ils sentent. C'est le plus grand charme de l'amitié, c'en est aussi le premier devoir. Une sorte de scrupule pourrait empêcher l'un des amis de faire part à l'autre de ses joies, quand il le sait dans le chagrin, ou de l'attrister de ses tristesses, s'il le voit heureux. Fausse délicatesse, qui est une offense à l'amitié. Joies et tristesses, tristesses surtout, appartiennent de droit à tous deux. Et d'ailleurs la tristesse de l'un s'adoucira par la joie de l'autre ; un équilibre s'établira, le plus heureux, malgré la peine que lui cause un chagrin qu'il partage, trouvant encore du bonheur à faire partager son bonheur. Heureux tous deux, ils le seront plus ; malheureux, ils souffriront moins.

Quelques anciens voulaient que la communauté des biens existât entre les amis. Nos mœurs ne permettent guère d'aller jusque-là. Et même les Épicuriens disaient avec raison qu'une telle pratique témoignait de quelque défiance : il est inutile de mettre ses biens en commun, quand on sait que l'on peut au besoin compter absolument sur l'assistance de son ami. Il est bien clair en effet que cette assistance, entre amis véritables, ne saurait jamais faire défaut. Le devoir même n'est pas tant de l'offrir que de l'accepter. Un ami trouvera si naturel de mettre sa fortune à la disposition de son ami, qu'il ne croira pas remplir, en agissant ainsi, une obligation morale : c'est l'autre qui, par une discrétion honorable en tout autre circonstance, sera tenté de refuser. Qu'il suppose donc que les rôles sont renversés, et que c'est lui qui offre : ne serait-il pas malheureux et blessé d'un refus ? Cette simple réflexion le décidera.

II. — DEVOIRS DE L'AMITIÉ

Les amis se doivent entre eux l'assistance morale, c'est-à-dire les conseils, surtout ceux qui ont pour objet le redressement des défauts ou le progrès dans la vertu. C'est là peut-être l'épreuve la plus délicate, comme le signe le plus certain d'une véritable amitié. Être heureux et reconnaissant d'être repris ; reprendre sans aigreur et dans la seule intention de voir celui qu'on aime devenir plus parfait, tout en sollicitant pour soi-même ce salutaire échange : voilà ce qui n'est possible qu'à de belles âmes. Un tel commerce est surtout précieux au début de la vie. On ne sait pas ce que de jeunes hommes peuvent y puiser de force pour le travail et le bien. La jeunesse est l'âge d'or de l'amitié ; plus tard, les charges et les devoirs de la famille, les nécessités de l'existence, rendent ces liaisons plus difficiles à former. L'intimité de la vie de collège, les mêmes études, commencées en commun et suivies plus tard, soit dans les écoles spéciales, soit dans l'apprentissage d'un métier ou les débuts d'une carrière, le besoin d'expansion de l'adolescence et cette confiance généreuse qui ne croit pas encore à la possibilité d'une trahison, sont les conditions les plus favorables à l'éclosion de l'amitié. C'est mauvais signe pour un jeune homme de n'avoir pas d'amis, au sens le plus élevé du mot : il est à craindre qu'il n'ait pas mérité d'en avoir. Une âme bien née sait toujours rencontrer des âmes qui soient dignes d'elle ; elles se cherchent, et d'instinct se devinent pour marcher ensemble, avec un plus joyeux courage, dans la route du devoir et de la perfection. Puis, une fois unies, elles ne se quitteront plus : l'amitié sera devenue pour elles une seconde nature, la conscience de l'un sera la conscience de l'autre : dans la science, comme dans l'art, aussi bien que dans les conditions les plus humbles, ils seront l'un pour l'autre lumière, exemple, appui. La société y gagne une plus féconde moisson de belles œuvres et de bonnes œuvres. Qui sait tout ce que la poésie a dû à l'amitié de Gœthe et de Schiller, et le génie de Montaigne à celle de La Boétie !

L'une des conquêtes les plus précieuses de la Révolution française, l'égalité civile et politique, n'exclut aucunement l'existence dans la société de certaines supériorités morales. Si la loi du devoir a droit à un respect absolu, on en doit dire autant de tous ceux qui en sont, à des degrés élevés, comme la vivante représentation.

III. — RESPECT DE LA VIEILLESSE

La plus apparente des supériorités morales est la vieillesse. Le vieillard a supporté le poids de la vie ; il en a traversé les épreuves et les douleurs. Il a conquis, par ces épreuves mêmes, le mérite qui est la récompense de la vertu. Il a de plus l'expérience, autre supériorité. Sa raison, plus sereine dans l'apaisement des passions, comprend mieux la valeur réelle des choses, et se laisse moins séduire par le faux éclat des biens apparents. Il a payé toute sa dette, comme homme, comme père de famille, comme citoyen. Il est un enseignement et un exemple. Puis, il est plus près de cet inconnu redoutable qui nous attend tous après la mort. On dirait qu'il a déjà la vision et comme l'avant-goût des destinées éternelles. Quand il n'a pas été atteint par les infirmités, l'affaiblissement de ses forces physiques, qui laisse entière l'intelligence, semble une démonstration, par le fait, de l'immortalité de l'âme.

> Le vieillard qui revient vers la source première
> Entre aux jours éternels et sort des jours changeants ;
> Et l'on voit de la flamme aux yeux des jeunes gens,
> Mais dans l'œil du vieillard on voit de la lumière.

Une vie vertueuse est ordinairement couronnée par une vieillesse tranquille et sans souffrances, par une mort pleine de confiance et d'espoir.

> Rien ne trouble sa fin ; c'est le soir d'un beau jour.

Pour tous ces motifs, les vieillards ont droit à un respect filial et presque religieux. Les jeunes gens doivent leur céder partout la place d'honneur, offrir à leur démarche affaiblie l'appui de leur bras, les écouter avec une entière déférence. Il y a toujours profit dans leurs entretiens. S'ils sont parfois, comme a dit un poëte, trop louangeurs du temps passé, loin de sourire avec ironie, admirons-les de n'avoir gardé des luttes et des tristesses de la vie aucun souvenir d'amertume. Que cet optimisme nous rende nous-mêmes plus indulgents pour les épreuves d'aujourd'hui, qui nous semblent souvent si dures, et dont, vieillards à notre tour, nous parlerons pourtant aussi avec douceur et regret.

IV. — RESPECT DES SUPÉRIORITÉS MORALES

Nous rangerons parmi les supériorités morales, non seulement la vertu, mais la science, le talent et le génie. Un travailleur qui par sa probité, son énergie, sa persévérance, a su s'élever de la pauvreté à une fortune honnêtement acquise, n'eût-il d'ailleurs que peu d'instruction, est respectable. Un homme dont les œuvres ont illustré le nom, ne doit pas être, comme il arrive trop fréquemment, jugé par les jeunes avec cette légèreté dédaigneuse, qui n'est qu'ignorance et sottise. Elles seules se permettent un tel sans-gêne à l'égard des réputations établies. On ne saurait d'ailleurs parvenir à la renommée sans avoir travaillé beaucoup, et le travail a toujours une valeur morale qui commande le respect.

Des devoirs plus particuliers encore s'imposent aux enfants et aux jeunes gens à l'égard de leurs maîtres et de leurs professeurs. Ceux-ci ont en effet la double supériorité morale du savoir et de l'autorité. Ils représentent le père de famille dont ils reçoivent une sorte de délégation. Ils ont droit à l'obéissance, à la reconnaissance et au respect. L'élève doit les aider, dans leur tâche souvent ingrate, par son assiduité, son attention, son zèle et aussi par cette confiance, nécessaire chez celui qui ignore à l'égard de celui qui sait. Nous ne demandons pas que l'élève accepte aveuglément et comme articles de foi toutes les opinions du maître; celui-ci d'ailleurs serait dans son tort s'il ne s'attachait à développer parmi ses disciples l'habitude de la réflexion et du libre examen. Nous voulons seulement que sa parole soit accueillie avec une profonde déférence, et cette présomption qu'elle exprime la vérité. On ne peut trop blâmer cette disposition, que manifestent parfois les élèves, à prendre le contre-pied des doctrines qu'on leur enseigne, sans autre motif que le besoin de contredire, soit intérieurement, soit entre eux. Ils croient ainsi faire preuve d'indépendance, affirmer la supériorité de leur esprit. Ils ne prouvent que leur étourderie et un certain manque de gratitude pour les soins dont ils sont l'objet.

Les sentiments qui doivent animer les élèves envers leurs maîtres sont de ceux qu'il n'est pas permis de laisser affaiblir ou s'éteindre. Ils sont obligatoires pour toute la vie. L'élève même qui, plus tard, s'est élevé par son mérite au-dessus de son professeur, est toujours tenu, à l'égard de celui-ci, à la reconnaissance et au respect. Et dans l'occasion, il prouvera ses sentiments par ses actes. Car ce mérite, c'est aux maîtres de son enfance et de son adolescence qu'il revient presque en entier. Tel professeur eût pu, en prenant sur les heures exigées par la préparation de sa classe, conquérir la réputation, s'élever aux fonctions les plus hautes. Esclave du devoir, il a mieux aimé rester obscur dans le même poste, et former des générations de bons élèves. Quelle sera donc sa récompense, en dehors des succès mêmes auxquels il s'est sacrifié, sinon la pieuse gratitude de ceux qui les lui doivent et le témoignage que quelques-uns du moins ont fini par comprendre toute la grandeur du sacrifice ?

RÉSUMÉ

I. — L'*amitié* est un attachement réciproque de deux ou d'un petit nombre de personnes. Elle a son origine dans certaines sympathies de caractère. Il n'est pas toujours vrai, quoi qu'on en dise, qu'elle naisse de contrastes.

L'amitié véritable ne peut exister qu'entre gens de bien. Elle ne va pas sans l'estime. Elle suppose aussi la confiance. Les vrais amis ne se cachent rien. Ils mettent en commun leurs joies et leurs tristesses, et, au besoin, leurs fortunes.

II. — Les amis se doivent aussi l'assistance morale, c'est-à-dire qu'ils doivent s'éclairer mutuellement sur leurs défauts, sur leurs devoirs, et marcher ensemble dans la voie de la perfection. La jeunesse est l'âge d'or de l'amitié. C'est mauvais signe pour un jeune homme de n'avoir pas d'amis. Une âme bien née sait toujours rencontrer des âmes dignes d'elle.

L'union des âmes honnêtes est féconde en œuvres belles et bonnes, et la société en bénéficie à son tour.

III. — Les personnes qui ont une *supériorité morale* ont droit à notre respect, parce qu'elles sont la représentation vivante de la loi morale infiniment respectable.

Parmi ces personnes nous citerons d'abord le *vieillard* qui, par les épreuves et les combats de la vie, et par une longue expérience, a conquis la sagesse.

Il sera l'objet, surtout de la part des jeunes gens, d'un respect filial et presque religieux.

IV. — La *vertu*, la *science*, le *talent* et le *génie* sont d'autres supériorités morales devant lesquelles il faut s'incliner.

Les maîtres ont sur leurs élèves la supériorité du

savoir et de l'autorité. Ils font souvent preuve de dévouement et de désintéressement. Pour ces motifs, les élèves doivent seconder leurs efforts et récompenser leur zèle par l'obéissance, la reconnaissance, le respect et la confiance. Ce dernier devoir se concilie fort bien avec le libre examen et l'indépendance d'esprit, que tout bon professeur encourage chez ses disciples.

Ouvrages à consulter :

Xénophon, *Mémorables*. (L. II, ch. iv, v, vi.)
Aristote, *Morale à Nicomaque*. (L. VIII et IX.)
Cicéron, *De la vieillesse*.
   Id.   *De l'amitié*.
Montaigne, *Essais*. (L. I, ch. xxvii.)
A. Burdeau, *Devoir et Patrie*. (Ch. v.)

QUINZIÈME LEÇON

DEVOIRS ENVERS LES ANIMAUX
DEVOIRS RÉCIPROQUES DES MAITRES
ET DES SERVITEURS

Sommaire. — I. Devoirs envers les animaux. — II. Devoirs des maîtres envers les serviteurs. — III. Devoirs des serviteurs envers les maîtres.

I. — DEVOIRS ENVERS LES ANIMAUX

L'homme n'a pas seulement des relations avec ses semblables; il en a encore avec tous les êtres de la nature, plus spécialement avec les animaux, plus voisins de lui que les minéraux ou les plantes.

On s'est demandé si ces relations pouvaient donner naissance à des devoirs. Les animaux, dit-on, ne sont pas des personnes libres : comment serions-nous liés envers eux par des obligations morales ?

Mais si les animaux n'ont ni raison ni liberté, ils ont, principalement les animaux supérieurs, la faculté de jouir et de souffrir. Par suite, nous sommes tenus, au nom de la compassion, et même d'une sorte de justice, de leur épargner toute souffrance inutile. D'ailleurs, c'est également un devoir envers nous-mêmes et envers nos semblables. Envers nous-mêmes, car nous ne devons pas endurcir en nous la sympathie au point de trouver du plaisir dans le spectacle de la douleur; envers nos semblables, car cet endurcissement ne tarderait pas à nous rendre insensibles mêmes pour les souffrances humaines. Aussi combattra-t-on avec la plus grande énergie, dès qu'il se manifestera chez les enfants, le penchant, qu'ils ont trop souvent, à tourmenter les bêtes. C'est chez eux ignorance; mais si on laissait faire, l'habitude pourrait tourner en cruauté réfléchie.

On regardera donc comme coupable quiconque maltraite, frappe, torture sans motif les animaux. La loi même intervient en ce cas, et elle punit avec une juste sévérité. La loi protectrice des animaux s'appelle *loi Grammont*, du nom du député qui l'a fait adopter.

Nous flétrirons encore tous les divertissements qui n'ont d'autre objet que de provoquer des émotions violentes par les souffrances, l'agonie et la mort d'animaux inoffensifs : combats de coqs, courses de taureaux, etc. Ce sont là des émotions malsaines, qui ferment l'âme aux jouissances plus élevées et plus calmes de la littérature, du théâtre, des arts, et développent des instincts sanguinaires et cruels. Dans les courses de taureaux en particulier, rien de plus révoltant que ces malheureux chevaux, éventrés sans défense, immobiles et les yeux bandés, par le taureau furieux. Puis les hommes qui sont en lutte avec celui-ci, jouent plus ou moins leur vie. C'est là un jeu immoral, car l'homme n'a pas le droit de risquer son existence sans de sérieux motifs, et ce jeu, les spectateurs s'en font en quelque sorte les complices par l'encouragement qu'ils lui donnent. Les blessures, la mort même de leurs semblables, peuvent ainsi devenir partie du spectacle; l'attente de ces accidents qui ne sont pas rares, est même nécessaire pour que l'émotion ait toute son intensité. Veut-on donc, par besoin d'émotions fortes, et comme si ce besoin était de soi légitime, en revenir aux combats de gladiateurs?

L'homme ne doit pas seulement s'abstenir de faire souffrir inutilement les animaux, il leur doit encore quelques soins en retour des services qu'ils lui rendent. Il serait d'un mauvais cœur de laisser mourir de misère et de faim le bœuf ou le cheval qui ne peut plus traîner la charrue, le chien vieux et infirme qui a été un compagnon et un ami. Les animaux domestiques surtout ont vraiment droit à des égards; ils ont donné toute la fidélité, toute l'affection dont leur humble nature était capable : il y aurait ingratitude à ne pas leur en témoigner une sorte de reconnaissance.

Mais ne nous laissons pas aller aux excès d'une fausse sensibilité qui nous ferait méconnaître nos devoirs envers nous-mêmes. L'homme a le droit et l'obligation de vivre, d'entretenir et de développer ses forces physiques, sa santé, de s'assurer ce bien-être qui lui permet l'entier déploiement de ses facultés supérieures. Par suite, il pourra sans scrupules faire des animaux les auxiliaires et les instruments de son travail, les tourner à tous ses besoins, se nourrir même de leur chair. Nous n'en sommes plus en effet à croire, avec certains philosophes de l'antiquité, que l'âme d'un père ou d'un frère peut être logée dans le corps d'un bœuf ou d'un mouton. Mais même quand il les tue pour les manger, l'homme doit épargner aux animaux toutes les souffrances qui ne sont pas strictement inévitables.

Il est clair que les devoirs envers les bêtes décroissent, pour ainsi dire, à mesure que l'on descend les degrés de l'échelle et qu'on se rapproche des plantes. La sensibilité en effet devient probablement de plus en plus confuse, pour disparaître avec le système nerveux. Quant aux plantes, l'imagination poétique leur prête quelquefois le sentiment; mais c'est là une illusion pure, et l'on ne saurait dire que l'homme ait à leur égard aucune obligation morale.

On a récemment agité la question de savoir si la pratique de la *vivisection* n'était pas une violation directe des devoirs de l'homme envers les animaux. Les physiologistes, ne pouvant opérer sur des créatures humaines vivantes, soumettent des grenouilles, des lapins, des chiens, des singes, des chevaux à des expériences qui souvent se prolongent pendant des jours et des semaines, et deviennent pour les malheureuses bêtes des tortures aussi barbares que raffinées. — Il est clair que les intérêts de l'espèce humaine sont incomparablement supérieurs à ceux des animaux, et si la physiologie ne peut se passer de la vivisection, si d'autre part la médecine, la thérapeutique sont étroitement tributaires de la physiologie, le savant doit ne pas tenir compte des protestations de la sensibilité et continuer l'application d'une méthode qui a donné jusqu'ici de merveilleux résultats. Mais on ne saurait admettre que le premier venu pût, sous prétexte d'expériences physiologiques, martyriser les animaux; aussi la vivisection doit-elle être rigoureusement renfermée dans l'enceinte des laboratoires et appliquée seulement sous la surveillance et la responsabilité de maîtres autorisés qui s'attacheront à réduire les expériences au strict nécessaire et à interdire l'infliction de souffrances inutiles.

II. — DEVOIRS DES MAÎTRES ENVERS LES SERVITEURS

En parlant de la famille, nous n'avons pas parlé des devoirs réciproques qui lient les maîtres et les serviteurs. C'est que ceux-ci ne font pas partie intégrante du groupe familial. Ils y ont cependant leur place, et les rapports qui les unissent aux maîtres créent de part et d'autre des obligations déterminées.

Le contrat, verbal ou écrit, qui fixe la nature des services et le taux du salaire, doit être, comme tous les contrats, scrupuleusement exécuté. C'est là un devoir de stricte justice, qui n'a ici rien de spécial.

Mais par cela qu'ils les introduisent dans leur famille, les maîtres prennent à l'égard de leurs serviteurs des responsabilités diverses. Ils leur doivent d'abord des soins en cas de maladie; ils leur doivent de plus les bons conseils et les bons exemples[1]. Ils auront pour eux de l'affection, de la confiance, quitte à prendre les

---

1. « Nous apprîmes à l'intendante à avoir de l'affection pour nous, en la faisant participer à notre joie, quand nous étions joyeux, et en nous affligeant avec elle quand elle avait du chagrin. Nous l'instruisîmes à désirer d'accroître notre fortune en lui faisant connaître notre position et en partageant notre bonheur avec elle. Nous développâmes en elle le sentiment de la justice en plaçant dans notre estime l'homme juste au-dessus de l'injuste; voilà le pied sur lequel nous l'avons mise

précautions nécessaires pour qu'elle ne soit pas trompée. Ils s'intéresseront à leur instruction, surtout à leur éducation morale. Ils se regarderont comme ayant à leur égard charge d'âme. Le serviteur qui a quitté la maison, s'il n'a pas démérité, y reviendra avec plaisir, sûr de trouver cordial accueil, au besoin, aide et secours. Les infirmités, la vieillesse, lui seront rendues moins amères par une assistance empressée, qui saura être délicate, ingénieuse, pour faire mieux accepter ses dons.

Chez les anciens Grecs, la nourrice occupait, au foyer comme dans le cœur des maîtres, une place privilégiée. Quelque reconnaissance se mêlait à la tendresse dont elle restait l'objet. Elle demeurait, même pour les princes, la confidente, l'amie, parfois la conseillère. Il serait difficile, chez nous et avec nos mœurs, de lui donner toujours un tel rôle ; qui ne sent cependant que la nourrice n'est pas un serviteur comme les autres, qu'elle a quelque chose de la mère, qu'enfin pour prix d'une affection et de soins souvent maternels, elle a droit à un sentiment quasi filial ?

---

dans notre maison. » XÉNOPHON, *De l'économie*. (Ch. IX, trad. de M. Talbot, t. I, p. 166.)

« Il est toutefois, dis-je à ma femme, une de tes fonctions qui peut-être t'agréera moins : c'est que, si quelqu'un de tes serviteurs tombe malade, tu dois, par suite des soins dus à tous, veiller à sa guérison. — Par Jupiter, dit ma femme, rien ne m'agréera davantage, puisque rétablis par mes soins ils me sauront gré et me montreront plus de dévouement encore que par le passé. » Cette réponse m'enchanta, reprit Ischomachus, et je lui dis : « N'est-ce point, femme, parce que la mère abeille fait preuve du même intérêt à l'égard des essaims, que les abeilles témoignent pour elle une affection si tendre, que, quand elle abandonne la ruche, aucune ne croit pouvoir y rester, toutes la suivent ? » (*Ibid.*, ch. VII, trad. de M. Talbot, p. 160.)

III. — DEVOIRS DES SERVITEURS ENVERS LES MAITRES

Les serviteurs à leur tour, contractent envers leurs maîtres des obligations corrélatives. Les intérêts, la prospérité, le bon renom de la maison doivent devenir leur chose propre. Non seulement la probité la plus scrupuleuse en fait de dépenses et d'achats leur est moralement imposée, ils doivent encore s'interdire toute indiscrétion et tout commérage. Un bon serviteur défendra ses maîtres contre la médisance et la calomnie; il les défendra de sa personne, s'ils courent quelque danger.

Ses sentiments seront en rapport avec sa conduite. Il aura pour ceux qu'il sert cette respectueuse affection qui relève la domesticité et lui donne l'apparence d'une vie commune entre amis de conditions inégales. L'obéissance lui sera dès lors facile; il ne sera pas tenté de changer souvent de place, il s'attachera à la famille par des liens plus durables et plus doux que ceux de l'intérêt ou de la nécessité; ou plutôt la famille des maîtres deviendra la sienne et les enfants hériteront du dévouement qu'il prodiguait aux parents.

On se plaint avec raison que les choses ne se passent plus ainsi. Ces mœurs patriarcales ne sont plus guère de notre époque. Les serviteurs, de nos jours, sont trop souvent pour la famille des étrangers envieux et avides, qui, pour la plus mince augmentation de salaire qu'on leur propose ailleurs, la quittent sans hésitation et sans regret. C'est là certes un mal et pour eux et pour les maîtres, mais c'est à ceux-ci qu'il appartient d'abord de faire leur possible pour le combattre. Qu'ils soient pour les domestiques, à la fois fermes, indulgents, paternels; qu'ils se préoccupent un peu plus de les retenir par leur sollicitude; qu'ils se créent des droits à leur reconnaissance. A eux les premiers, puisqu'ils sont les supérieurs, à faire tout leur devoir. Tel maître, dit-on, tel valet; rien de plus juste. Mais que le maître ne s'étonne pas de ne pas rencontrer dans le valet une perfection dont il n'a pas lui-même donné l'exemple. « Aux vertus qu'on exige dans un domestique, dit Figaro au comte Almaviva, Votre Excellence connaît-elle beaucoup de maîtres qui fussent dignes d'être valets? » C'est surtout aux jeunes enfants que s'impose l'obligation d'avoir des égards envers les serviteurs de la famille. Ceux-ci ont, en effet, sur eux la supériorité de l'expérience et de l'âge; ils ont même parfois une sorte d'autorité déléguée par les parents eux-mêmes.

RÉSUMÉ

I. — Les *animaux* ne possèdent point les droits inhérents à la personne humaine. Néanmoins ils ont la faculté de jouir et de souffrir; de plus, ils nous rendent des services. La compassion et une sorte de justice nous font donc un devoir de les bien traiter et de leur éviter toute souffrance inutile.

D'ailleurs ce devoir peut se rattacher aux devoirs de l'homme envers lui-même et envers ses semblables. Celui qui est cruel envers les animaux se dégrade et est bien près de devenir dur et méchant pour les hommes.

Pour ces mêmes raisons, la morale condamne les jeux barbares, tels que les combats de coqs et les courses de taureaux.

Il ne faudrait pas tomber dans un excès de sensibilité : l'homme a le droit d'utiliser les animaux comme auxiliaires pour ses travaux, et de les faire servir à sa nourriture.

La vivisection est indispensable aux études scientifiques, mais elle ne doit être pratiquée que dans les cas strictement nécessaires.

II. — Les principaux devoirs des *maîtres* à l'égard des *serviteurs* sont la fidèle exécution des promesses faites et acceptées, les bons traitements en temps ordinaire et les soins en cas de maladie, une disposition à aimer les domestiques et à leur accorder de la confiance ; enfin l'éducation, les conseils et le bon exemple.

III. — En retour, les domestiques s'attacheront à leurs maîtres, serviront leurs intérêts avec zèle et probité. Alors, après des services longs et éprouvés, ils deviendront en quelque sorte membres de la famille à laquelle ils auront voué leur existence.

Ouvrages à consulter :

Xénophon, *De l'économie.* (Ch. vii.)
Barni, *La Morale dans la Démocratie.* (4e leçon.)
Franck, *La Morale pour tous.*
E. Legouvé, *Les Pères et les Enfants au XIXe siècle.* (La jeunesse : les domestiques d'autrefois et les domestiques d'aujourd'hui.)
A. Burdeau, *Devoir et Patrie.* (Ch. vii.)
Renouvier, *Science de la morale.* (L. I, 1re section, ch. x et xi.)

QUATRIÈME PARTIE

DEVOIRS CIVIQUES

SEIZIÈME LEÇON

LA PATRIE ET LE PATRIOTISME

Sommaire. — I. La patrie. — II. L'âme de la patrie. — III. Le patriotisme. — IV. Le cosmopolitisme.

I. — LA PATRIE

Qu'est-ce que la patrie?

Elle est d'abord un certain territoire déterminé soit par des limites naturelles, soit par des conventions diplomatiques. Un Français qui est depuis longtemps à l'étranger, est heureux, quand il rentre en France, de fouler le sol de la patrie. Et si ce sol est envahi par l'ennemi, tous les Français se sentent menacés et prennent les armes pour le défendre.

Mais la patrie n'est pas seulement cette portion de terre comprise entre des mers, des fleuves, des montagnes, agrandie ou rapetissée par les traités. La preuve c'est qu'à la suite d'une guerre malheureuse deux provinces sont arrachées à la France : l'Alsacien, le Lorrain ne foulent plus une terre française, et cependant la France reste et sera toujours leur vraie patrie.

A-t-on la même patrie par cela seul qu'on parle la même langue ? Mais les paysans basques, alsaciens, basbretons ne parlent guère le français ; plusieurs même ne le comprennent pas. Leur cœur bat pourtant au seul nom de la France, et leur sang est prêt à couler pour elle.

La communauté de race, à elle seule, ne fait pas davantage la patrie. Bien des races diverses, depuis l'invasion romaine et barbare, se sont superposées, juxtaposées, confondues sur le vieux sol de la Gaule. Le Marseillais a peut-être encore du sang phocéen dans les veines, le Breton est un Celte, l'Alsacien un Germain. Tous pourtant se sentent de la même patrie. Et l'Alsacien repousse avec horreur la patrie nouvelle que lui offre l'Allemand, de même race que lui.

Le français est parlé en Belgique et dans plusieurs cantons suisses, dont les habitants sont de notre race, et ni le Belge ni le Génevois ne désirent être Français et renoncer pour la France à leur patrie. Les peuples latins sont de même race ; mais l'Italie, l'Espagne, la France, forment des nationalités très distinctes.

Ce n'est pas davantage la communauté de religion qui constitue la patrie. Catholiques, protestants, israélites, libres penseurs sont également patriotes, également décidés à lutter jusqu'à la mort contre l'envahisseur, quelle que soit sa religion. La catholique Italie n'entend pas former une même patrie avec la catholique Espagne, ni le luthérien de Strasbourg accepter celle du luthérien de Berlin.

Peut-être faut-il chercher la patrie dans une conformité de principes politiques et sociaux, dans des regrets communs et des aspirations communes. Mais, nous l'avons vu, et, s'il le fallait, nous le verrions encore : monarchistes et républicains, partisans attardés de l'ancien régime ou rêveurs d'utopies égalitaires, tous, s'il s'agit de l'existence de la patrie, sont prêts à oublier leurs divisions, pour marcher d'un même cœur, fraternellement unis, à la frontière. Pour défendre la France, il n'y a plus que des Français.

Aucun de ces éléments pris à part ne constitue donc la patrie. Mais tous sont pour quelque chose dans l'idée qu'on s'en fait. Le Français en se battant pour elle, se bat pour le sol natal, pour sa langue, sa religion, sa race, la forme politique qu'il préfère. Mais il se bat pour autre chose encore, car tout cela, ce n'est pas toute la patrie.

II. — L'AME DE LA PATRIE

La patrie est avant tout une personne morale qui a pris naissance, a grandi, a eu ses douleurs et ses joies, ses triomphes et ses revers, qui a une histoire, une destinée, et ne doit pas périr. On peut dire, par exemple, que la patrie française est née avec Jeanne d'Arc, parce que cette sublime fille a, la première, éveillé dans le cœur de chacun, à côté de l'amour de sa ville ou de son village, le saint amour d'une patrie plus grande, dont il n'avait jusqu'alors qu'une vague conscience.

La patrie nous apparaît donc comme une mère aimée et vénérable, qui vit depuis des siècles, dont tout enfants on nous a raconté les gloires et la grandeur, et les épreuves aussi : nous l'avons vue agonisante sous les grandes compagnies et la main de fer des Anglais, déchirée par les guerres de religion; notre orgueil s'est gonflé de ses victoires avec Jeanne d'Arc, Condé, Turenne et Villars, de l'Amérique, affranchie par elle, des Prussiens foudroyés par le canon de Valmy. Puis nous avons de nouveau souffert, cette fois, de la voir abuser de sa force pour menacer l'indépendance des autres peuples. Puis sous nos yeux mêmes, la voilà trahie, mutilée, démembrée, et sa dernière blessure redouble notre piété filiale parce que celle-là n'est pas encore fermée. Tous ces souvenirs de l'enfance, tous ces enseignements de l'histoire, tous ces événements auxquels chacun s'est trouvé douloureusement mêlé, prennent pour nos âmes une âme, et cette âme est celle de la patrie. Nous l'enveloppons de tendresse, nous agrandissons notre vie à la mesure de la sienne, vivant avec elle dans le passé, anticipant le futur par l'espérance des destinées qui l'attendent, heureux si le sacrifice de notre existence pouvait contribuer, si peu que ce fût, à faire de l'avenir la revanche d'hier et d'aujourd'hui.

Ce qui rend l'homme vraiment grand, c'est d'être ainsi capable de dépasser les bornes de sa vie étroite, de sortir de soi-même, d'échapper à ses intérêts égoïstes. Cette capacité se réalise par la patrie. Par elle, l'homme se sent partie d'un tout qui occupe une large place dans l'espace et le temps. En elle, il se sent pour ainsi dire immortel, car cette patrie qu'il aime recueille pour en profiter ce qu'il a de meilleur, ses pensées, ses bonnes œuvres, ses exemples de vertus. Cette patrie n'est pas d'ailleurs chose abstraite et purement idéale : elle a été avant lui formée de ses ancêtres ; elle sera après lui ses enfants et les enfants de ses enfants. Ainsi les sentiments les plus forts du cœur humain, les affections domestiques, l'instinct de l'immortalité, se concentrent en quelque sorte, pour trouver un objet supérieur et une vie plus intense dans l'amour de la patrie.

III. — LE PATRIOTISME

Cet amour s'appelle le patriotisme. Dans l'antiquité, il était surtout local et fait de la haine de l'étranger. Pour l'Athénien, la patrie c'est Athènes : à peine se sent-il faiblement uni par la communauté de langue et de traditions religieuses et poétiques avec les autres Grecs. Deux ou trois fois seulement, en dix siècles d'histoire, nous voyons la Grèce se concerter pour une action collective. Quant au barbare, dont on n'entend pas la langue, dont les divinités sont sans rapport avec celles des Hellènes, il est l'ennemi, et la nature l'a destiné à l'esclavage. Aristote recommande à Alexandre d'agir avec les Grecs comme avec des hommes, de traiter les barbares comme des animaux ou des plantes.

Le patriotisme romain est également étroit, également haineux, du moins à l'origine. L'extension de la conquête romaine, l'influence de certaines écoles philosophiques, principalement du stoïcisme, firent cependant tomber peu à peu les barrières. On en vint à comprendre qu'une communauté de nature et de raison établit entre tous les hommes une sorte de fraternité. Mais on alla tout de suite à l'excès. On ne se contenta pas d'élargir et d'adoucir l'ancien patriotisme, tyrannique, impitoyable, toujours armé en guerre. On déclara que le sage est citoyen du monde, qu'il ne reconnaît pour compatriotes que les gens de bien. Les vertus civiques, n'ayant plus d'objet, s'affaiblirent et disparurent. D'ailleurs, dans l'immense empire des Césars, un homme, paré du vain titre de citoyen romain, n'avait plus, en réalité, de patrie.

Le patriotisme moderne n'est pas exclusivement fait de haine pour l'étranger; il ne méconnaît pas non plus les limites nécessaires des nations. La patrie moderne est assez large, assez libérale pour que toutes les facultés, toutes les affections de l'homme puissent s'y déployer sans contrainte. Elle a d'autres ambitions, d'autres raisons d'exister que la guerre et la conquête. Elle est heureuse quand elle peut vivre en paix avec les patries voisines; elle les convie fraternellement à l'œuvre commune de la civilisation et du progrès. Un homme peut aujourd'hui aimer sa patrie de tout son cœur, remplir envers elle tous ses devoirs, sans pour cela détester les autres peuples et souhaiter ou préparer leur ruine. Sans se perdre dans l'amour du genre humain, le patriotisme moderne n'en est pas nécessairement la négation.

Il faut pourtant savoir haïr, d'une haine qui se mesure à l'amour même dont la patrie doit être l'objet, l'ennemi envieux, impitoyable, qui non content d'avoir abusé sans générosité du droit de la victoire, est toujours à l'affût d'une occasion pour porter le dernier coup à sa victime. On ne comprendrait pas que la haine persistât plus vivace chez le victorieux et qu'il n'y eût chez le vaincu que pardon et oubli : un homme doit pardonner et oublier les offenses qui lui sont personnelles, non celles qui ont flétri et mutilé sa mère, et la mère ici, c'est la patrie. D'ailleurs, il ne s'agit pas de haïr tels hommes déterminés, qui peuvent être, comme individus, inoffensifs et bons; il s'agit de haïr une injustice incarnée et comme personnifiée dans la politique et le gouvernement d'un peuple. Il s'agit de haïr l'injustice passée, et l'injustice qui menace encore, et si pour venger l'une et prévenir l'autre, la haine est une force, épurée et sanctifiée comme nous venons de le dire, la haine est un devoir.

IV. — LE COSMOPOLITISME

Quelques-uns cependant, renouvelant une doctrine chère au stoïcisme antique, rêvent de nos jours l'effacement de toutes les frontières et l'abolition de toutes les patries. C'est un vœu impie et irréalisable. Il est irréalisable, parce que la distinction des nationalités répond à une nécessité permanente de l'histoire. Chaque peuple a son rôle déterminé dans l'œuvre du progrès humain, comme dans un corps vivant, chaque organe a sa fonction. La France, par exemple, semble avoir pour mission providentielle d'être l'apôtre, le soldat de la justice et du droit. Le jour où, par impossible, toutes les nations seraient confondues, la tâche que poursuit chacune ne serait plus faite par personne; ce seraient l'affaissement, la stagnation, l'indifférence universelles, comme aux dernières années de l'empire romain. — Le vœu est de plus impie. Arracher des cœurs l'amour de la patrie, c'est les dégrader, les mutiler, détruire ce qu'il y a de plus noble en eux, une force qui rend capable de dévouement.

On y prétend substituer l'amour de l'humanité. Mais l'humanité est chose bien vaste et bien vague. Aimer l'humanité est bien souvent un prétexte commode à n'aimer rien. L'amour n'est vivant et efficace qu'à la condition de pouvoir circonscrire et embrasser son objet. Une patrie, cela se comprend; c'est une contrée, une race, une langue, une histoire, bien plus une personne morale déterminées. Mais l'humanité! c'est le sauvage de l'âge de pierre, comme le Parisien du XIXe siècle; c'est l'Esquimau du Groënland aussi bien que le Nègre de Tombouctou, et c'est encore le Nègre et l'Esquimau de l'avenir. Où veut-on que l'amour se prenne dans cet amalgame disparate qui remplit tant de siècles et couvre la surface de tous les continents? D'ailleurs dans ce qu'il a de légitime, d'élevé et de fécond, l'amour de l'humanité se concilie fort bien avec celui de la patrie. La nation moderne est assez grande pour qu'on y puisse être philanthrope tout à son aise. L'homme reste enfin pour nous un semblable, un frère, envers qui, comme homme, nous avons des devoirs de justice et de bienfaisance : ce n'est pas une raison pour tarir toute une source de devoirs également sacrés, les devoirs civiques, et pour étouffer dans l'homme le citoyen.

Nous repoussons donc ce *cosmopolitisme* énervant, au fond égoïste, pour qui la patrie est un préjugé étroit et suranné. Nous tenons à être Français d'abord et avant tout. Nous gardons notre patrie, et elle est assez vaste pour nos cœurs; nous ne sommes pas tentés de l'échanger contre la grande patrie du genre humain.

La patrie a un symbole, sacré comme elle, c'est le drapeau. Ceux-là seuls qui ont vécu longtemps à l'étranger savent ce que la vue de ce morceau d'étoffe peut provoquer d'émotions dans l'âme d'un bon citoyen. Le drapeau, c'est vraiment la patrie, armée pour la protection de tous ses fils, les conviant tous à sa défense. Quand le drapeau flotte sur un régiment au milieu des fanfares guerrières, il faut être un lâche pour ne pas se sentir prêt à verser tout son sang autour de lui.

RÉSUMÉ

I. — La communauté de territoire, de langue, de race, de religion, sont des éléments qui entrent dans l'idée de *patrie;* mais aucun, pris à part, ne constitue la patrie.

II. — La *patrie* est avant tout une personne morale,

une mère aimée et vénérable, dont l'histoire nous a, dès l'enfance, fait connaître les gloires, les grandeurs et aussi les douloureuses épreuves.

La patrie n'est pas une pure abstraction : elle est constituée par les générations successives, et ainsi elle est pour chacun de nous une grande famille qui embrasse les ancêtres et les descendants. Les sentiments humains les plus forts contribuent donc à fortifier l'amour de la patrie.

III. — Cet amour s'appelle le *patriotisme*. Dans l'antiquité il est surtout local et fait de la haine de l'étranger.

Le patriotisme moderne est moins exclusif et moins haineux que le patriotisme antique. Aujourd'hui les nations cherchent à vivre en paix et à travailler de concert à l'œuvre de la civilisation. Un homme peut être excellent patriote sans, pour cela, détester les autres peuples et souhaiter leur ruine.

La haine néanmoins peut être un devoir, quand il s'agit de venger la mère patrie flétrie et mutilée par un ennemi abusant sans mesure de la victoire.

IV. — Désirer, dans un vague intérêt humanitaire, l'effacement des frontières et l'abolition de toutes les patries, c'est faire un vœu impie et irréalisable. Il est irréalisable, parce que la distinction des nationalités répond à une nécessité, et que chaque peuple a un rôle déterminé dans l'œuvre civilisatrice; il est impie, parce qu'il dégrade les cœurs et tarit l'une des principales sources du dévouement.

L'amour de l'humanité peut d'ailleurs se concilier avec l'amour de la patrie.

Le *cosmopolitisme* doit donc être condamné comme énervant et égoïste.

Le *drapeau* est le symbole sacré de la patrie. La vue du drapeau fait battre le cœur de tout bon citoyen et lui inspire la résolution de le défendre jusqu'à la mort.

Ouvrages à consulter :

Barni, *La Morale dans la Démocratie*. (7ᵉ leçon.)
Renan, *Qu'est-ce qu'une nation?*
Ernest Lavisse, *Questions d'enseignement national*.
P. Bourde, *Le Patriote*.
Paul Bert, *L'Instruction civique à l'école*.
A.-P. de Lamarche, *Nos Devoirs et nos Droits*.
Burdeau, *Devoir et Patrie*. (2ᵉ partie.)

DIX-SEPTIÈME LEÇON

DEVOIRS CIVIQUES
L'OBÉISSANCE AUX LOIS

Sommaire. — I. L'obéissance aux lois. — II. Respect de la loi. — III. Obligation de prêter main forte à la loi. — IV. Sympathie malsaine pour certains criminels.

I. — L'OBÉISSANCE AUX LOIS

Les devoirs envers la patrie s'appellent devoirs civiques ; les principaux sont : l'obligation d'obéir aux lois, celles de respecter les magistrats, de payer l'impôt, d'accomplir le service militaire, de voter.

Il y a dans chaque pays des lois qui sont imposées à tous, parce qu'elles ont pour objets la sécurité et l'intérêt de tous. Ces lois on est tenu d'y obéir.

Ceux qui les violent tombent d'ailleurs sous le coup de punitions infligées par les tribunaux compétents. Mais un bon citoyen ne se conforme pas à la loi par la seule crainte du châtiment. Il lui obéit par respect et par patriotisme. Il lui obéit dans toutes ses prescriptions, lors même qu'il serait sûr que sa désobéissance ne causera aucun dommage appréciable ou restera toujours ignorée. Et il obéit de bon cœur, avec une sorte d'allégresse, comme l'enfant doit obéir à ses parents.

La loi est d'autant plus respectable dans les pays libres, qu'elle y est discutée, votée par des assemblées élues. Là où règnent, comme chez nous, le régime parlementaire et le suffrage universel, chaque citoyen doit se dire qu'il contribue indirectement et pour sa part, à la confection de la loi. En lui obéissant, c'est donc, dans une certaine mesure, à lui-même qu'il obéit. Effectivement, il nomme quelques-uns des députés qui sont chargés de la faire, et ces députés ont été mis, comme candidats, en demeure de dire leur opinion sur les questions qui touchent aux plu grands intérêts de la nation. Il a donc su ce qu'il faisait en les nommant, et pu prévoir dans quel esprit ils rempliraient leurs fonctions de législateurs. Que si les prescriptions de la loi ne sont pas toujours conformes à son utilité particulière il comprendra que celle-ci doit être, en toute justice, subordonnée à l'utilité générale. Il peut arriver que la loi soit ou paraisse vexatoire, nuisible, injuste. En ce cas, le devoir est de lui obéir encore. Tant qu'elle n'est pas abrogée, il n'est permis à personne de s'y soustraire. Mais chacun a le droit d'en poursuivre soit l'amendement, soit l'abolition, par tous les moyens légaux. Et c'est là l'incalculable avantage du régime parlementaire superposé au suffrage universel. Si le grand nombre, ou seulement une partie considérable des citoyens se croient opprimés par des lois iniques, ils peuvent toujours, par l'intermédiaire des députés qu'ils choisissent, les remplacer par des lois meilleures, et le ministère, issu des chambres, ne peut se refuser à une réforme ainsi réclamée par l'opinion.

II. — RESPECT DE LA LOI

Il ne suffit pas d'obéir à la lettre de la loi; on doit encore se conformer à son esprit. De même, un mauvais citoyen peut seul se prévaloir du silence ou de l'obscurité de la loi pour faire ce que réprouve une conscience honnête. *Tourner la loi*, comme on dit, c'est réellement la violer, avec cette aggravation, qu'à la désobéissance se joint alors l'hypocrisie.

C'est un principe de jurisprudence que nul n'est censé ignorer la loi. En fait, cependant, beaucoup l'ignorent, et risquent de lui désobéir sans le savoir. Il est certain qu'alors ils ne sont pas moralement coupables; mais ils doivent néanmoins se soumettre de bonne grâce à la peine encourue, car il importe à l'ordre public qu'on ne puisse arguer de son ignorance pour s'excuser d'une violation, fût-elle involontaire. En ce cas, il est vrai, les tribunaux punissent rarement en toute rigueur. De là se dégage un nouveau devoir, celui d'acquérir une connaissance suffisamment complète des lois de son pays, la connaissance au moins des lois auxquelles on est le plus exposé à manquer. C'est d'ailleurs un hommage de plus rendu à la majesté de la loi que de s'informer le plus exactement possible des prescriptions qu'elle impose.

Un bon citoyen ne se contentera pas de respecter la loi; il s'efforcera d'en inspirer le respect par ses paroles et toute sa conduite. On est trop porté à médire et se plaindre d'une législation souvent minutieuse et gênante; on se laisse facilement aller à dire que les lois sont mal faites, qu'il serait bien aisé de les rendre meilleures; on improvise à la légère des plans de réformes qui bouleversent tout de fond en comble. Ce discrédit étourdiment jeté sur ce qui doit régler souverainement la conduite de chacun est funeste; il risque d'affaiblir dans les âmes l'autorité morale de la loi. On est bien près de désobéir sans scrupule à ce qu'intérieurement on condamne. Ces condamnations sommaires sont-elles d'ailleurs justifiées? Rien d'humain n'est parfait sans doute, et une société dont les lois ne se transformeraient pas s'immobiliserait dans une stagnation mortelle; mais le défaut de stabilité ne serait pas un moindre péril. Les lois doivent être tenues pour bonnes et respectées comme telles tant qu'il n'est pas absolument démontré qu'elles sont mauvaises. Elles ont besoin du prestige qui s'attache à tout ce qui dure longtemps. Une apparence d'indestructibilité les fait prendre pour expressions de la vérité même, et par là elles conquièrent sur les âmes cette autorité morale qu'on est bien obligé de reconnaître à celle-ci et qui est plus efficace que la contrainte.

III. — OBLIGATION DE PRÊTER MAIN FORTE A LA LOI

Ce que la loi commande doit être fait; ce qu'elle

défend, on doit s'en abstenir. Cet axiome a une valeur absolue. Ordinairement la loi, qui dispose de la force, parvient à se faire obéir elle-même ; mais il peut arriver que les agents à son service soient tenus en échec par la révolte ouverte des coupables. Le devoir des bons citoyens est alors de prêter leur concours aux représentants de la loi. Trop souvent, on croit pouvoir, en toute tranquillité de conscience, se soustraire à cette obligation. Il y a même, chez beaucoup, un secret plaisir à voir que l'autorité, comme on dit, a le dessous. Cette abstention égoïste, cette satisfaction malicieuse, ne sauraient être trop blâmées. S'il s'agit d'un assassin qui, son crime commis, se barricade chez lui, et fait mine de résister à main armée aux gendarmes, il faut que tous les honnêtes gens du village deviennent autant de gendarmes pour la circonstance. Si le voleur, l'assassin, échappent aux recherches, et qu'on les connaisse, il faut les dénoncer. Ce n'est plus là ce que nous avons flétri en parlant de la délation. Ici, la sécurité sociale est en jeu. Ce meurtrier, sur la trace duquel, par une générosité mal entendue, vous ne voulez pas mettre la justice, enhardi par l'impunité, va faire d'autres victimes, et ces meurtres nouveaux, vous en êtes responsables, puisque pouvant les prévenir, vous ne l'avez pas fait. Vous avez pitié du criminel ; vous n'avez pas pitié des innocents que votre silence condamne à mort.

Souvent aussi, on refuse de prêter main forte à la loi ou d'éclairer la justice par crainte des vengeances que le coupable, sa peine finie, sera dans la possibilité d'exercer, ou encore pour s'épargner les déplacements, les ennuis de toutes sortes qu'impose le rôle de témoin. Mais le devoir veut qu'on brave tout cela. Il peut en coûter parfois d'être un bon citoyen : raison de plus pour mériter pleinement ce titre. Et on ne le méritera que si l'on se met tout entier, sans hésitation, sans réserve, au service de la loi. Remarquons-le, d'ailleurs : une telle conduite n'est pas moins d'accord avec l'intérêt général, qu'avec l'intérêt bien entendu de chacun. Le voleur, le meurtrier, menacent indistinctement tout le monde. S'ils ne pouvaient plus compter sur l'indifférence ou la lâcheté du plus grand nombre, s'ils savaient qu'ils seront traqués sans merci, par tous les honnêtes gens, sur toute l'étendue du territoire, ils y regarderaient à deux fois avant de se mettre en révolte contre les lois. Les bons ne sont tout à fait bons que quand leur attitude et leur conduite sont de nature à épouvanter toujours les méchants. Et ce qui ferait la terreur de ceux-ci assurerait la sécurité de ceux-là.

IV. — SYMPATHIE MALSAINE POUR CERTAINS CRIMINELS

Une sorte de sympathie, aussi ridicule que malsaine, s'attache souvent, de nos jours, aux auteurs de crimes retentissants. Les colonnes des journaux sont pleines d'eux, on reproduit, on colporte avidement leurs moindres paroles; quand on les juge, la salle de l'audience est envahie par la société mondaine, comme une salle de théâtre à la première représentation d'une pièce longtemps attendue. Un vulgaire assassin passe à l'état de héros. Ce sont là des encouragements pour d'autres que ce genre de gloire peut tenter. Il est d'ailleurs acquis que l'exemple est contagieux, et que la publicité donnée à tous les détails d'un crime provoque infailliblement des tentatives toutes semblables. Enfin la majesté de la loi souffre de cette curiosité qui met comme une auréole au front du malfaiteur. Son action mérite horreur et mépris : ne lui accordons pas autre chose, sauf pour lui cette pitié qu'on doit toujours à une créature humaine, même quand la loi la frappe justement. Mais que chacun détourne silencieusement la tête devant celui qui s'est mis par son crime en dehors de la société. Que la réprobation publique soit sérieuse, grave, attristée, sans faiblesse, et que le châtiment soit accueilli par tous comme une de ces nécessités douloureuses dont la responsabilité retombe tout entière sur ceux-là seuls qui contraignent la loi à s'armer de telles rigueurs.

C'est manquer encore de respect à la loi que de mettre en doute le droit qu'elle a de punir. En morale, la liberté est comme un axiome qui ne se démontre pas. S'il y a liberté, punir le crime est légitime, même obligatoire. Soutenir le contraire, c'est battre en brèche l'autorité de la loi, la flétrir comme s'attardant à des cruautés aussi iniques que superflues. Autant dire qu'elle est un lâche et odieux abus de la force. Le criminel fût-il d'ailleurs un malade, comme quelques-uns le soutiennent, la répression serait juste encore, parce que la société a toujours le devoir de se défendre contre qui la met en danger. Un bon citoyen s'interdira de penser et de dire que les lois pénales sont d'inutiles et révoltantes barbaries. Il ne laissera pas se dissoudre en lui la notion salutaire de la responsabilité. Il ne se refusera à aucune des tentatives qui ont pour but d'adoucir progressivement des lois trop rigoureuses; mais, dans son essence, et abstraction faite de quelques-unes de ses dispositions particulières, la loi sera toujours pour lui l'expression auguste, quoique perfectible, bienfaisante jusque dans ses rigueurs, de la raison, de la conscience, de la loi morale elle-même.

RÉSUMÉ

I. — L'un des principaux *devoirs civiques*, la condition première des autres devoirs, est l'*obéissance aux lois*. Il faut leur obéir, non par crainte des peines édictées contre ceux qui les violent, mais par respect et patriotisme.

D'ailleurs dans les pays libres, chaque citoyen contribue à faire les lois : leur désobéir serait une contradiction. Il faut obéir même aux lois qui paraissent injustes. Seulement on a le droit d'en poursuivre l'amendement ou l'abolition par les moyens légaux.

II. — Il ne suffit pas d'obéir à la lettre de la loi, on doit encore se conformer à son esprit. *Tourner la loi*, c'est la violer d'une manière hypocrite.

La loi doit être aussi respectée dans sa majesté et son autorité morale; il faut par conséquent éviter de la déconsidérer par des critiques légères et souvent mal fondées.

III. — Quand les agents de la force publique sont tenus en échec par la révolte des violateurs de la loi, les simples citoyens ont le devoir de leur prêter main forte. Ce n'est pas, nous l'avons vu, de la délation que d'aider la justice à découvrir les voleurs et les assassins. S'abstenir par indifférence et égoïsme, par une générosité mal placée, ou par crainte d'une vengeance possible, c'est se faire complice des crimes que pourra commettre encore le malfaiteur impuni. Si tous les citoyens honnêtes étaient courageux et résolus en face des méchants, ceux-ci seraient intimidés et la sécurité publique se trouverait mieux assurée.

IV. — La curiosité qui s'attache aux *causes célèbres* est malsaine et dangereuse pour la société. Le criminel peut inspirer de la pitié, il ne doit pas inspirer de sympathie.

Il convient aussi, par respect pour la loi, de ne point mettre en doute le droit qu'elle a de punir. La liberté morale implique la responsabilité, et par suite le châtiment.

Ouvrages à consulter :

Platon, *Le Criton*. (Prosopopée des lois.)
Barni, *La Morale dans la Démocratie*. (11ᵉ et 12ᵉ leçons.)
E. Beaussire, *Les Principes du droit*. (L. II, ch. II, III.)
E. Caro, *Problèmes de morale sociale*. (Du Droit de punir.)
Ch. Waddington, *Dieu et la Conscience*. (2ᵉ partie, ch. v.)
L. Carrau, *La Morale utilitaire*. (2ᵉ partie, l. II, ch. v.)

DIX-HUITIÈME LEÇON

RESPECT ENVERS LA MAGISTRATURE
L'IMPOT

Sommaire. — I. Respect des magistrats. — II. Devoirs spéciaux des citoyens envers les magistrats. — III. L'impôt.

I. — RESPECT DES MAGISTRATS

Si la loi est respectable par elle-même, elle commande aussi le respect pour tous ceux qui, à un titre quelconque, sont ses ministres ou ses représentants. Dès qu'un homme est revêtu de ce caractère, il prend en effet quelque chose de l'inviolabilité de la loi. C'est là ce qu'on appelle un magistrat.

Les magistrats proprement dits sont les juges, les membres des parquets, les commissaires de police, etc. Le respect qui leur est dû s'adresse sans doute moins à leurs personnes qu'à leurs fonctions; cependant cette distinction est bien subtile, et tant qu'il n'est pas manifestement prévaricateur, le magistrat doit être respecté pour lui-même. Ses fonctions, en effet, exigent des vertus spéciales. Outre que sa vie privée doit être sans tache, il lui faut la probité la plus scrupuleuse, le courage civique, aussi méritoire et plus rare que le courage militaire, une fermeté qui sache résister aux sollicitations des intérêts les plus chers, des affections les plus tendres, de la pitié, même la plus excusable. Il doit avoir quelque chose de l'impassibilité et de l'impersonnalité de la loi. Il ne lui est pas plus permis de céder à la faveur qu'à la menace, à la sympathie qu'à la colère. Son jugement, son réquisitoire, c'est la loi même qui les prononce par sa bouche. Eût-il absous dans son cœur, il ne peut absoudre sur son siège, si la loi veut qu'il condamne. De telles fonctions, pour être remplies comme elles doivent l'être, veulent des qualités morales en quelque sorte exceptionnelles, et le bon magistrat est par lui-même un modèle proposé à la vénération de tous.

Mais par une extension assez naturelle, tous les dépositaires d'une partie de l'autorité publique reçoivent le nom de magistrats. Sous-préfets, préfets, les ministres, le président de la République, peuvent être dits, au sens le plus large du mot, des magistrats. Tous ont droit, par là-même, au respect des citoyens.

Rien n'est plus blâmable que cette habitude de critiquer quand même les actes de ceux qui exercent le pouvoir. Dans un pays libre, ceux qui sont à la tête des affaires sont sans doute justiciables, non seulement du vote des chambres, mais encore du verdict de l'opinion, nous sommes loin de demander pour eux une approbation toujours prête et une servile adhésion. Eux-mêmes, s'ils sont dignes vraiment du poste qu'ils occupent, doivent appeler, solliciter un incessant contrôle. Mais un bon citoyen leur saura gré de leurs efforts; il mesurera les difficultés de leur situation, le labeur écrasant qu'elle exige, et loin de pencher du côté d'une opposition tracassière, impitoyable, souvent injuste, il sera toujours prêt à prêter le plus loyal concours aux bonnes volontés de ceux qui gouvernent. Il saura que pour un honnête homme le pouvoir n'est pas toujours chose enviable, et qu'il ne l'accepte que parce que c'est un devoir. Il ne lui rendra pas ce devoir plus lourd et plus difficile encore en se joignant, sans les plus sérieux motifs, à ceux qui le combattent. Surtout, il n'aura que mépris pour toutes ces calomnies basses dont sont abreuvés les hommes publics. Si l'honneur d'un simple particulier mérite que nous le respections et prenions sa défense, à plus forte raison celui d'un homme qui, par la position qu'il occupe, représente un peu l'honneur du pays même.

II. — DEVOIRS SPÉCIAUX DES CITOYENS ENVERS LES MAGISTRATS

De tout temps, la calomnie s'est déchaînée contre les puissants : c'est comme la rançon de leur grandeur. Chez les peuples libres, la presse, pouvant à peu près tout dire, lui donne, par une publicité sans mesure, une force redoutable. C'est, pour un bon citoyen, un motif de plus de ne pas croire à la légère que les intérêts suprêmes du pays sont en des mains indignes. Non seulement il ne le croira pas sans les preuves les plus convaincantes, mais il fera comprendre aux autres le caractère immoral d'une telle crédulité. Qu'au milieu des attaques qui les assaillent de toutes parts, ceux qui gouvernent puissent au moins compter, tant qu'ils n'ont pas mérité de les perdre, sur la confiance, l'estime, et le respect des honnêtes gens.

Ces devoirs généraux envers les magistrats se précisent, pour chacun, à l'égard de ceux dont il est plus immédiatement dépendant. Le fonctionnaire, par exemple, doit spécialement obéissance et respect à ses chefs hiérarchiques ; le simple particulier à ceux des fonctionnaires avec qui ses relations sont le plus fréquentes. Ainsi, à tous les degrés de la société civile et politique des obligations réciproques de subordination respectueuse et volontaire unissent entre eux les citoyens ; en cela consiste l'ordre social, par là se réalise, pour le plus grand bien et la plus grande dignité de tous, l'accord, si souvent déclaré impossible, de l'autorité et de la liberté. Ministres et chef suprême de l'État doivent à leur tour obéissance et respect à la volonté nationale, légalement exprimée. La loi n'est elle-même, en dernière analyse, que cette volonté, pure de toute passion, imposant à tous ce que la raison de tous a jugé nécessaire aux intérêts permanents de tous. On obéit donc, en obéissant à la loi et aux magistrats, non à des volontés individuelles, arbitraires et tyranniques, mais à sa propre raison, à son propre intérêt, en prenant ce mot dans ce sens supérieur où il se confond pratiquement avec la justice et le bien.

III. — L'IMPOT

Pour payer ses fonctionnaires, alimenter les services publics, pourvoir à la défense du sol et de l'honneur national, l'État a besoin de ressources pécuniaires. Elles lui sont fournies par l'impôt.

Acquitter l'impôt est donc un devoir civique. On remplira ce devoir scrupuleusement, c'est-à-dire sans se permettre de frauder l'État ou de détourner quoi que ce soit de ce qui lui est dû. Un bon citoyen ne sera jamais en retard, il sera plutôt en avance pour le paiement de ses contributions. Il ne cherchera pas, par des déclarations mensongères, à diminuer les charges que la loi fait peser sur lui. Il ne témoignera aucune mauvaise humeur contre les agents du fisc, sachant que ceux-ci, en obligeant les contribuables à payer, font eux-mêmes leur devoir et que leur tâche est souvent assez pénible. Nous avons déjà dit que toute fraude, quelle qu'en soit la forme, et la victime fût-elle non un particulier mais le trésor public, est un vol.

De tous les impôts, le plus lourd, mais aussi le plus sacré, est celui du sang. En France tout citoyen valide doit le service militaire pendant un nombre d'années déterminé. On ne comprendrait pas, en effet, que quand il s'agit de défendre la patrie, la richesse, le rang, la supériorité intellectuelle, fussent invoqués comme motifs de dispense. La loi peut spécifier certains cas d'exemptions; elle peut, dans l'intérêt même du pays, abréger pour quelques-uns le temps passé, pendant la paix, sous les drapeaux; mais le principe du service militaire obligatoire pour tous a les caractères de la justice même.

RÉSUMÉ

I. — Les *magistrats* proprement dits sont les représentants du pouvoir judiciaire. Ils sont les interprètes de la loi, et participent pour ainsi dire à son inviolabilité. Ils doivent être respectés dans leurs fonctions, et aussi dans leurs personnes, car ces fonctions exigent de hautes qualités morales.

Par extension, on appelle aussi magistrats tous les dépositaires d'une partie de l'autorité publique. Ils ont droit par là même au respect des citoyens. Il n'est pas d'un bon citoyen de critiquer de parti pris les gens qui sont au pouvoir. Sans doute leurs actes doivent être soumis à la sanction de l'opinion publique; mais celle-ci doit se montrer modérée et équitable.

II. — La subordination des fonctionnaires les uns aux autres selon les degrés de la hiérarchie, la soumission des citoyens à toutes les prescriptions légales, telle est la condition essentielle de l'ordre public. Pour accomplir son œuvre de conservation sociale et de progrès régulier, l'autorité doit pouvoir s'appuyer sur le respect et l'obéissance volontaire de tous.

III. — Les ressources dont l'État a un besoin impérieux sont fournies par l'*impôt*. Le bon citoyen paye scrupuleusement ses impositions sans récrimination ni mauvaise humeur. Il ne se permet aucune fraude, sachant, comme nous l'avons vu, que la fraude envers l'État est un véritable vol.

Ouvrages à consulter :

Hanriot, *Vive la France !*
P. Bourde, *Le Patriote*.
Paul Bert, *L'Instruction civique à l'école*.
A.-P. de Lamarche, *Nos Devoirs et nos Droits*.
Burdeau, *Devoir et Patrie*.
Reverdy et Burdeau, *Le Droit usuel, le Droit commercial et l'Économie politique à l'école*.

DIX-NEUVIÈME LEÇON

LE SERVICE MILITAIRE
LE VOTE

SOMMAIRE. — I. Le service militaire. — II. Devoirs du citoyen en temps de guerre. — III. Devoirs des femmes en temps de guerre. — IV. Le vote. Devoirs électoraux. — V. Conseils aux électeurs.

I. — LE SERVICE MILITAIRE

La patrie, nous l'avons vu, est une personne morale : comme telle elle a le droit et le devoir de défendre ses intérêts, son honneur, son existence, qui ne sont après tout que les intérêts, l'honneur, l'existence des citoyens.

Pour cela, elle a une armée, une flotte, des forteresses. Il lui faut des soldats et des marins.

Tout citoyen, légalement appelé pour le service militaire, doit s'y rendre avec empressement. Il ne doit pas simuler des infirmités qui le rendent impropre à porter les armes, encore moins pratiquer sur lui-même des mutilations pour se faire réformer. Dans les deux cas, sa conduite serait d'un lâche, et il encourrait d'ailleurs de justes punitions.

Une fois incorporé, le jeune soldat se prêtera de bonne volonté à toutes les exigences de la discipline, fera tous ses efforts pour acquérir aussi complètement et aussi rapidement que possible, les connaissances techniques, le maniement des armes, surtout l'esprit militaire, c'est-à-dire les sentiments de confraternité, d'honneur, de dévouement, qui font la force d'une armée.

Il aura pour ses chefs l'obéissance sans réserve, leur témoignera un respect absolu. Les moqueries à l'égard des supérieurs ne peuvent que diminuer leur autorité morale, et affaiblir les liens de la hiérarchie. Tout citoyen d'ailleurs est tenu de respecter, chez le plus humble soldat, comme chez le ministre de la guerre, cet uniforme glorieux, sainte livrée de la patrie, et quant à ces plaisanteries faciles par lesquelles on croit parfois spirituel de ridiculiser ceux qui le portent, elles ont le tort d'offenser avec le bon goût, toutes les nobles choses dont l'armée est le vivant symbole.

L'uniforme impose au soldat, dans toute sa conduite, un redoublement de surveillance sur lui-même. Il ne doit pas un instant oublier qu'en le déshonorant, il ne se déshonore pas seulement lui-même, mais compromet, autant qu'il est en lui, la grande famille à laquelle il appartient. Aujourd'hui qu'en France tout le monde est soldat, l'armée doit être plus que jamais une école de dignité morale, de vertus sociales et civiques. Ces vertus, d'ailleurs, font plus pour la force réelle d'une armée, que l'armement le plus perfectionné ou la plus savante stratégie.

II. — DEVOIRS DU CITOYEN EN TEMPS DE GUERRE

A partir de quarante ans, le citoyen français a payé l'impôt du sang. Mais il a encore des devoirs militaires. En cas d'invasion, par exemple, lors même que la loi ne l'y contraindrait pas, il faut qu'il reprenne le fusil. Est-il trop vieux, malade ou infirme? s'il peut encore servir dans les ambulances ou dans les services auxiliaires, il le doit. Il doit exalter les courages autour de lui, faire taire ceux qui se plaisent à prédire la défaite, espérer quand même, et communiquer son espoir, ne se laisser abattre par aucuns revers, donner son argent, mettre lui-même les armes aux mains de ses enfants, les enflammer de son ardeur, étouffer les révoltes et les angoisses de la tendresse, et, s'il est frappé d'un de ces coups qui brisent la vie à jamais, souffrir et pleurer, mais sans accuser la patrie, ni regretter d'avoir, même à ce prix, fait son devoir. Aux mères, surtout, ces choses pourront sembler bien dures; à elles pourtant non moins qu'aux pères, s'impose le devoir militaire dans sa grandeur la plus sublime : faire de leurs fils des soldats, les pénétrer du mépris du danger, préférer pour eux la mort du brave à la vie déshonorée du lâche.

En temps de guerre, les vertus du soldat sont le courage, la patience, la résignation. Nous disons vertus, parce que ce sont là des dispositions permanentes, plutôt que des actes, et qui supposent des habitudes depuis longtemps contractées. Le soldat peut n'avoir pas eu jusque-là l'occasion de les mettre en pratique; mais il doit y avoir préparé son âme, autant que son corps s'est exercé à la fatigue et au maniement des armes. Les balles et les obus, les privations de toutes sortes, le manque de nourriture, la chaleur et le froid le trouveront impassible; il subira tout cela avec la sérénité que donne le sentiment du devoir, car tout cela c'est pour la patrie.

III. — DEVOIRS DES FEMMES EN TEMPS DE GUERRE

Les femmes n'ont pas à porter les armes, quoiqu'après tout, dans le pays de Jeanne d'Arc et de Jeanne Hachette, il serait bien étrange que l'héroïsme guerrier fût regardé comme tout à fait incompatible avec leur sexe. Mais c'est d'autre façon qu'elles doivent accomplir le devoir militaire.

Nous avons dit qu'elles sont tenues de préparer leurs fils au métier de soldat, et de leur inspirer les mâles vertus qu'il y faut. En temps de guerre, elles feront des cartouches, prépareront le linge pour bander les plaies, soigneront les blessés dans les ambulances, les malades dans les hôpitaux. Et certes, l'occasion ne leur est pas refusée de risquer, elles aussi, leur vie, car la contagion à laquelle elles s'exposent peut tout aussi bien tuer que les balles. La tendresse de leurs soins, leur pitié infatigable, leur sourire au milieu de tant de misères, leurs paroles, qui ont le don d'apaiser et de consoler, font les souffrances moins aiguës, les guérisons plus promptes, la mort même moins cruelle. Elles sont, auprès de ces pauvres soldats inconnus, la famille absente, la mère, la sœur, l'épouse, la fille, et par le respect ému qu'elles inspirent, arrêtent sur bien des lèvres, étouffent dans bien des cœurs, le blasphème et le désespoir. Par là encore, elles servent la patrie, car il n'est pas bon qu'on se plaigne de souffrir et de mourir pour elle.

Ceux que la loi, pour des raisons d'intérêt général, dispense de servir en temps de guerre, et c'est le cas pour certaines catégories de fonctionnaires et de magistrats, doivent alors payer leur dette par un surcroît d'activité, de vigilance, de dévouement. Ils peuvent, d'ailleurs, même sans porter l'uniforme et le fusil, avoir à payer de leur personne, de leur vie même. Un juge refusera de rendre la justice au nom du souverain ennemi ; un maire de prêter son concours à des réquisitions ordonnées par l'envahisseur ; un employé du télégraphe, de livrer le secret des dépêches qui lui sont confiées par le gouvernement de son pays. On les emprisonne, on les emmène comme otages ; on les menace de les fusiller. Ils sont vraiment soldats alors, ils doivent, eux aussi, leur liberté, leur sang, et ne reculent pas devant le sacrifice. Sentinelles placées à un poste d'honneur et de péril, ils sont, eux aussi, les esclaves d'une consigne que la patrie seule peut lever.

D'autres hâteront l'arrivée des recrues, rassembleront les munitions et les vivres, organiseront les camps retranchés. Les diplomates, sous le feu de la bataille, négocieront des alliances, prépareront le terrain d'une médiation. Tous, chacun dans sa sphère et selon ses capacités, se donneront corps et âme à la cause sainte :

il n'en est pas sur terre qui soit plus sainte que celle-là. Et quand tous font ainsi leur devoir, le triomphe définitif est assuré. Un peuple de patriotes peut être momentanément vaincu ; mais son patriotisme, encore exalté par la défaite, lui défend de désespérer, le relève, et le récompense enfin par la victoire.

IV. — LE VOTE. DEVOIRS ÉLECTORAUX

Dans un pays libre comme la France, les citoyens se gouvernent eux-mêmes en élisant leurs représentants. Ces conseils élus sont de plusieurs sortes : conseils municipaux, conseils d'arrondissement, conseils généraux, chambre des députés, sénat.

Le vote est l'acte par lequel les citoyens choisissent ainsi librement leurs mandataires. Voter est un droit, et ce droit, il a fallu souvent le conquérir par des luttes longues et douloureuses ; mais voter est aussi un devoir.

A vrai dire, ce qui est un devoir c'est moins de voter que de bien voter. Et bien voter, c'est voter selon sa conscience, préalablement éclairée, autant du moins qu'on l'a pu faire, sur ce qu'exigent les véritables intérêts du pays.

Entre plusieurs candidats, un bon citoyen fera taire ses préférences personnelles, négligera même des considérations d'amitié ou de famille, pour choisir celui qui représente le mieux ses opinions et ses principes. S'il n'en est aucun qui le satisfasse à ce point de vue, il ne devra pas pour cela s'abstenir, mais il déposera dans l'urne un bulletin blanc.

L'abstention, en effet, n'est jamais permise, elle témoigne d'une indifférence coupable à l'égard des affaires publiques. Celui qui s'abstient donne un mauvais exemple; il semble avoir dédaigné de se déranger pour aller jusqu'au lieu du scrutin.

Mais il ne suffit pas que le candidat pour qui l'on vote soit bien celui dont on approuve les opinions, dont on signerait le programme. Il faut qu'on ait de bonnes raisons pour accepter ce programme, pour adopter ces opinions.

Ces raisons, on ne peut les avoir que si l'on a étudié, réfléchi. Et ces études elles-mêmes, ces réflexions doivent être prolongés, consciencieuses. Les questions où se trouvent engagées les intérêts d'un pays sont tellement complexes, que peu d'hommes ont le temps, l'intelligence et les connaissances nécessaires pour les approfondir.

Modes de répartition de l'impôt, protection ou libre échange, durée du service militaire, orientation de la politique extérieure, etc., que de problèmes sur lesquels les meilleurs esprits, les patriotes les plus sincères, ne parviennent pas toujours à s'entendre! Que feront donc l'ouvrier, le laboureur, le commerçant, tout absorbés par leur travail quotidien, le jeune homme de vingt et un ans à peine échappé du collège? Toute lumière leur fait défaut, et cependant ils peuvent, ils doivent voter.

V. — CONSEILS AUX ÉLECTEURS

Ils s'efforceront d'abord de s'éclairer par eux-mêmes,

puis ils demanderont conseil à qui leur paraît mériter confiance par son instruction plus complète et par sa probité. Lecture des journaux, réunions électorales, ils ne négligeront rien de ce qui peut guider leur choix. Ils se mettront en garde contre les déclamations creuses et le charlatanisme des promesses extravagantes. Ils jugeront dangereux quiconque prétend tout bouleverser, et reconstruire la société de fond en comble; ils sauront que dans l'ordre politique, comme dans les êtres vivants, le progrès se fait avec lenteur, que c'est un mauvais système, pour faire mieux vivre un animal, que de commencer par le mettre en pièces.

Ils n'auront pas besoin, d'ailleurs, de se faire une opinion sur chaque question particulière : le bon sens suffit souvent pour décider, entre plusieurs candidats, quel est celui qui par ses connaissances, son expérience, sa probité, présente les meilleures garanties pour la sauvegarde des intérêts publics. On doit alors lui accorder une confiance générale, et supposer qu'il la mérite pour tous les cas particuliers.

L'obligation qui s'impose aux uns de s'éclairer quand il s'agit de donner son suffrage, fait naître pour les autres celle de communiquer leurs lumières, de prodiguer leurs conseils. Les citoyens instruits, ceux qui par leurs études, leur expérience, leur situation sociale peuvent exercer autour d'eux une influence salutaire, sont tenus de la mettre au service des candidats les plus dignes. Mais il y a ici une question de mesure. Cette influence doit scrupuleusement respecter la liberté de l'électeur. Elle doit de plus être toute morale; et s'abstenir de faire appel à la cupidité ou aux sentiments égoïstes. Promesses, menaces, distributions d'argent, autant de manœuvres interdites par la conscience et par la loi. Celui qui les emploie est plus coupable peut-être que celui qui se laisse séduire ou intimider par elles.

Entre les mains d'électeurs honnêtes et éclairés, le suffrage universel est l'institution la plus bienfaisante, la plus conforme aux droits et à la dignité de l'homme. Mais il impose de grands devoirs, puisqu'il fait peser sur chaque citoyen une part de responsabilité dans la direction des affaires.

Ne nous en plaignons pas : la valeur morale se mesure à l'étendue des devoirs et des responsabilités, et s'il en coûte souvent à un peuple de douloureuses épreuves pour faire la conquête et l'apprentissage de la liberté politique, nous n'en devons pas moins dire, avec l'historien latin : « Je préfère une liberté périlleuse à une tranquille servitude. »

RÉSUMÉ

I. — La patrie est une personne morale, et comme telle, elle a le droit et le devoir de défendre ses intérêts, son honneur, son existence. Il lui faut pour cela une force armée.

Le *service militaire* doit être bravement accepté et rempli. Ceux qui simulent des infirmités ou se mutilent pour échapper à ce devoir civique sont des lâches.

Les principales vertus militaires sont : la discipline, le zèle, la confraternité, un vif sentiment de l'honneur, le respect de l'uniforme par une bonne conduite, et particulièrement en temps de guerre le courage, la patience et l'abnégation poussée jusqu'au sacrifice de la vie.

Les *devoirs militaires* ne se terminent pas avec le service légal. Lorsque la patrie est en danger, les vétérans encore valides doivent reprendre les armes. Les autres citoyens peuvent se rendre utiles dans les ambulances et les services auxiliaires. Ils peuvent aussi soutenir les courages, inspirer la confiance autour d'eux, et s'ils sont pères de famille, envoyer stoïquement leurs enfants au combat. Les mères ont, à cet égard, un beau devoir à remplir.

II. — Les *femmes*, en effet, peuvent d'une manière touchante et fort utile servir à leur tour la patrie : elles mettent d'abord dans le cœur de leurs fils les sentiments qui transforment le soldat en héros; puis, si la guerre survient, elles payeront de leurs personnes, pour préparer les équipements et les munitions, pour porter des secours et des consolations aux blessés et aux mourants, etc.

C'est par des services analogues que les fonctionnaires et les magistrats, retenus à leur poste pendant que leurs concitoyens marchent sous les drapeaux, rempliront le devoir militaire. Ce devoir, en cas d'invasion, peut aussi exiger le sacrifice de leur vie, par exemple quand il s'agit de résister aux menaces de l'envahisseur, de protéger les personnes et les propriétés.

III. — Le *vote* est l'acte par lequel les citoyens choisissent leurs mandataires dans les divers conseils de la nation.

Il est un droit, et aussi un devoir. L'abstention est en elle-même une faute, et de plus, un mauvais exemple.

Le vote, pour être bon, doit être d'abord désintéressé, c'est-à-dire qu'il faut écarter toute considération personnelle, et choisir les candidats les plus vertueux et les plus capables.

IV. — Cette dernière condition indique que le vote doit en outre être *éclairé*. L'électeur cherche donc à s'instruire ; il lira les journaux, assistera aux réunions électorales, en évitant de se laisser séduire par les charlatans et les utopistes ; il demandera conseil aux personnes expérimentées.

V. — Les citoyens instruits, qui sont en situation d'exercer une influence salutaire sur les autres électeurs, doivent leur communiquer leurs lumières, tout en respectant la liberté de chacun.

Le suffrage universel, pratiqué avec intelligence et honnêteté, est la condition la plus efficace du progrès politique et social.

Ouvrages à consulter :

Marion, *Leçons de morale.* (30e leçon.)
Massy (Madame H.), *Éducation morale et civique des jeunes filles.*
Hanriot, *Vive la France !*
A. Burdeau, *Devoir et Patrie.* (2e partie XIV.)

VINGTIÈME LEÇON

DEVOIRS DES NATIONS ENTRE ELLES

Sommaire. — I. Notions sur le droit des gens. — II. Devoirs réciproques des nations en temps de paix. — III. Devoirs réciproques des nations en temps de guerre. — IV. Obligations des neutres.

I. — NOTIONS SUR LE DROIT DES GENS

Une nation, nous l'avons dit, est une personne morale. Comme telle, elle a des devoirs et elle a des droits.

Ces droits et ces devoirs résultent des rapports qui unissent les nations entre elles. La partie de la morale qui les constate et les détermine s'appelle le *droit des gens* (le mot *gens* est pris ici dans une acception spéciale : c'est le mot latin *gens*, qui veut dire *nation*).

Une nation a ses intérêts légitimes, matériels et moraux, qu'elle a le droit et le devoir de sauvegarder et de développer. Les intérêts matériels sont ceux du commerce, de l'agriculture, de l'industrie ; les intérêts moraux sont ceux qui se rattachent à l'influence qu'une nation bien gouvernée ne peut manquer d'exercer par son exemple, et au besoin par ses conseils.

Une nation a de plus une sorte de propriété collective qui est son territoire, auquel il convient d'ajouter cette portion du capital qu'elle immobilise pour sa sécurité et sa défense : ports militaires, forteresses, arsenaux, vaisseaux de guerre, etc. Son droit et son devoir est de maintenir intact cette propriété, qui n'est pas moins nécessaire à son existence que la propriété privée ne l'est à celle du citoyen.

Enfin, comme toute personne morale, une nation a son honneur, sa dignité, et il est de son droit comme de son devoir de n'y laisser porter aucune atteinte.

Ce qui précède permet de se rendre compte des obligations réciproques qui s'imposent aux nations.

La situation normale des nations les unes à l'égard des autres, c'est l'état de paix. L'état de guerre est exceptionnel et modifie assez profondément les règles du droit des gens.

II. — DEVOIRS RÉCIPROQUES DES NATIONS EN TEMPS DE PAIX

En temps de paix, les nations doivent se respecter mutuellement dans leur existence, leurs intérêts légitimes, leurs propriétés, leur honneur.

Elles accréditent les unes auprès des autres des ambassadeurs, des ministres plénipotentiaires, des chargés d'affaires, des consuls. Tous ces personnages sont autant de représentants officiels de leur pays; par suite, ils ont droit au respect que les nations se doivent entre elles. Leurs personnes, leurs maisons même, sont inviolables.

Tout citoyen inoffensif qui voyage ou séjourne à l'étranger, soit pour son plaisir, soit pour ses affaires, est de plein droit sous la protection des lois du pays qu'il habite. S'il subit un dommage quelconque, et si, après avoir porté plainte, il ne peut obtenir que justice lui soit rendue, les représentants officiels de la nation à laquelle il appartient, ont le devoir de prendre en main sa cause et d'exiger pour lui une équitable réparation.

La sécurité réciproque des différents peuples les a conduits à conclure des conventions par lesquelles ils se livrent mutuellement les criminels de droit commun. Violer ces conventions c'est, dans une certaine mesure, porter atteinte aux lois des pays avec lesquels elles ont été conclues; c'est en effet dépouiller ces lois de leurs sanctions, en les mettant dans l'impossibilité d'atteindre ceux qu'elles ont justement condamnés.

Les nations doivent de même interdire sur leur territoire toutes conspirations ayant pour but de renverser par la violence le gouvernement légal d'un peuple ami.

Le symbole de l'honneur d'une nation, c'est son drapeau et son pavillon. Toute insulte au pavillon et au drapeau est donc une insulte à la nation elle-même. Enfin, une nation étant une personne souveraine, doit être libre de se gouverner comme elle l'entend, d'établir telle législation qui lui semble préférable, pourvu qu'elle ne porte ainsi aucune atteinte directe aux droits des autres peuples. Toute tentative venue du dehors pour lui imposer une forme de gouvernement qu'elle repousse est injuste et lui confère le droit de légitime défense.

Les prescriptions qui précèdent répondent à ce qu'on appelle les devoirs de justice quand il s'agit des individus. Mais là ne se bornent pas les obligations internationales. Les nations ont encore entre elles ce qu'on pourrait appeler des devoirs de charité. Je veux dire qu'elles sont tenues à avoir des égards les unes envers les autres, à favoriser tout ce qui peut développer les relations pacifiques de peuple à peuple, comme traités de commerce, expositions universelles, congrès de savants, explorations des contrées inconnues du globe, propagande civilisatrice dans les contrées sauvages ou barbares, etc. Les nations qui sont à la tête du progrès ont une sorte de tutelle bienfaisante à exercer sur les races inférieures; elles doivent, non les asservir ou les détruire, comme elles ne l'ont fait jusqu'ici que trop souvent, non leur imposer tout d'un coup des formes d'existence auxquelles elles ne sont pas préparées, mais les élever lentement, par les bons traitements, la prédication morale et l'influence persuasive de l'exemple, jusqu'au niveau de la civilisation.

III. — DEVOIRS RÉCIPROQUES DES NATIONS EN TEMPS DE GUERRE

Malheureusement, des conflits provoqués par l'ambition, l'intérêt, l'amour-propre, s'élèvent parfois entre les nations comme entre les particuliers. Mais les particuliers n'ont pas le droit de se faire justice à eux-mêmes, parce que l'état social a précisément pour objet de substituer aux luttes et aux vengeances particulières une justice impartiale qui, par l'organe des tribunaux, réprime toute agression violente, toute tentative frauduleuse, redresse les torts, punit le coupable, indemnise au besoin la partie lésée. Cette justice légale a à son service la force collective, qui s'impose à chacun avec une puissance irrésistible. Dans les conflits entre nations, rien de semblable; nul tribunal investi d'une autorité suffisante, armé de moyens assez efficaces pour faire obéir ses décisions. Sans doute, quand l'intérêt qui est en jeu n'est pas d'une importance exceptionnelle, les nations sont aujourd'hui disposées à invoquer l'arbitrage de quelque souverain dans l'équité duquel les deux parties ont une égale confiance; et l'on ne peut trop souhaiter que cette pratique se généralise de plus en plus dans l'avenir. Pour le moment, les nations n'ont pas encore pris l'habitude de renoncer à la guerre, dans les cas extrêmes où aucun autre moyen n'apparaît de vider un différend.

L'état de guerre suppose toujours de l'un des côtés, et quelquefois des deux côtés, une injustice; car deux nations qui auraient toujours observé l'une à l'égard de l'autre les prescriptions du droit ne sauraient être amenées à en venir aux mains. Mais cette injustice peut remonter loin dans le passé; elle peut n'être pas apparente aux yeux de tous, tant les relations internationales sont souvent compliquées, et tant les intérêts en jeu sont nombreux et divers. Aussi n'est-il pas toujours facile, pour l'historien moraliste, de dire, en présence d'une guerre qui vient d'éclater, lequel des peuples belligérants a pour lui le bon droit.

Quoi qu'il en soit, l'état de guerre comporte certaines règles de conduite qui ont été déterminées en dernier lieu par la convention de Genève en 1867, et dont aucune nation civilisée ne devrait jamais se départir. D'abord la guerre ne doit être déclarée que quand tous les moyens de conciliation, toutes les démarches diplomatiques, ont été vainement employées; puis elle doit être déclarée solennellement, selon les formes traditionnelles. Les ambassadeurs, chargés d'affaires, consuls de la nation ennemie, doivent être protégés contre toute insulte jusqu'à ce qu'ils aient quitté le territoire du pays auprès duquel ils étaient accrédités. De plus, on doit s'efforcer de réduire au minimum les calamités inséparables de la guerre. C'est pour cela que les troupes belligérantes portent des uniformes facilement reconnaissables; la population civile, les femmes, les enfants, les vieillards, doivent être rigoureusement respectés. La vie sauve est assurée aux parlementaires; le bombardement des villes ouvertes, la capture des vaisseaux de commerce, sont interdits.

Dans la bataille, l'ennemi désarmé, celui qui s'est rendu ou a été fait prisonnier, doivent être épargnés. Il est même certains moyens de destruction, projectiles empoisonnés, balles explosibles, etc., dont les nations civilisées sont convenues de prohiber l'emploi.

Les blessés, les malades, sont sacrés, et doivent être soignés indistinctement et avec un dévouement égal par les chirurgiens, médecins, infirmiers des deux partis. Défense de tirer sur les hôpitaux et sur les ambulances.

La guerre ayant pour objet d'amener la paix par l'affaiblissement de l'une des puissances belligérantes, il est légitime pour celles-ci de chercher à détruire ou de s'approprier les arsenaux, vaisseaux de guerre, munitions, magasins de vivres, etc., de l'ennemi. Les drapeaux, les fusils, les canons, les équipages de pont, pris sur le champ de bataille ou à la suite de la victoire, appartiennent également de droit au vainqueur. Mais les propriétés privées, les dépôts faits par des particuliers dans des banques, doivent être absolument respectés. Les réquisitions de vivres, fourrages, vêtements, ne sont permises que sous la condition d'une juste indemnité.

Les prisonniers emmenés en captivité et internés doivent être non seulement garantis de toute insulte, mais encore entourés du respect et de la sympathie dus à de braves gens malheureux qui ont fait leur devoir. Ils sont, soit échangés pendant le cours de la guerre, soit rendus à leur patrie après la signature de la paix.

La paix doit être faite aussitôt qu'elle est possible. C'est un crime de lèse-humanité que de prétendre poursuivre la guerre jusqu'à l'anéantissement total de la puissance vaincue. Le vainqueur n'exigera que ce qui est indispensable pour la sauvegarde de ses intérêts légitimes et de sa sécurité; il pourra cependant, s'il a été injustement provoqué, exiger une indemnité modérée pour frais de guerre. Des conditions trop dures font fermenter une haine implacable au cœur de ceux qui sont obligés de les subir; elles sont un odieux abus de la force, et préparent pour l'avenir de terribles revendications.

IV. — OBLIGATIONS DES NEUTRES

En temps de guerre, les neutres ont des devoirs et aussi des droits. Ils ont le droit d'exiger qu'on respecte leur territoire, leurs nationaux, leur drapeau, leur pavillon; ils ont le devoir de s'abstenir de tout acte, direct ou indirect, d'hostilité. La contrebande de guerre, sous pavillon neutre, est interdite.

Les neutres ont aussi le devoir d'offrir leurs bons offices pour une médiation qui puisse faciliter ou hâter les préliminaires de la paix, adoucir les exigences du vainqueur. En même temps qu'il y a là pour eux un devoir, il y va de leur intérêt immédiat, car toutes les nations sont solidaires, et la guerre allumée entre deux d'entre elles est une calamité pour toutes.

RÉSUMÉ

I. — Les nations ont entre elles des rapports analogues à ceux qui unissent les individus particuliers. Il en résulte un ensemble de droits, ayant chacun leur devoir correspondant, qui constituent le *droit des gens.*

II. — Voici les principaux devoirs réciproques des nations en *temps de paix :* respect de l'existence, de la propriété et de l'honneur de chaque nation ; inviolabilité des agents diplomatiques ; protection accordée aux étrangers ; extradition des criminels de droit commun ; observation des traités ; interdiction des complots contre les nations voisines ; respect des drapeaux et pavillons, emblèmes de l'honneur des autres nations ; enfin liberté laissée à chaque peuple par les autres de se gouverner comme il l'entend, pourvu que cette liberté ne porte pas atteinte à la liberté des autres peuples.

Autres devoirs d'un caractère philanthropique et qu'on pourrait comparer à des devoirs de charité : conclusion de traités de commerce ; encouragements donnés aux expositions internationales de l'industrie, aux congrès et aux excursions scientifiques ; efforts tentés auprès des nations arriérées pour les élever au niveau général de la civilisation.

III. — Lorsque les différends entre nations ne peuvent être arrangés par les arbitrages et autres moyens diplomatiques, les nations sont malheureusement obligées de se faire justice elles-mêmes par la voie des armes. C'est l'*état de guerre.* Il en résulte de nouveaux devoirs qui ont été précisés par la *Convention de Genève* (1867). Citons les plus importants : déclaration solennelle de la guerre ; protection des ambassadeurs ennemis jusqu'à ce qu'ils soient rapatriés ; respect des personnes civiles, des parlementaires, des villes ouvertes, des vaisseaux marchands, des belligérants désarmés, etc.; interdiction de certains engins de destruction; soins accordés indistinctement à tous les blessés; bons traitements réservés aux prisonniers de guerre; payement d'indemnités pour les préjudices occasionnés aux propriétés privées, etc.; enfin prompte conclusion de la paix.

IV. — Les nations *neutres* ont le droit de faire respecter leur neutralité, et le devoir de la respecter elles-mêmes en s'abstenant de tout acte d'hostilité.

Elles doivent aussi user de tout leur crédit pour ramener la paix.

Ouvrages à consulter :

Cicéron, *Traité des Devoirs.* (L. I, ch. xi, xiii.)
Émile Beaussire, *Les Principes du droit.* (L. II, ch. v.)
Paul Janet, *Histoire de la Science politique.*

CINQUIÈME PARTIE

DEVOIRS PERSONNELS

VINGT-UNIÈME LEÇON

DEVOIR DE CONSERVATION PERSONNELLE
LE SUICIDE

Sommaire. — I. L'hygiène et la morale. — II. L'ascétisme. — III. Le suicide.

I. — L'HYGIÈNE ET LA MORALE

Nous avons dit comment il est possible que l'homme ait des devoirs envers lui-même. Être libre, il peut orienter sa conduite comme il lui plaît, vers le bien ou vers le mal, imprimer telle ou telle direction à ses facultés.

Le premier devoir de l'homme envers lui-même est de se conserver. Il doit vivre, parce que la vie est la première condition du devoir, à moins qu'un devoir supérieur ne lui commande d'en faire le sacrifice : tel est, par exemple, le cas du soldat en présence de l'ennemi.

Se conserver, c'est donner à son corps la nourriture suffisante, ne pas l'affaiblir ou le mutiler volontairement, éviter les causes de destruction et de maladie, se soigner quand on est malade. Le meilleur moyen d'entretenir la santé est d'observer les règles de l'hygiène. L'hygiène devient ainsi, comme le pensaient quelques anciens, une partie de la morale. Tout homme doit acquérir une connaissance au moins élémentaire de ses préceptes, et les appliquer rigoureusement.

Un exercice modéré du corps, la promenade, la gymnastique, sont parmi les moyens les plus efficaces de conserver le corps sain et de le rendre vigoureux. Les anciens donnaient à la gymnastique, dans l'éducation, une importance qu'elle a malheureusement perdue de nos jours. Ils avaient compris que la vigueur physique est une condition de courage, qu'une intelligence lucide et prompte, une volonté énergique, une humeur enjouée, bienveillante, une disposition générale à regarder la vie comme un bien, et à remplir allègrement toutes les obligations qu'elle impose, sont en grande partie la conséquence du bon état des organes. *Une âme saine dans un corps sain*, fut un de leurs dictons.

Ajoutons la vieillesse affranchie d'infirmités, capable de continuer les occupations et les devoirs de l'âge mûr, l'homme plus longtemps utile à lui-même et aux autres, la famille conservant malgré les ans, un protecteur efficace, l'État un bon citoyen; l'exemple salutaire d'une belle vie supportant sans fléchir le poids de près d'un siècle; — et l'on reconnaîtra que l'hygiène et la gymnastique, pratiquées avec méthode et persévérance, deviennent quelque chose comme des vertus.

L'homme devra donc éviter les excès de travail, les veilles, qui compromettent la santé; un travail modéré, s'il est régulièrement fait chaque jour, est plus efficace et vient plus sûrement à bout des tâches les plus lourdes. A notre époque, beaucoup de gens, emportés par une activité fiévreuse, une ambition maladive, veulent faire tenir en quelques années des travaux qui demanderaient toute une vie. Ils manquent gravement au devoir de conservation personnelle. Ils risquent d'épuiser sans ressource des facultés surmenées, de ruiner pour toujours l'instrument matériel de l'intelligence, de mourir au moment même de toucher le but.

II. — L'ASCÉTISME

Nous blâmerons aussi les pratiques de l'ascétisme quand elles peuvent porter une atteinte sérieuse à la santé. La terre classique de l'ascétisme, c'est l'Inde; les anachorètes, ou *rishis*, s'imposent des pénitences prodigieuses, croyant arriver par là à une sainteté qui leur donne une puissance égale ou supérieure à celle des dieux. L'un tient ses bras toujours en l'air, l'autre se tient sur un pied, le bout seul de l'orteil appuyé sur le sol, « n'ayant pour aliment que le souffle des vents, sans abri, immobile comme un tronc d'arbre, debout, privé de sommeil et le jour et la nuit. » Le code de Manou recommande « que l'anachorète se roule sur la terre ou qu'il se tienne sur la pointe des pieds durant toute la journée; que dans les chaleurs de l'été il s'entoure de cinq feux; que dans la saison des pluies il s'expose sans abri aux nuages; que dans la saison froide il porte des vêtements humides et s'inflige des pénitences de plus en plus terribles, etc. »

Ces pratiques sont aussi extravagantes que coupables. Croire de même, avec certains chrétiens[1], que la divinité se complaît dans les souffrances de ses créatures, ce n'est pas là s'en faire une idée qui soit conforme à sa bonté. Il est vrai que souvent l'ascétisme se propose de fortifier la volonté et de combattre les passions; en ce cas, l'intention peut être louable. Mais on peut réprimer les passions sans pour cela torturer le corps, et la volonté peut assurer son empire par une discipline morale et de bonnes habitudes qui ne compromettent pas l'existence ou l'intégrité de l'instrument matériel dont elle ne saurait se passer ici-bas.

III. — LE SUICIDE

Le devoir de conservation personnelle est la condamnation directe du suicide. Celui qui attente à sa propre

---

[1]. Les premiers solitaires chrétiens poussèrent aussi loin la haine du corps et la soif des souffrances volontaires. Les uns se chargeaient de lourdes chaînes, d'autres n'avaient en toute saison pour vêtements que leurs longs cheveux. En Thessalie des bandes de moines, au témoignage de saint Éphrem, broutaient l'herbe des champs. On inventait des cellules où l'on pût, dans la situation la plus gênante possible, être exposé à toutes les intempéries. A en croire la légende, saint Siméon Stylite demeura plusieurs années debout sur une colonne.

vie est un déserteur du poste où la loi morale l'a placé. En effet, si la loi morale veut être obéie absolument et sans condition, nous n'avons pas le droit de fixer nous-mêmes le terme de notre obéissance.

L'homme étant naturellement attaché à la vie, n'en arrive d'ordinaire à cette extrémité du suicide que poussé par le désespoir. Ou il est atteint de maux incurables, ou il a vu se briser toutes les affections qui lui faisaient supporter l'existence, ou la ruine, la misère ne lui laissent d'autre perspective que la mort lente, horrible, par la faim. Il aime mieux en finir tout d'un coup, sans trop souffrir, et il se tue.

Certes une immense pitié est due à ces infortunées victimes. Il est facile de leur jeter le reproche de lâcheté quand soi-même on est heureux; qu'on se mette par la pensée à leur place, qu'on se représente leurs angoisses au moment suprême, avant de les juger en toute rigueur. Mais il est toujours permis de dire qu'elles ont manqué de courage. S'il en faut pour s'arracher la vie, il en faut plus encore pour la supporter. Et, encore une fois, le droit nous est refusé d'abréger l'épreuve : le devoir veut être accompli jusqu'au bout, et il y a toujours possibilité d'accomplir un devoir; si l'on ne peut plus jouer un rôle utile pour soi-même, la souffrance vaillamment subie nous confère un mérite qui augmente notre perfection morale; n'est-ce pas tout le devoir, que de devenir plus parfaits? Si l'on ne peut plus rendre aucun service aux siens, à la société, à la patrie, on peut encore donner l'exemple de la résignation, et cela est un bienfait à autrui. Sans compter que l'exemple du suicide est très probablement contagieux, et qu'une société où il devient fréquent est bien près de mourir.

Même au point de vue de l'égoïsme, on a toujours tort de désespérer de la vie. Il semble que le malheur ait comblé sa mesure, et qu'il soit sans remède : qui sait si l'avenir ne nous réserve pas d'heureuses compensations? Cette maladie est incurable; mais on peut découvrir un traitement qui la guérisse. Le travail manque, le pain manque; mais une main généreuse peut venir inopinément au secours de cette misère. Ce fils était toute ma vie, lui mort, je n'ai plus qu'à mourir; mais le temps adoucit toute douleur, et tant qu'on y peut faire du bien, la vie tient en réserve de précieuses joies. Et l'on y peut toujours faire du bien, ne fût-ce, avons-nous dit, que le bien de l'exemple.

Ceux que nous ne plaindrons pas, et que nous flétrirons comme des lâches, ce sont ceux qui rejettent la vie sans avoir l'excuse d'un suprême désespoir, par désœuvrement, par ennui, parce qu'ils ont épuisé hâtivement tous les plaisirs, et que c'est toujours la même chose. Ceux-là mériteraient d'avoir connu les vraies douleurs; peut-être se seraient-ils attachés à l'existence par la souffrance même. Mais il est à penser qu'ils sont incapables d'en connaître jamais le prix. Ils ne lui demandent que des voluptés toujours nouvelles; rien d'étonnant qu'elle leur semble fade. Elle n'est pas un perpétuel délire, elle est chose sérieuse et grave, non passe-temps de débauché. Il ne faut pas même lui demander le bonheur; elle ne le promet pas; elle ne promet, à qui veut les conquérir, que les joies de la vertu, insuffisantes souvent pour être heureux. La vie, c'est le devoir; il faut la prendre comme telle; et, même remplie de toutes les amertumes, abreuvée de toutes les douleurs physiques et morales, elle est obligatoire absolument, sans condition, comme le devoir même.

La foi en l'existence d'une Providence fournit un dernier motif pour condamner le suicide. Si Dieu nous a créés, nous a assigné sur terre une destinée à remplir, lui seul a le droit de nous rappeler, quand il le juge bon, et le suicide devient ainsi une révolte sacrilège contre la volonté divine. Même chez les païens, quelques philosophes l'avaient ainsi compris : « Nous sommes ici-bas comme dans un poste, dit Platon, et il nous est défendu de le quitter sans permission. Les hommes appartiennent aux dieux... Si l'un de tes esclaves, qui t'appartiennent aussi, se tuait sans ton ordre, ne te mettrais-tu pas en colère contre lui, et ne le punirais-tu pas rigoureusement? Sous ce point de vue, il n'est donc point déraisonnable de dire que l'homme ne doit pas sortir de la vie avant que Dieu ne lui envoie un ordre formel. »

« Toi qui crois Dieu existant, l'âme immortelle, et la liberté de l'homme, s'écrie Rousseau, tu ne penses pas, sans doute, qu'un être intelligent reçoive un corps, et soit placé sur la terre au hasard, seulement pour vivre, souffrir et mourir? Il y a bien peut-être à la vie humaine un but, une fin, un objet moral...

« Il t'est donc permis, selon toi, de cesser de vivre? Je voudrais bien savoir si tu as commencé. Quoi! fus-tu placé sur terre pour n'y rien faire? Le ciel ne t'impose-t-il pas avec la vie une tâche pour la remplir?... Quelle réponse tiens-tu prête au juge suprême qui te demandera compte de ton temps? Parle, que lui diras-tu?...

« Tu comptes les maux de l'humanité; tu ne rougis pas d'épuiser des lieux communs cent fois rebattus, et tu dis : La vie est un mal. Mais regarde, cherche dans l'ordre des choses si tu y trouves quelques biens qui ne soient point mêlés des maux. Est-ce donc à dire qu'il n'y ait aucun bien dans l'univers? et peux-tu confondre ce qui est mal par sa nature avec ce qui ne souffre le mal que par accident?... La vie est un mal pour le méchant qui prospère, et un bien pour l'honnête homme infortuné...

« Tu t'ennuies de vivre, et tu dis : La vie est un mal. Tôt ou tard tu seras consolé, et tu diras : La vie est un bien. Tu diras plus vrai sans mieux raisonner; car rien n'aura changé que toi. Change donc dès aujourd'hui; et puisque c'est dans la mauvaise disposition de ton âme qu'est tout le mal, corrige les affections déréglées, et ne brûle pas ta maison pour n'avoir pas la peine de la ranger...

« La peine et le plaisir passent comme une ombre; la vie s'écoule en un instant; elle n'est rien par elle-même; son prix dépend de son emploi.

« Le bien seul qu'on a fait demeure, et c'est par lui qu'on est quelque chose.

« Ne dis donc plus que c'est un mal pour toi de vivre, puisqu'il dépend de toi seul que ce soit un bien... Ne dis pas non plus qu'il t'est permis de mourir, car autant vaudrait dire qu'il t'est permis de n'être pas homme, qu'il t'est permis de te révolter contre l'auteur de ton être, et de tromper ta destination...

« Qui es-tu ? qu'as-tu fait ? Crois-tu t'excuser sur ton obscurité ? Ta faiblesse t'exempte-t-elle de tes devoirs ? et pour n'avoir ni nom ni rang dans ta patrie, en es-tu moins soumis à ses lois ? Il te sied bien d'oser parler de mourir, tandis que tu dois l'usage de la vie à tes semblables ! Apprends qu'une mort telle que tu la médites est honteuse et furtive ; c'est un vol fait au genre humain. Avant de le quitter, rends-lui ce qu'il a fait pour toi. — Mais je ne tiens à rien... je suis inutile au monde. — Philosophe d'un jour ! ignores-tu que tu ne saurais faire un pas sur la terre sans y trouver quelque devoir à remplir, et que tout homme est utile à l'humanité par cela même qu'il existe ?

« S'il te reste au fond du cœur le moindre sentiment de vertu, viens que je t'apprenne à aimer la vie. Chaque fois que tu seras tenté d'en sortir, dis en toi-même : Que je fasse encore une bonne action avant que de mourir. Puis va chercher quelque indigent à secourir, quelque infortuné à consoler, quelque opprimé à défendre... Si cette considération te retient aujourd'hui, elle te retiendra encore demain, après-demain, toute ta vie. Si elle ne te retient pas, meurs : tu n'es qu'un méchant[1]. »

1. ROUSSEAU, *Julie*.

RÉSUMÉ

I. — Le premier devoir de l'homme envers lui-même est de se conserver par la pratique de toutes les règles de l'*hygiène*, dont l'observation devient ainsi une des prescriptions de la morale.

Il convient de revenir aux habitudes des anciens, qui accordaient une grande importance aux exercices du corps. La santé du corps influe puissamment sur celle de l'âme.

Un travail modéré mais régulier vaut mieux, au point de vue de la santé et des résultats, qu'une activité fiévreuse et surmenée, qui, dans un bref délai, aboutit à l'impuissance.

II. — L'*ascétisme* est louable quand, sans compromettre la santé et l'intégrité de la vie physique, il se propose de fortifier la volonté et de combattre les passions. Dans tous les autres cas, il est coupable et extravagant.

III. — Le devoir de conservation personnelle est la condamnation directe du *suicide*. Nous n'avons pas le droit de déserter le poste où la loi morale nous a placés.

Ceux qui se sont donné la mort parce qu'ils ont cru ne plus pouvoir supporter le poids de leurs malheurs sont dignes de pitié; mais on ne peut les approuver. Ils ont manqué de courage. D'ailleurs il est bien rare que l'homme se trouve dans une situation telle qu'elle ne laisse place à aucune espérance. Enfin un dernier devoir reste toujours à remplir : celui qui consiste à donner l'exemple de la lutte contre le malheur, ou de la résignation.

Mais le suicide est particulièrement coupable chez ceux qui abandonnent la vie par dégoût, parce qu'ils en ont épuisé hâtivement tous les plaisirs. Il faut accepter la vie, même malheureuse, comme le devoir, c'est-à-dire sans condition.

La foi en l'existence d'une providence fournit un dernier argument contre le suicide : c'est se révolter contre la volonté divine que de ne pas accomplir jusqu'au bout la destinée qu'elle impose.

Ouvrages à consulter :

Jules Simon, *Le Devoir*. (4ᵉ partie, ch. ii.)
Paul Janet, *La Philosophie du bonheur*.
Marion, *Leçons de morale*. (16ᵉ leçon.)

VINGT-DEUXIÈME LEÇON

PRINCIPALES FORMES DU RESPECT DE SOI-MÊME

Sommaire. — I. Caractère de l'homme qui se respecte lui-même. — II. Conduite de l'homme qui se respecte lui-même. — III. Le sentiment de l'honneur. — IV. La tempérance. — V. Effets de la tempérance.

I. — CARACTÈRE DE L'HOMME QUI SE RESPECTE LUI-MÊME

La personne morale, nous l'avons vu, a droit au respect. Nous devons la respecter chez les autres, nous devons la respecter en nous-mêmes.

Qu'est-ce que se respecter soi-même? Ce n'est pas avoir une sorte d'idolâtrie vaniteuse et sotte pour les avantages extérieurs que l'on croit posséder : beauté, rang, fortune. Ce n'est pas non plus admirer son esprit, son intelligence, se plaire dans la contemplation de son propre mérite, faire sans cesse le tour de ses perfections.

Ce n'est pas non plus affecter une dignité pédantesque, peser ses moindres paroles, composer son maintien, tenir les autres à distance, comme indignes que l'on fréquente avec eux. Le véritable respect de soi-même suppose au contraire, non seulement le naturel, l'affabilité, la bienveillance, mais encore la modestie et l'humilité.

En effet, celui qui se respecte craint de profaner en soi l'idéal moral dont il a conscience et qu'il s'efforce de réaliser par ses sentiments, ses résolutions et sa conduite. Il se compare toujours intérieurement à ce qu'il devrait être, et plus son idéal est élevé, plus il connaît qu'il en est encore éloigné. De là une perpétuelle leçon de modestie, de là l'humilité véritable, celle qui n'est ni bassesse, ni dissimulation d'orgueil. De là aussi l'indulgence et la charité pour autrui; car se sentir imparfait, c'est pardonner aux autres leurs imperfections; bien plus c'est les aimer malgré leurs défauts, pour mériter d'être aimé soi-même, malgré ceux qu'on a.

L'homme qui se respecte lui-même veille sur ses moindres pensées. Il ne s'abandonne pas aux caprices frivoles de l'imagination, encore moins s'arrête-t-il avec complaisance, ne dût-il jamais les traduire par ses actes, à des désirs déshonnêtes ou coupables. Il établit une exacte discipline au dedans de soi. Même quand son intelligence se donne quelque repos, il l'occupe de choses intéressantes et élevées: réflexions morales, souvenirs des chefs-d'œuvre de l'art ou des spectacles de la nature, récitation mentale de beaux vers, etc. Un moraliste moderne recommande de penser de préférence aux choses qui nous sont agréables; c'est un excellent précepte, et il est praticable, quoique l'on prétende souvent, à tort, qu'on n'est pas, comme on dit, maître de ses pensées. Il faut seulement que ces choses agréables soient approuvées par la raison et conformes à la moralité. Avec cette réserve, on devra faire son possible pour s'entretenir toujours dans un état de joie intérieure. La joie ainsi comprise est comme la bonne santé de l'âme : elle est une force dans la vie, et souvent une condition de succès. « Lorsque l'esprit est plein de joie, dit Descartes, cela sert beaucoup à faire que le corps se porte mieux et que les objets présents paraissent plus agréables; et même aussi, j'ose croire que la joie intérieure a quelque secrète force pour se rendre la fortune plus favorable... Les expériences sont : que j'ai souvent remarqué que les choses que j'ai faites avec un cœur gai et sans aucune répugnance intérieure ont coutume de me succéder heureusement, jusque-là même que dans les jeux de hasard, où il n'y a que la fortune seule qui règne, je l'ai toujours éprouvée plus favorable, ayant d'ailleurs des sujets de joie, que lorsque j'en avais de tristesse. Et ce qu'on nomme communément le génie de Socrate n'a sans doute été autre chose, sinon qu'il avait accoutumé de suivre ses inclinations intérieures, et pensait que l'événement de ce qu'il entreprenait serait heureux lorsqu'il avait quelque sentiment de gaîté, et au contraire qu'il serait malheureux lorsqu'il était triste[1]. »

Se respecter soi-même, c'est donc s'interdire d'abord la tristesse qui déprime à l'excès, et qui n'a pour cause que les légers mécomptes de la vie. On ne sera pas pour

---

1. Lettre à la princesse Élisabeth, édit. Garnier, t. III, p. 227-228.

cela insensible aux grands chagrins, mais là encore, on saura les tempérer par une mâle résignation. On ne sera pas non plus insensible à ses propres fautes ; on devra même entretenir en soi-même la salutaire tristesse de repentir ; mais il faut qu'elle s'accompagne du désir de se relever et de la joie fondée sur le ferme propos de devenir meilleur.

Dans ses paroles, l'homme qui se respecte lui-même observera toujours les règles de la plus scrupuleuse bienséance : ni mots grossiers, ni plaisanteries vulgaires, ni grands éclats de voix, ni détails interminables sur ce qui n'intéresse que lui. Le bon ton, la discrétion sont des formes très délicates du respect de soi-même qui se confond ici avec le respect d'autrui.

II. — CONDUITE DE L'HOMME QUI SE RESPECTE LUI-MÊME

Dans sa conduite, celui qui se respecte lui-même s'abstiendra de toute démarche humiliante, de ces sollicitations qui espèrent conquérir par l'importunité ce qui n'est dû qu'au mérite, de la flatterie envers les gens puissants ou influents, des complaisances serviles. S'il est employé, fonctionnaire, il attendra silencieusement de l'équité de ses chefs l'avancement qui lui est dû. Il lui répugnera de se poser en victime de l'injustice, sachant que chacun est d'ordinaire mauvais juge de sa propre valeur.

Il n'ira pas pour cela jusqu'à l'abandon de ses droits. C'est encore se respecter soi-même que de défendre contre la fraude ses intérêts légitimes. On le doit pour deux raisons : la première c'est que le respect de soi-même implique l'obligation de se faire respecter par autrui; la seconde, c'est qu'on se rend en quelque sorte complice de la perversité des autres en l'encourageant par une coupable indifférence.

L'homme qui se respecte lui-même sera jaloux de sa liberté. Il ne se laissera enrôler dans aucune coterie; il se gardera des promesses téméraires, des engagements qu'il n'est pas sûr de pouvoir remplir. Il ne se mettra jamais dans l'impossibilité de dire franchement ce qu'il pense, quand la franchise est un devoir.

Au point de vue physique, le respect de soi-même exige la plus minutieuse propreté, un habillement aussi éloigné de la négligence que de la recherche, une démarche tranquille, des gestes sobres, une certaine réserve qui n'exclue d'ailleurs ni la politesse ni la cordialité. Les anciens regardaient volontiers le rire comme indigne de l'homme qui a souci de sa dignité. Nous n'irons pas jusque-là. Le gros rire qui éclate à tout propos n'est guère, sans doute, que l'épanouissement de la sottise heureuse d'elle-même; mais le rire des honnêtes gens, comme on disait au xviie siècle, est légitime et sain. Il est l'indice de cette joie, dont nous parlions tout à l'heure, et qui est une force, presque une vertu. Il est une détente pour l'esprit, une vengeance innocente contre certains ridicules, une saillie sonore du bon sens. Le rire de Rabelais et de Molière est peut-être la plus haute expression de notre génie national. Le rire de la bonne gaieté française est notre meilleure sauvegarde contre le pessimisme, le fanatisme, le pédantisme, l'hypocrisie, toutes importations du dehors, si répugnantes à notre caractère. Il soutient nos soldats au milieu des épreuves de la guerre, et ses éclats joyeux accompagnent encore nos tambours battant la charge.

III. — LE SENTIMENT DE L'HONNEUR

Le respect de soi-même est très voisin du sentiment de l'honneur; mais il le dépasse par sa hauteur morale. Le sentiment de l'honneur, tel qu'on l'entend ordinairement, est sans doute respectable, parce qu'il préserve de certaines bassesses; mais il s'y mêle trop souvent une forte dose de vanité, et il a parfois une condescendance excessive pour les préjugés mondains. Par respect pour soi-même, un honnête homme peut dédaigner certaines insultes, jugeant qu'il serait diminué à ses propres yeux s'il s'abaissait jusqu'à les relever; mais le sentiment de l'honneur exigera une réparation par les armes, et il approuvera le duel, que la morale réprouve. Le sentiment de l'honneur veut qu'une dette de jeu soit religieusement payée; l'homme qui se respecte ne jouera pas, parce qu'il trouve indigne de lui de perdre de l'argent sans profit, ou d'en gagner sans travail. Mais quand il est éclairé, purifié par l'idée du devoir, le sentiment de l'honneur devient alors le sentiment de la dignité personnelle, et il se confond avec le respect de soi-même.

Le respect de soi-même contient, on peut le dire, toutes les vertus qui résultent de l'accomplissement des devoirs de l'homme envers lui-même. Nous avons expliqué comment il est possible que l'homme ait de tels devoirs. Les vertus principales qui en sont la conséquence sont la tempérance, la prudence, le courage.

IV. — LA TEMPÉRANCE

Des besoins impérieux portent l'homme, comme les animaux, à manger quand il a faim, à boire quand il a soif. Rien n'est plus légitime que de les satisfaire : il y a même obligation morale, puisque l'homme est tenu de conserver sa vie aussi longtemps qu'un devoir supérieur ne lui en impose pas le sacrifice. Il éprouve du plaisir à apaiser sa faim et sa soif; ce plaisir est aussi légitime : c'est en quelque sorte un don que nous fait la nature, et nous pouvons l'accepter sans scrupule. Il n'en va plus de même quand nous mangeons au delà de notre faim, pour le seul plaisir que causent des aliments agréables au goût; quand surtout nous mangeons à l'excès, au risque d'une indisposition, et que nous compromettons santé, intelligence, fortune, par l'abus habituel de la bonne chère. De même si nous nous adonnons à l'usage immodéré du vin et des liqueurs fortes.

La gourmandise, l'ivresse : est-il vices plus méprisables, et qui dégradent davantage l'être humain à ses propres yeux comme à ceux d'autrui? La vertu qui consiste en général à combattre les exigences grossières de la sensualité s'appelle la tempérance.

Le tempérant est donc celui qui ne prend des plaisirs

du corps que ce qui est indispensable à la conservation et à l'équilibre de la vie physiologique. Il mange pour subsister, sans se soucier de la délicatesse raffinée de la nourriture; il s'abstient de liqueurs fortes, car il sait, par l'hygiène, que même en petites quantités, elles sont toujours dangereuses, un attrait insensible pouvant conduire à augmenter peu à peu la dose. Mais la tempérance va plus loin. Elle est sans cesse en éveil pour empêcher le plaisir de prendre trop d'empire sur l'âme, pour prévenir la mollesse et l'engourdissement qui résultent d'un excès de bien-être. Il est agréable de faire la grasse matinée dans un lit moelleux : la tempérance n'accorde de sommeil que le strict nécessaire, et bon gré mal gré, dès la première heure, met debout le paresseux pour la tâche quotidienne. Si l'on savait ce que contient de santé, de travail fécond, cette habitude, prise dès l'enfance, d'être tempérant en fait de sommeil !

La tempérance consiste également à supporter sans se plaindre, et sans en trop souffrir, les privations. Les anciens recommandaient de façonner le corps à endurer la faim, la soif, le froid, le chaud, la fatigue, l'insomnie; des épreuves, souvent cruelles, étaient imposées aux enfants, pour les préparer au métier de soldats. Notre éducation moderne répugne à ces violences. L'hygiène, et plus encore la douceur de nos mœurs nous interdisent cette impitoyable discipline qui fit les Spartiates et les vieux Romains. N'oublions pas cependant que tous, aujourd'hui, doivent le service militaire; qu'à la guerre, on ne mange pas toujours à heure fixe, ni selon sa faim, qu'il faut faire souvent de longues étapes, sous un soleil ardent, ou bivouaquer sur la neige, et qu'ainsi, sans aller jusqu'aux rigueurs parfois meurtrières de la tempérance antique, il serait bon de ne pas trop négliger, même en ses prescriptions les plus dures, cette mâle vertu qui rend les peuples victorieux.

V. — EFFETS DE LA TEMPÉRANCE

Elle porte d'ailleurs avec elle sa récompense. Pratiquée de bonne heure, elle assouplit et fortifie le corps, elle le soustrait à mille causes de souffrances et de maladies. Elle fortifie la volonté, ou plutôt elle est elle-même une manifestation énergique et persévérante de la volonté qui, dans ce triomphe sur le corps, trouve un surcroît de puissance qu'elle applique ensuite où et comme il lui plaît. Un corps robuste, peu exigeant, souple et docile aux ordres de l'âme, est un admirable instrument pour l'intelligence et l'activité morale : c'est une condition, et non la moins importante, de joie, de confiance, de succès. C'est la liberté conquise par la soumission du plus incommode des serviteurs. C'est aussi un témoignage du respect que la personne se doit à elle-même : car quelle misère et quelle humiliation pour qui doit être raisonnable et libre que d'avoir trop à compter avec l'organisme, ses grossiers appétits et ses aveugles résistances ! Platon avait défini l'homme : une âme qui se sert du corps. Cette définition exprime moins ce qui est réellement que ce qui devrait être. La tempérance fait de cet idéal une réalité. L'homme, grâce à elle, devient véritablement une âme qui se sert du corps; nous ajouterons : en vue de pratiquer toujours et avec le moins d'efforts possibles la loi du devoir.

Les anciens disaient avec raison que la tempérance est un assaisonnement délicat pour les plaisirs même dont elle combat l'excès. Nous savons, en effet, combien, pour ce qui concerne les jouissances corporelles, la satiété arrive promptement; et la satiété, c'est l'insensibilité, c'est le dégoût. Au contraire, l'homme frugal, sobre, dur à son corps, se ménage la possibilité de plaisirs, d'autant plus vivement sentis, qu'il se les accorde plus rarement. Et ainsi, même au point de vue du bien-être égoïste, la tempérance est un bon calcul.

Condition de force, de santé, de plaisirs même, la tempérance l'est également de longue vie. Apprise dès l'enfance, elle prépare ces belles et vertes vieillesses devant lesquelles on s'incline avec une respectueuse admiration. Elle assure, jusqu'aux limites les plus reculées de l'existence humaine, l'intégrité des facultés intellectuelles et morales, conserve à la famille, pour de longs jours, son chef tout entier, à l'État un citoyen plein d'expérience, exemple vénérable, pour les générations nouvelles, de ce que peut la volonté. Elle fournit enfin comme une preuve sensible de l'indépendance presque souveraine de l'âme à l'égard du corps, et par là, fait pressentir les destinées immortelles de l'une, en dépit de la destruction de l'autre.

Nous terminerons cette leçon par quelques-unes des paroles que Xénophon prête à Socrate. « Citoyens, disait-il, s'il nous survenait une guerre et que, voulant choisir un homme capable, avant tout, de nous sauver, nous en connussions un qui fût esclave de son ventre, du vin, de la mollesse et du sommeil, irions-nous le choisir? Comment pourrions-nous supposer qu'un pareil homme nous sauvât et triomphât de nos ennemis? Si nous voulions, à la fin de notre vie, confier à quelqu'un l'éducation de nos garçons, la garde de nos filles, le soin de notre bien, croirions-nous l'homme intempérant digne d'une telle confiance? Donnerions-nous à un esclave intempérant la garde de nos troupeaux, de nos greniers, la surveillance de nos travaux? L'accepterions-nous, même gratuitement, comme intendant et comme pourvoyeur? Ainsi puisque nous ne voudrions pas d'un esclave intempérant, comment n'attacherions-nous pas de l'importance à nous défendre de lui ressembler? En effet, on ne peut pas dire que... l'intempérant soit nuisible aux autres, mais utile à lui-même; au contraire, s'il fait du mal aux autres, il s'en fait plus encore, puisque ce qu'il y a de plus pernicieux, c'est de ruiner, en même temps que sa maison, son corps et son esprit. Et dans le commerce de la vie, peut-on se plaire avec un homme qui préfère à ses amis le vin et la bonne chère?... N'est-ce pas un devoir, pour quiconque regarde la tempérance comme la base de la vertu, de l'affermir d'abord dans son âme? Sans elle, comment apprendre le bien et le pratiquer dignement? Quel homme, esclave de ses passions, ne dégrade pas honteusement son corps et son âme ? » [1]

RÉSUMÉ

I. — *Se respecter*, ce n'est pas admirer ses propres qualités physiques ou intellectuelles, purs dons de la nature ; ce n'est pas non plus affecter une dignité tout extérieure, pédantesque.

L'homme qui a réellement le respect de lui-même se compare à l'idéal conçu par sa conscience, et cette comparaison lui conseille la modestie pour lui-même, l'indulgence à l'égard d'autrui.

Il ne se permet ni un acte, ni même une pensée déshonnêtes. S'arrêtant de préférence sur des pensées agréables, que la raison et la morale approuvent, il entretient en lui la bonne humeur, qui est la santé de l'âme.

Il surveille son langage pour ne laisser échapper aucune grossièreté, pour ne blesser aucune convenance.

II. — L'homme qui se respecte s'abstient de toute démarche humiliante, de toute flatterie ou complaisance servile. Il ne se pose pas volontiers en victime de l'injustice ; mais il sait au besoin défendre ses droits. Il est jaloux de son indépendance ; il ne fait pas de promesses qu'il ne pourrait tenir ; il pratique la franchise à l'égard de tous. Sa bonne humeur ne se tra-

---

1. XÉNOPHON, *Mémorables*, trad. de M. Talbot. L. Ier, ch. v.

duit point par des éclats bruyants, mais il a la gaieté discrète, « le rire des honnêtes gens ».

III. — Le *sentiment de l'honneur* est moralement inférieur au respect de soi-même : les manifestations de ce sentiment dans la vie mondaine, les actions qu'il impose ou approuve, l'établissent surabondamment. Mais, éclairé, purifié par l'idée du devoir, il devient le sentiment de la *dignité personnelle,* et se confond avec le respect de soi-même.

Les principales vertus qui sont la conséquence du respect de soi-même sont la tempérance, la prudence, le courage.

IV. — La *tempérance* est la vertu qui consiste en général à combattre les exigences grossières de la sensibilité. Les exigences de la vie physique obligent à boire et à manger, et le plaisir modéré qui accompagne ces fonctions est légitime. Poussé à l'excès, il devient l'ivrognerie et la gourmandise, vices méprisables et dégradants.

La tempérance combat aussi la mollesse et la paresse. Elle consiste également à supporter les privations sans se plaindre et sans trop souffrir.

V. — La tempérance produit d'ailleurs les plus heureux effets. Elle assouplit le corps et prévient les maladies ; elle fortifie la volonté, et, par la volonté, le corps devient le serviteur docile de l'âme, l'esprit triomphe de la matière.

Cette vertu, en prévenant la satiété et le dégoût, est même un assaisonnement délicat pour les plaisirs des sens dont elle combat les excès.

Enfin, grâce à la tempérance, l'homme prolonge son existence, tout en conservant l'intégrité de ses facultés intellectuelles pour son plus grand bien, et pour le bien de sa famille et de la société. La tempérance est comme une démonstration indirecte de la spiritualité de l'âme.

Ouvrages à consulter :

Cicéron, *Traité des Devoirs*. (L. I, ch. XXIV, XXXII.)
Paul Janet, *La Philosophie du bonheur*.
Ad. Franck, *La Morale pour tous*.

VINGT-TROISIÈME LEÇON

PRINCIPALES FORMES DU RESPECT DE SOI-MÊME (suite).

Sommaire. — I. La prudence. Comment elle est une vertu. — II. Dispositions et conduite de l'homme prudent. — III. Le courage. — IV. Courage militaire. — V. Courage civil. — VI. Courage pour supporter les épreuves de la vie. — VII. Courage en face de la mort.

I. — LA PRUDENCE. COMMENT ELLE EST UNE VERTU

On peut se demander si la prudence est une vertu. Les anciens le pensaient, et souvent même ils en faisaient la première de toutes et ramenaient les autres à celle-là. Il est vrai qu'ils n'entendaient pas par le mot *prudence* la même chose que nous. La prudence était pour eux la sagesse, c'est-à-dire l'état d'une âme en pleine possession de la vérité morale, de la notion véritable de ce qui constitue la perfection et le bonheur de l'homme. Et quelques-uns pensaient que cette connaissance suffit pour être vertueux, que lorsqu'on connaît le bien, on ne peut manquer de le pratiquer. En cela ils se trompaient. L'intelligence n'est pas en effet la même chose que la volonté. L'homme peut choisir le mal, tout en sachant que c'est le mal et qu'il devrait faire un autre choix. Autrement, on ne saurait lui imputer la responsabilité de ses fautes.

Pour nous, le mot *prudence* désigne cette vertu qui consiste à agir toujours conformément à son intérêt bien entendu. Et voilà pourquoi on peut se demander si c'est là une vertu. Nous l'avons dit, l'intérêt ne se confond pas avec le devoir, il n'a pas comme celui-ci le caractère d'obligation. Obéir à son intérêt c'est être un égoïste, et l'égoïste est tout le contraire de l'homme vertueux.

Mais on peut, par devoir même, prendre soin de ses intérêts propres et rechercher l'utile. Nous sommes sur terre pour y remplir une destinée. Cette destinée, c'est sans doute de faire le bien moral : mais il est des conditions, matérielles en quelque sorte, de l'existence, que nous ne pourrions négliger sans compromettre cette existence, et avec elle notre destinée elle-même. Nous devons en conséquence, rechercher la richesse, dans la mesure où elle assure la vie du corps et aussi l'indépendance au sein de la société. Nous devons prendre une carrière, la suivre et tâcher d'y conquérir la position méritée par notre travail ou nos talents. Ce sont là véritablement des devoirs envers nous-mêmes, car il est obligatoire de ne négliger aucun des moyens d'obtenir une influence, une autorité que nous mettrons ensuite au service de la justice et de l'intérêt public.

Une telle conduite diffère de celle de l'égoïste, en ce que les motifs sont différents. Dans le premier cas, nous travaillons pour nous, parce que c'est un devoir pour l'homme de se donner toute la *valeur sociale* dont il est capable. Dans le second, nous travaillons pour nous, mais sans autre motif que celui de satisfaire notre vanité, notre ambition, notre cupidité, notre amour des plaisirs sensibles et du bien-être. La morale, au fond, dans le train ordinaire de la vie, dicte à l'homme la même conduite que l'intérêt bien entendu; seulement si elle lui commande les mêmes choses, c'est pour des raisons tout autres, et au nom d'un idéal que l'égoïsme ne connaît pas.

La prudence est donc une vertu. Être prudent, c'est se conduire dans la vie au mieux de ses intérêts, et nous ajouterons maintenant : pourvu qu'en agissant ainsi on se propose véritablement de remplir un devoir.

II. — DISPOSITIONS ET CONDUITE DE L'HOMME PRUDENT

La prudence est surtout nécessaire dans la jeunesse. C'est l'âge des passions, et les passions ont l'oreille fermée au langage de la prudence. Les jeunes gens devront donc, au défaut de l'expérience qui leur manque, avoir recours à celle des hommes mûrs et des vieillards. Ils écouteront docilement les conseils, les solliciteront au besoin. Ils réfléchiront surtout avant de prendre quelqu'une de ces résolutions qui engagent parfois toute une vie : comme le choix d'une profession, le mariage. Ils réfléchiront, disons-nous; car s'il est bon de demander conseil, il ne l'est pas de s'en rapporter aveuglément aux avis des autres. Il faut se décider par soi-même, et pour cela, peser le pour et le contre, délibérer sérieusement et longuement.

La prudence fait un devoir de ne pas compromettre sa fortune, sa santé, sa vie, quand cela n'est pas nécessaire. Une inspiration généreuse n'a tout son prix que quand l'objet en vaut la peine. Alors, il ne faut plus compter. Un sacrifice a vraiment tout son mérite s'il est médité, voulu, si l'on en a pesé toutes les conséquences. La prudence sait au besoin se dévouer; mais elle sait ce qu'elle fait, son abnégation est d'autant plus touchante. Elle ne sera pas exposée à des regrets trop tardifs : elle avait tout prévu.

La prudence n'est donc pas nécessairement une vertu négative. Elle ne commande pas seulement l'abstention. Elle éclaire la conduite de l'honnête homme ; elle est bien, au fond, comme le pensaient les anciens, la raison en pleine possession d'elle-même, dirigeant la volonté vers le meilleur. Elle se défie peut-être des élans, qui, le premier moment d'effervescence passé, ne se soutiendront pas, des entraînements qui nous portent vers des personnes ou des causes dont nous risquons par la suite de reconnaître l'indignité. Mais ce que la raison approuve, ce que la loi morale ordonne, la prudence l'exécutera avec une fermeté calme et persévérante, combinant les moyens, tournant ou surmontant les obstacles, assurant le succès du bien, sans souci même des protestations de l'égoïsme ; car au-dessus de l'intérêt mesquin, le seul dont l'égoïste se préoccupe, la vraie prudence découvre et poursuit un intérêt supérieur, inséparable (les anciens l'avaient compris admirablement) de la pratique du devoir.

On est d'ordinaire rempli de sympathie pour ce qu'on appelle l'imprudence généreuse de la jeunesse. On a raison sans doute, car cette imprudence a pour caractère un entier désintéressement. Nous n'aimons pas les jeunes gens trop calculateurs, trop attachés à la recherche et à la conquête de l'utile. Mais un jeune homme chez qui l'enthousiasme n'exclut pas la prudence, unit le charme de son âge aux qualités solides de l'âge mûr. Il fait ce qui est nécessaire pour réussir, et il le doit; en même temps, il est épris de toutes les nobles choses, il en professe le culte, en parle avec une chaleur communicative, en répand l'amour autour de lui, et ne croira même pas accomplir un sacrifice en se sacrifiant, s'il le faut, pour elles. Mais on ne l'enrôlera pas aisément dans des sociétés secrètes; on ne fera pas de lui un conspirateur contre le gouvernement légal de son pays; on ne le poussera pas aux aventures téméraires dont le but n'est pas manifestement honnête et réalisable. La prudence le tient en garde; et qui niera que ses conseils ne soient ici, comme toujours, d'accord avec les prescriptions du devoir?

III. — LE COURAGE

Une vertu qui semble souvent opposée à la prudence, c'est le courage. Celui-ci brave le danger, celle-là l'évite. Le courage ne craint ni la douleur ni la mort même, la prudence met tous ses soins à fuir l'une et l'autre. Les vertus sont-elles donc en conflit, et l'homme ne saurait-il être entièrement vertueux?

Ces contradictions ne sont qu'apparentes. Le vrai courage ne se confond pas en effet avec la témérité. Il est réfléchi, comme la prudence, et ne s'expose qu'à bon escient, et quand un intérêt supérieur est en jeu. L'homme courageux risque volontiers sa vie pour défendre sa patrie, sauver quelqu'un de ses semblables, non par ostentation et pour montrer qu'il n'a pas peur. Il ne recherche pas le péril, il se contente de l'affronter froidement, résolument, s'il ne peut y échapper, et si le devoir le veut. Et ce sang-froid même du vrai courage est d'accord avec la prudence ; c'est la meilleure condition pour ne pas périr.

IV. — COURAGE MILITAIRE

La bravoure guerrière est la forme la plus frappante, la plus populaire, du courage. Outre qu'elle est un devoir civique, elle est un devoir envers soi-même. Si le respect de soi est la première des obligations personnelles, on cherche vainement quel homme devra se mépriser plus qu'un soldat lâche. Il porte un uniforme qui donne du cœur aux plus timides; il a en main l'arme que lui a confiée la patrie ; il est entouré de camarades qui sont prêts à se faire tuer; il a en face de lui des hommes qui ne sont pas mieux armés, qui ne défendent pas une cause plus sainte : et cet uniforme, il le déshonore; cette arme, il la jette ; cette patrie, ces compagnons, il les trahit; ces ennemis, il les accepterait pour maîtres; tout cela parce qu'il a peur ! Oh ! celui-là, ses parents, sa femme, s'il en a, le renieront; ses fils rougiront de l'avoir pour père; nulle main ne pressera plus la sienne, on le souffletera de ses épaulettes arrachées; le premier venu pourra le frapper au visage impunément, puisqu'il est lâche : mais la vraie dégradation, la flétrissure, sont en lui-même. C'est à ses propres yeux surtout qu'il est le dernier des hommes, qu'il a cessé d'être un homme. Heureux encore s'il en a conscience, et si le sentiment de son abjection lui inspire quelque généreux désespoir qui le relève enfin!

Le courage militaire est une vertu si commune en France, qu'il est inutile d'y insister longuement. Plus rare peut-être est le courage civil.

V. — COURAGE CIVIL

On appelle ainsi la vertu du citoyen qui ne se laisse intimider dans la défense de la justice et de la loi, ni par les menaces d'un pouvoir tyrannique, ni par les violences de l'émeute. Ce sera, par exemple, celle du magistrat refusant de prononcer un arrêt contraire à ce que lui dicte sa conscience; du bourgeois qui en temps d'insurrection, se laisse emprisonner, fusiller s'il le faut, plutôt que de faire le coup de feu avec les insurgés contre les défenseurs du gouvernement légal. Cette forme du courage, quand il y va de la vie, est d'autant plus héroïque, que ceux qui en donnent l'exemple n'ont pas été, comme le soldat, préparés par la discipline et l'esprit militaire, à la pensée du suprême sacrifice.

Quand le sol est envahi, ceux-là sont de nobles victimes du courage civil, qui, n'étant pas des combattants, préfèrent tout souffrir plutôt que de fournir à l'ennemi, soit des vivres, soit des renseignements, ou de lui prêter quelque concours que ce soit. Nous nous sommes expliqué là-dessus en parlant des devoirs envers la patrie. Nous rappelons ici ces prescriptions, parce qu'elles découlent également du respect que l'homme se doit à lui-même, en tant que citoyen, devant l'envahisseur.

VI. — COURAGE POUR SUPPORTER LES ÉPREUVES DE LA VIE

En dehors de ces circonstances heureusement exceptionnelles, dans la vie de chaque jour, le courage trouve mille occasions à s'exercer. Il en faut pour supporter les épreuves de toutes sortes qui ne sont épargnées à personne : revers de fortune, espérances trompées, infirmités, maladies. C'est également dans le respect de soi-même que ce genre de courage prend sa source : la personne morale, qui a conscience de sa dignité, doit regarder comme une lâcheté de se laisser abattre par des événements qu'il n'a pas été en son pouvoir d'éviter. Les stoïciens disaient que les choses qui ne dépendent pas de nous ne sauraient nous rendre heureux ou malheureux. Et ce qui dépend de nous, c'est uniquement le bon vouloir. Les stoïciens avaient raison en ce sens que le respect de nous-mêmes nous interdit de nous mettre trop à la merci de ce que nous ne pouvons ni produire ni empêcher.

Mais les stoïciens allaient à l'excès quand ils soutenaient que le sage doit être indifférent à la mort d'un ami, d'une femme, d'un enfant. Épictète parle ainsi : « Ne dis jamais à propos de quoi que ce soit : je l'ai perdu, mais je l'ai rendu. Ton fils est mort ? il a été rendu. Ta femme est morte ? elle a été rendue. » — Les stoïciens n'avaient pas compris que la résignation n'est pas l'insensibilité. L'homme a le droit et le devoir de pleurer la perte de ceux qui lui sont chers, puisque les affections de famille, l'amitié sont choses légitimes et sacrées. Mais il reste vrai qu'un désespoir sans mesure comme sans terme est une faiblesse, et que le respect de nous-même nous commande de ne pas nous laisser écraser à tout jamais par le chagrin. Il reste, même après ces coups irréparables, du bien à faire, une destinée à remplir. C'est alors que le courage est nécessaire et méritoire. Il est nécessaire pour continuer de vivre; il est méritoire, parce qu'il est le triomphe, non pas immédiat, mais graduel, de la raison et de la volonté sur la sensibilité.

Nous protestons contre la dureté stoïcienne, parce qu'au fond elle n'est pas véritablement du courage. Le stoïcisme recommande à l'homme de détruire en lui-même toutes les affections, toutes les passions. Supposez qu'il soit possible d'y parvenir : la résignation courageuse n'a plus le moindre prix. Il est bien facile, si l'on n'aimait pas, de dire à la mort d'un fils : je l'ai rendu. Mais la nature humaine, quand elle n'est pas déformée par l'esprit de système, a horreur de tels détachements. L'homme tout entier est père, époux, ami, citoyen. Et ces objets, il les aime plus que soi. Il y a donc plus de dignité, plus de grandeur dans la souffrance virilement acceptée, que dans l'indifférence passive du stoïcien.

VII. — COURAGE EN FACE DE LA MORT

Il est une dernière forme du courage qui est imposée à tous les hommes : c'est le courage en face de la mort. Je ne parle plus ici de la mort à laquelle s'expose le soldat sur les champs de bataille : je parle de celle qui est le terme fatal de toute vie. Rien de plus dégradant que la pusillanimité, les lamentations sur son propre sort, à l'approche du moment suprême. Il faut tenir à honneur de respecter en soi la personne morale dans cette crise à laquelle d'ailleurs la morale même nous ordonne de croire qu'elle doit survivre. L'idée de la mort est importune à la jeunesse, peut-être même n'est-il pas bon qu'elle occupe trop l'esprit, car elle pourrait alanguir l'activité, inspirer quelque dédain pour les affections et les intérêts légitimes d'ici-bas. Mais il faut la fixer quelquefois devant l'esprit; non pour s'affoler de terreur, bien plutôt pour envisager avec une gravité calme un accident auquel nul n'échappera et qui peut survenir à tout instant. L'instant venu, soyons, selon le beau mot de Bossuet, doux envers la mort, acceptons-la, confiants dans l'avenir et dans la bonté souveraine, comme l'olive mûre, dit Marc Aurèle, bénit en tombant l'arbre qui l'a portée.

RÉSUMÉ

I. — La *prudence* consiste à agir conformément à l'intérêt bien entendu. Elle semble relever seulement de la morale utilitaire. Pourtant elle est une vertu, parce que l'intérêt bien entendu ne se confond pas avec l'égoïsme. Il coïncide d'ordinaire avec le devoir et fournit un nouveau motif d'accomplir celui-ci.

II. — La prudence est particulièrement nécessaire aux jeunes gens, qui ont des passions vives et manquent d'expérience. Ils solliciteront des conseils auprès des personnes d'un âge plus mûr, surtout dans les circonstances importantes de leur vie. Cela ne les dispensera point de réfléchir, et d'apprendre à se diriger eux-mêmes.

La prudence n'exclut ni la générosité ni l'enthousiasme ; mais elle préserve des entraînements irréfléchis. Elle assure le triomphe d'une cause juste en inspirant la fermeté, la persévérance et le choix des moyens les plus efficaces.

III. — Le *courage* brave le danger, tandis que la prudence l'évite. La contradiction entre ces deux vertus n'est pourtant qu'apparente. Le vrai courage ne se confond pas avec la témérité ; il réfléchit aussi et ne s'engage qu'à bon escient ; mais une fois que le devoir a parlé, le courage obéit résolument sans crainte du péril.

IV. — Le *courage militaire* est à la fois un devoir civique et un devoir personnel. Cette forme du courage est très populaire et très française. Aussi le soldat qui faillit à son devoir sur ce point est-il considéré comme le dernier des lâches.

V. — Le *courage civil* est la vertu du citoyen qui ne se laisse intimider dans la défense de la justice et de la loi ni par les menaces d'un pouvoir tyrannique ni par les violences de l'émeute. Il est peut-être plus rare et plus difficile que le précédent, bien que l'histoire en fournisse des exemples mémorables.

VI. — Une autre forme usuelle du courage est, dans la vie ordinaire, la fermeté et la résignation, qui font supporter, sans se laisser abattre, les nombreuses épreuves, dont personne n'est exempt, telles que les maladies, les revers de fortune, les malheurs de famille, les déceptions de toutes sortes, etc.

Les stoïciens poussaient la résignation jusqu'à l'insensibilité. Ils allaient trop loin, car l'insensibilité rendrait le courage superflu. Il y a plus de grandeur, plus de dignité, dans la souffrance virilement acceptée, que dans l'indifférence passive du stoïcien.

VII. — Enfin l'homme doit se familiariser avec l'idée de la mort, et se préparer à supporter dignement cette suprême épreuve. Il puisera du courage dans la croyance en l'immortalité de l'âme, croyance dont la morale fournit la plus forte démonstration.

Ouvrages à consulter :

Xénophon, *Mémorables*. (L. III, ch. ix.)
Cicéron, *Traité des Devoirs*. (L. I, ch. xviii et xxiv.)
Jules Simon, *Le Devoir*. (4ᵉ partie, ch. ii et v.)
Paul Janet, *La Philosophie du bonheur*.

VINGT-QUATRIÈME LEÇON

PRINCIPALES FORMES DU RESPECT DE SOI-MÊME (suite).

Sommaire. — I. Respect de la vérité. — II. Sincérité vis-à-vis de soi-même. — III. Examen de conscience. — IV. Méthode de Franklin.

I. — RESPECT DE LA VÉRITÉ

La dernière forme importante du respect de soi-même est le respect de la vérité. Nous avons vu que le mensonge est une injustice envers nos semblables. Il est de plus dégradant. Mentir, c'est s'infliger à soi-même un démenti volontaire, déshonorer ce que l'homme devrait avoir de plus sacré, sa parole (puisqu'elle est l'expression de sa pensée), et cela par intérêt égoïste ou par lâcheté. Mais il ne suffit pas de ne pas mentir; il faut encore avoir le culte de la vérité pour elle-même. Pour cela, il faut la chercher de bonne foi, et, quoi qu'il en coûte, l'accepter quand on est certain de l'avoir trouvée. Un savant a émis une hypothèse qui l'a rendu célèbre; il découvre un fait qui la contredit : il renoncera à son hypothèse plutôt que de se refuser à voir ce fait, et de s'inscrire en faux contre les données de l'expérience. Il ira plus loin : il divulguera les preuves qui détruisent l'hypothèse même à laquelle il a attaché son nom. Ainsi l'exige le respect dû à la vérité.

Il est souvent pénible à l'homme de s'avouer à lui-même, et surtout d'avouer aux autres qu'il s'est trompé. Il n'est pas de subterfuges ni de sophismes que l'on n'invente pour se soustraire à cette disgrâce. La vanité, l'orgueil sont en jeu; puis une certaine paresse d'esprit fait qu'on s'habitue à telles opinions qu'on a crues longtemps vraies, et qu'on ne se résigne pas aisément à les quitter. Voilà pourquoi les vieillards entrent si rarement dans les idées nouvelles. Il faut pourtant se résoudre à reconnaître qu'on n'était pas infaillible. « Il y a des gens, disent les auteurs de la *Logique de Port-Royal*[1], qui n'ont pas d'autre fondement pour rejeter certaines opinions, que ce plaisant raisonnement : Si cela était, je ne serais pas un habile homme : or je suis un habile homme; donc cela n'est pas. C'est la principale raison qui a fait rejeter longtemps certains remèdes très utiles et des expériences très certaines; parce que ceux qui ne s'en étaient point encore avisés concevaient qu'ils se seraient donc trompés jusqu'alors. Quoi ! si le sang, disaient-ils, avait une révolution circulaire dans tout le corps;... si la nature n'avait point d'horreur du vide; si l'air était pesant et avait un mouvement en bas, j'aurais ignoré des choses importantes dans l'anatomie et dans la physique : il faut

---

1. Troisième partie, ch. XX.

donc que cela ne soit pas. Mais pour les guérir de cette fantaisie, il ne faut que leur bien représenter que c'est un très petit inconvénient qu'un homme se trompe... » mais c'en est un très grand, ajouterons-nous, ou plutôt c'est entêtement ridicule et coupable que de ne pas reconnaître, par orgueil, qu'on s'est trompé.

II. — SINCÉRITÉ VIS-A-VIS DE SOI-MÊME

Le respect dû à la vérité, quelque pénible soit-elle, a pour conséquence l'obligation d'être sincère vis-à-vis de soi-même. Nous entendons par là qu'on ne doit pas chercher à s'abuser sur la nature des motifs d'après lesquels on agit, ni sur le caractère moral de sa conduite. Il n'est pas rare que la passion ou l'intérêt nous sollicitent à des actes que la conscience n'approuve pas; nous cherchons alors, trop souvent, à nous convaincre que le devoir n'est pas dans ce cas en opposition avec l'agréable ou l'utile; que nous sommes désintéressés, que notre action sera profitable, ne nuira pas du moins au bien public, etc. Nous essayons de nous donner le change à nous-mêmes, nous plaidons la cause de l'égoïsme devant la conscience, nous inventons toutes sortes de raisons mauvaises pour lui arracher son consentement. La comédie, la tragédie, ont souvent mis en scène ce drame intérieur. L'art du flatteur, auprès des princes, consiste précisément à leur suggérer des motifs qui dissipent leurs scrupules ou étouffent momentanément leurs remords.

L'*empire*, votre cœur, tout condamne Octavie...
Tant de précautions affaiblit votre règne.

dit Narcisse à Néron pour lui faire croire qu'en servant sa passion, il sert aussi l'État[1].

Mais en vain espérons-nous nous abuser. La conscience ne se laisse pas séduire, et son témoignage incorruptible met à néant tous les sophismes. Il faut cependant prendre garde; sa voix pourrait, à la longue, s'affaiblir et s'éteindre, et alors la perversité deviendrait irréparable, rien ne nous avertissant plus que nous sommes devenus pervers.

De là l'importance de la sincérité avec soi-même. Interrogeons-nous de bonne foi sur les vrais motifs de nos actions. Si le devoir n'est pas manifestement d'accord avec notre désir, c'est que notre désir est mauvais : sacrifions-le sans pitié. Soyons-nous un juge plutôt sévère qu'indulgent. Nous avons tant de penchant à

---

1. Ainsi encore, après qu'Alexandre eut tué son ami Clitus dans un transport d'ivresse et de colère, les courtisans font venir le philosophe Anaxarque, pour apaiser les remords du roi. « Anaxarque, dit Plutarque, fut à peine entré dans la chambre du roi, que prenant un ton très haut : « Le voilà donc, dit-il, cet Alexandre, sur qui toute la terre a les yeux ouverts! Le voilà étendu à terre comme un esclave, lui qui doit être la loi même et la règle de la justice! Pourquoi a-t-il donc vaincu? Est-ce pour commander, pour régner en maître, ou pour se laisser maîtriser par une vaine opinion? Ignorez-vous, ajouta-t-il, en s'adressant au roi lui-même, qu'on nous représente la Justice et Thémis assises sur le trône de Jupiter, pour nous faire entendre que toutes les actions du prince sont justes, légitimes? » Anaxarque, ajoute Plutarque, par ces discours et par d'autres semblables, adoucit la douleur du roi; mais il le rendit dur et injuste. — Comparez le discours du renard au lion dans la fable des *Animaux malades de la peste*.

nous excuser, à nous glorifier, que la sévérité ne risque guère d'aller jusqu'à l'excès.

III. — EXAMEN DE CONSCIENCE

Pour contracter de bonne heure l'habitude d'être sincère envers soi-même, les anciens recommandaient déjà l'examen de conscience. « Ne laisse jamais tes paupières céder au sommeil, disaient les Pythagoriciens, avant d'avoir soumis à ta raison toutes tes actions de la journée.

« En quoi ai-je manqué? Qu'ai-je fait? Qu'ai-je omis de faire de ce qui est ordonné?

« Ayant jugé la première de tes actions, prends-les toutes ainsi les unes après les autres.

« Si tu as commis des fautes, sois-en mortifié; si tu as bien fait, réjouis-toi. »

Cette recommandation, Sénèque nous apprend qu'il la mettait lui-même tous les soirs en pratique.

« Nous devons tous les jours, écrit-il, appeler notre âme à rendre ses comptes. Ainsi faisait Sex[1]. La journée terminée, avant de se livrer au repos de la nuit, il interrogeait son âme. « De quel défaut t'es-tu aujourd'hui guérie? quelle passion as-tu combattue? En quoi es-tu devenue meilleure? » Quoi de plus beau que cette habitude de repasser ainsi toute sa journée? Quel sommeil que celui qui succède à cette revue de soi-même! Qu'il est calme, profond et libre, lorsque

---

1. Philosophe pythagoricien, l'un des maîtres de Sénèque.

l'âme a reçu ce qui lui revient d'éloge ou de blâme, et que, soumise à sa propre surveillance, à sa propre censure, elle informe secrètement contre elle-même ! « Ainsi fais-je, et, remplissant envers moi les fonctions de juge, je me cite à mon tribunal. Quand on a emporté la lumière de ma chambre, que ma femme, par égard pour ma coutume, a fait silence, je commence une enquête sur toute ma journée, je reviens sur toutes mes actions et mes paroles. Je ne me dissimule rien, je ne me passe rien. Eh ! pourquoi craindrais-je d'envisager une seule de mes fautes, quand je puis me dire : Prends garde de recommencer ; pour aujourd'hui, je te pardonne. »

Sans insister sur l'utilité de l'examen de conscience, devenu, après le paganisme, l'une des pratiques les plus importantes de la discipline chrétienne, il est trop évident qu'il n'a toute son efficacité qu'à la condition d'être sincère. Pour mieux dire, il est, ou doit être la périodique manifestation de notre sincérité envers nous-même. Et si elle est véritable, cette sincérité nous préservera tout aussi bien d'une sévérité excessive que d'une excessive indulgence. Certaines âmes scrupuleuses pèchent souvent par une rigueur outrée. Pour les fautes les plus légères, elles se croient perdues et désespèrent de se relever jamais. Nous ne dirons pas que dans ce jugement inique qu'elles prononcent contre elles-mêmes, elles manquent de sincérité ; mais nous dirons que plus de sincérité encore les ramènerait à la juste mesure. Elles s'examinent conformément à une règle qui n'est pas celle de la conscience. Il est impossible, en effet, que celle-ci, mieux interrogée, leur présente encore de simples défaillances pour des crimes irréparables. Comme Sénèque est sage et vraiment sincère avec lui-même, de se dire quelquefois : « Prends garde de recommencer; pour aujourd'hui je te pardonne! » Le pourrait-il, s'il s'agissait d'une de ces fautes qui laissent de longs remords? Sachons donc nous voir tels que nous sommes; et respectons-nous assez pour ne pas nous traiter en scélérats, à la moindre peccadille.

Parfois l'excès de scrupules conduit à l'abolition de toute moralité. On se reproche des choses innocentes, et l'on s'en permet d'autres fort répréhensibles; ou bien on juge impossible d'atteindre à l'idéal chimérique qu'on s'est forgé, et alors on s'abandonne à toutes ses passions. Le mal vient, dans l'un et l'autre cas, de ce qu'on n'a pas pris l'habitude d'être sincère vis-à-vis de soi-même.

IV. — MÉTHODE DE FRANKLIN

Cette même sincérité est nécessaire pour donner quelque valeur à la méthode de perfectionnement moral que recommande Franklin, et qui n'est qu'une appplication de l'examen de conscience. On sait qu'il est l'inventeur d'une sorte de calendrier moral. « Il avait fait un dénombrement des qualités qu'il voulait acquérir et conserver, et il les avait ramenées à treize principales : Tempérance — Silence — Ordre — Résolution — Frugalité — Industrie — Sincérité — Justice — Modération — Propreté — Tranquillité —

Chasteté — Humilité. Ce catalogue étant dressé, Franklin réfléchissant qu'il lui était difficile de lutter à la fois contre treize défauts, et de surveiller à la fois treize vertus, voulut, comme Horace, combattre ses ennemis séparément, et il appliqua à la morale la maxime de la politique : *Diviser pour régner.* « Je dressai, dit-il, un petit livre de treize pages, portant chacune en tête le nom d'une des vertus. Je réglai chaque page en encre rouge, de manière à y établir sept colonnes, une pour chaque jour de la semaine, mettant en haut de chacune des colonnes la première lettre du nom de ces jours. Je traçai ensuite treize lignes transversales, au couronnement desquelles j'écrivis les premières lettres du nom des treize vertus. Sur cette ligne, et à la colonne du jour, je faisais ma petite marque d'encre pour noter les fautes que, d'après mon examen de conscience, je reconnaissais avoir commises, contre telle ou telle vertu... Je résolus de donner une semaine d'attention sérieuse à chacune de ces vertus séparément. Ainsi mon grand soin pendant la première semaine fut d'éviter la plus légère faute contre la tempérance, laissant les autres vertus courir leur chemin ordinaire, mais marquant chaque soir les fautes de la journée... De même qu'un homme, qui veut nettoyer son jardin, ne cherche pas à en arracher toutes les mauvaises herbes en même temps... ainsi j'espérai goûter le plaisir encourageant de voir dans mes pages le progrès que j'aurais fait dans la vertu par la diminution progressive du nombre des marques jusqu'à ce qu'enfin, après avoir recommencé plusieurs fois, j'eusse le bonheur de trouver mon livret tout blanc pendant treize semaines. »

Nous ne contestons pas ce qu'a d'ingénieux ce procédé. Nous pensons, comme Franklin, qu'il vaut mieux combattre ses vices séparément, que tous à la fois, quoiqu'à vrai dire, toutes les vertus se tiennent, et qu'il soit difficile de faire des progrès dans l'une sans en faire également dans les autres. Mais peut-être cette comptabilité morale est-elle trop minutieuse et compliquée. Nous préférons la méthode plus simple des Pythagoriciens, de Sénèque et des directeurs chrétiens. Quoi qu'il en soit, la sincérité avec soi-même, si l'on veut suivre l'exemple de Franklin, est d'autant plus nécessaire, qu'il s'agit chaque jour, non d'un examen général de sa propre conduite, mais de fautes à noter une par une, et selon leur degré d'importance. Quand, dans un concours entre de nombreux élèves, le professeur le plus exercé hésite si souvent pour le classement des copies, quand son impartialité est à chaque instant saisie de tant de scrupules, qu'il sera difficile de se juger exactement soi-même toutes les vingt-quatre heures, simultanément à douze ou treize points de vue différents! — Du reste, en fait de moyens pratiques pour devenir meilleur, chacun prend ceux qui conviennent le mieux à son caractère, à ses habitudes antérieures, à ses occupations, et il n'en est peut-être pas dont on puisse affirmer qu'il sera partout et toujours efficace. Tout dépend de la bonne volonté de celui qui les met en

1. PAUL JANET, Histoire de la Science politique, 3ᵉ éd. t. II.

œuvre. Et la bonne volonté, n'est-ce pas encore, ou à peu près, la sincérité vis-à-vis de soi-même?

RÉSUMÉ

I. — La dernière forme importante du respect de soi-même est le *respect de la vérité.*

Par le mensonge, l'homme ne manque pas seulement à ses devoirs envers ses semblables : il déshonore dans sa personne la noble faculté d'exprimer ses pensées par la parole.

Le devoir commande le culte de la vérité pour elle-même. Il faut la chercher de bonne foi, et savoir renoncer à toute hypothèse reconnue fausse, dût-il en coûter beaucoup à l'amour-propre.

II. — Trop souvent, quand la passion et l'intérêt sont en jeu, l'homme essaie de se prouver par des sophismes que l'action qu'il médite n'est point mauvaise. C'est alors qu'il a besoin de cette précieuse vertu morale : la *sincérité envers soi-même!* Qu'il interroge sa conscience sur les vrais motifs de ses actions, et qu'il sacrifie sans pitié tout désir qui ne serait pas manifestement d'accord avec le devoir.

III. — Une pratique excellente, recommandée par les moralistes anciens et modernes et par les religions, mais que la sincérité envers soi-même peut seule rendre efficace et salutaire, est l'*examen de conscience.*

Il faut se garder, dans cet exercice, de l'excès

d'indulgence et de l'excès de sévérité. Les scrupules exagérés peuvent faire perdre le sens moral, ou tout au moins conduire au découragement.

IV. — Les diverses méthodes conseillées pour l'examen de conscience offrent toutes des avantages, si elles sont employées avec persévérance et sincérité. Une des plus ingénieuses, mais qui peut paraître trop minutieuse et trop compliquée, est celle de Franklin. En vertu de la fameuse maxime : « Diviser pour régner », appliquée cette fois à la morale, il s'était attaché à combattre *successivement* les treize défauts ou vices opposés aux treize qualités ou vertus qu'il voulait acquérir. Tous les soirs il faisait sa comptabilité dans ce qu'il a appelé son *calendrier moral*.

Ouvrages à consulter :

Marc Aurèle, *Pensées*.
Martha, *Les Moralistes sous l'empire romain* (La morale pratique dans les lettres de Sénèque.)
Id. *Études morales sur l'antiquité* (L'examen de conscience chez les anciens.)

VINGT-CINQUIÈME LEÇON

DEVOIR DE CULTIVER ET DE DÉVELOPPER TOUTES NOS FACULTÉS

SOMMAIRE. — I. Facultés de l'âme. — II. Développement des facultés. — III. Développement de la sensibilité. — IV. Développement des facultés intellectuelles. — V. La mémoire. — VI. L'imagination.

I. — FACULTÉS DE L'AME

Les facultés de l'âme, ce sont les différents pouvoirs intérieurs par lesquels se manifeste cet être qui se pense lui-même et s'appelle *moi*. Or le moi est capable d'aimer (ou de haïr), de connaître et de vouloir. Aussi disons-nous qu'il y a trois facultés ou groupes de facultés. La première est la faculté de désirer certaines choses, de les aimer et de haïr celles qui leur sont contraires, et d'éprouver, selon que le désir est contrarié ou satisfait, du plaisir ou de la douleur : c'est la *sensibilité*. Elle comprend plusieurs facultés secondaires : ce sont les appétits, instincts, inclinations, tendances, désirs qui nous portent vers certains objets et nous éloignent de certains autres. Ainsi nous désirons et recherchons l'aliment, la boisson, la richesse, la société de nos semblables, les affections de famille, l'amitié, les jouissances supérieures du vrai, du beau, du bien, etc.

La seconde faculté, ou plutôt le second groupe de facultés est désigné par le nom général d'*intelligence*. Nous connaissons les propriétés des objets extérieurs par les sens; les phénomènes qui se passent en nous, par la conscience psychologique (qu'il ne faut pas confondre avec la conscience morale); les phénomènes qui se sont produits en nous-mêmes dans le passé, par la mémoire. Nous imaginons aussi, c'est-à-dire que nous sommes capables de nous représenter des objets sensibles qui ne sont pas actuellement perçus par les sens, et aussi, de nous en représenter d'autres qui ne sont pas réels : c'est alors l'imagination créatrice, celle du poëte, de l'artiste. L'art, en effet, imagine et exprime des choses qui ne sont pas l'exacte copie de la réalité; il ajoute à la nature, la corrige, l'embellit. Imaginer, c'est encore évidemment connaître, car c'est à l'expérience que l'imagination emprunte les matériaux qu'elle met en œuvre.

L'intelligence peut aussi connaître des vérités ou des objets qui ne pourraient pas ne pas être, qui sont dits, en conséquence, *nécessaires*. Tels sont les *axiomes*, ou propositions évidentes par elles-mêmes; telle est la loi morale. — Cette manifestation supérieure de l'intelligence, c'est la raison.

Enfin, on connaît encore, quand on fait attention, qu'on réfléchit, qu'on juge, qu'on raisonne. Ce sont là des opérations intellectuelles dont la matière est fournie par les facultés qui nous mettent directement en contact avec les choses, savoir : les sens, la conscience, la mémoire, la raison.

La troisième faculté est la *volonté*, dont nous avons parlé suffisamment, puisque vouloir et faire usage de sa liberté, c'est même chose.

II. — DÉVELOPPEMENT DES FACULTÉS

Chacune de ces facultés est capable des développements les plus divers. En effet, la volonté peut les appliquer à tels ou tels objets, et la volonté elle-même peut, à son gré, être forte ou faible, conforme ou contraire à la loi morale.

Nous pouvons, si nous voulons, combattre certains désirs, et, sinon les détruire entièrement, au moins les réprimer ou ne les pas satisfaire. Le développement de la sensibilité est donc soumis à l'empire de la volonté.

Nous pouvons, si nous voulons, appliquer les facultés de notre intelligence à certains objets plutôt qu'à certains autres, les exercer ou les laisser en friche, devenir savants ou rester ignorants. Le développement de l'intelligence est donc, lui aussi, soumis à l'empire de la volonté.

La volonté enfin, se commande à elle-même, puisqu'elle est libre de vouloir ou de ne vouloir pas, de vouloir ceci ou cela. Elle aussi se développe et se fortifie par l'exercice, par la lutte contre l'habitude et les passions.

On comprend maintenant que l'homme ait le devoir

de cultiver et de développer toutes ses facultés. Toutes en effet doivent être portées au maximum d'énergie dont elles sont capables : car ce maximum n'est autre que la perfection même, telle, du moins, qu'il est donné à l'homme de l'atteindre.

Il va sans dire qu'il ne suffit pas de développer les facultés ; il faut, encore et surtout, les développer dans une certaine direction, c'est-à-dire conformément à la loi morale.

Le désir, l'amour, sont nécessaires à la vie morale, et les stoïciens, nous l'avons observé déjà, étaient déraisonnables de prétendre abolir dans l'homme toute sensibilité. Désirer, aimer sont de puissants mobiles pour bien faire. Comprendrait-on l'homme sans les affections de famille, sans le patriotisme ? Et serait-il vraiment capable, si par impossible il les avait entièrement extirpés de son cœur, de remplir encore tous ses devoirs domestiques et civiques ?

III. — DÉVELOPPEMENT DE LA SENSIBILITÉ

Ainsi, nous entretiendrons et développerons en nous-mêmes cette force salutaire et sacrée qui est l'amour, mais nous aimerons les choses en proportion de leur valeur et de leur dignité morales. Nous n'aurons que mépris pour les grossières jouissances de la sensualité et de la gourmandise ; nous aimerons la richesse, dans la mesure où elle nous permet de subvenir à nos besoins et à ceux des nôtres, de nous consacrer à la science, d'être charitables. Nous aimerons la science plus que la richesse, la vertu plus que la science. Nous aimerons les beautés de la nature, celles de l'art, parce que les plaisirs du beau élèvent l'âme, l'arrachent à l'égoïsme, et se confondent presque avec les joies du devoir accompli. Nous aimerons d'un amour ardent ces choses saintes, la famille, la patrie. Nous aimerons d'un amour suprême la perfection, soit qu'elle ne nous apparaisse que comme l'idéal moral, soit que notre raison affirme l'existence d'un être souverainement parfait, infiniment puissant et bon, créateur de l'univers et de l'humanité.

IV. — DÉVELOPPEMENT DES FACULTÉS INTELLECTUELLES

Même devoir général à l'égard des facultés intellectuelles. Nous devons les développer d'abord, puis les orienter vers les vérités les plus hautes. Nous développerons nos sens pour qu'ils nous fournissent des données aussi exactes que possible sur le monde extérieur où nous avons à vivre. Il n'est pas indifférent, en effet, d'avoir l'oreille exercée, la vue claire et perçante. Nous éviterons par là bien des dangers, et par exemple, à la guerre celui qui a l'ouïe la plus fine, l'œil le plus pénétrant, sera, toutes choses égales d'ailleurs, le meilleur capitaine ou le meilleur soldat. Le maréchal Davout, pour obvier aux inconvénients d'une myopie fâcheuse, était condamné à une vigilance de tous les instants. Puis, des sens exercés de bonne heure, rendent plus délicates et plus vives nos jouissances esthétiques.

Développer l'œil intérieur, cette conscience que nous avons de nous-mêmes, réfléchir sur soi, étudier ses aptitudes, ses défauts, les motifs auxquels on obéit, tel était, selon Socrate, le principe de toute sagesse. Connais-toi toi-même c'est-à-dire connais-toi comme être moral, soumis au devoir, et appelé à une destinée qui ne se termine pas avec cette vie. Et cette précieuse connaissance de soi-même, elle est, elle aussi, le résultat et la récompense d'un exercice prolongé. Il faut s'habituer à se replier sur soi, et cela d'abord est difficile et pénible, tant sont grandes les séductions du spectacle extérieur qui, dès la première enfance, a captivé toute notre attention.

V. — LA MÉMOIRE

Les anciens avaient bien compris toute l'importance de la mémoire, et certains pédagogues contemporains sont trop portés à méconnaître le rôle de cette faculté. Elle est d'une utilité incalculable pour le développement général de l'esprit. Elle emmagasine les connaissances qu'aura plus tard à élaborer la réflexion. C'est dans l'enfance et la première jeunesse qu'elle se prête le mieux à la culture ; aussi, pendant cette période de la vie, ne saurait-on trop l'exercer. Ce qu'on a appris à cet âge, on le retient toujours. Mais nous conseillerions de continuer plus tard encore cette éducation méthodique de la mémoire, et nous connaissons des hommes éminents qui, chaque jour, apprennent une leçon et s'en trouvent bien. S'il est de devoir d'assurer, dans la plus large mesure possible, la fidélité et la promptitude de cette précieuse faculté, il va sans dire qu'on ne lui confiera que des choses qui en vaillent la peine. Les chefs-d'œuvre de la poésie peuvent ainsi devenir nos compagnons inséparables ; nous les emportons toujours et partout avec nous ; ils font taire les pensées frivoles, adoucissent les pensées amères, en chantant comme d'eux-mêmes dans la mémoire, aux heures de désœuvrement forcé, en voyage, par exemple, ou pendant une insomnie.

VI. — L'IMAGINATION

Développer l'imagination n'est pas moins obligatoire, car cette faculté est la source de jouissances délicates et élevées. Elle fait revivre, pendant l'absence, les traits des personnes chéries ; elle évoque devant le regard intérieur les beaux sites, les œuvres d'art autrefois contemplés. Elle crée tout un monde au dedans de nous, monde que nous varions et embellissons comme il nous plaît. Elle anime et fait mouvoir les personnages fictifs du drame, de la poésie, du roman ; par elle, nous nous formons une société idéale des types enchanteurs ou sublimes qu'elle a fait éclore dans le génie d'un Corneille, d'un Racine, d'un Shakespeare : Rodrigue, Chimène, Pauline, le vieil Horace, Andromaque, Iphigénie, Cordélia. — Elle nous offre ainsi un refuge et une consolation contre les vulgarités de la vie réelle. Elle donne toute sa vivacité au sentiment du beau, et le préserve des exigences trop minutieuses, de la sécheresse stérilisante de ce qu'on appelle, en matière de goût, l'esprit critique. Elle est la mère du courage, des grands desseins, des grands efforts, en rapprochant, par l'espérance, le but à atteindre, et en anticipant, exagérant peut-être, le bonheur qui suivra le succès. Enfin, par le tableau touchant qu'elle nous en présente, elle émeut notre sympathie pour les souffrances de nos semblables, éveille notre compassion, nous invite à la charité.

Ces effets bienfaisants de l'imagination disent assez le rôle considérable qu'on doit lui attribuer dans la vie intellectuelle et morale. Mais il importe qu'elle soit préservée des excès et dirigée conformément à la raison. Si elle se perd dans le rêve, si elle s'éprend des beautés de l'art et de la poésie au point de nous dégoûter du réel et des humbles, mais impérieuses obligations de la vie pratique ; si, nous dissimulant les obstacles, elle nous lance à l'aveugle dans de folles aventures ; si ses attendrissements sur la misère humaine ne se tournent pas à la soulager ; — l'imagination n'est plus qu'une puissance trompeuse, comme dit Pascal, et son empire peut devenir funeste. D'où la nécessité de la soumettre à une règle, et cette règle ne peut être que l'austère idée du devoir.

RÉSUMÉ

I. — Les facultés sont les différents pouvoirs intérieurs par lesquels se manifeste le *moi*. Il y a trois facultés principales, ou plutôt trois groupes de facultés : la sensibilité, l'intelligence et l'activité libre ou volonté.

La *sensibilité* est la faculté d'aimer ce qui nous procure de la joie et de haïr ce qui nous coûte des souffrances. Elle comprend les désirs, les appétits, les tendances ou inclinations, etc.

L'*intelligence* est la faculté de connaître les objets extérieurs à l'aide des sens, et les phénomènes qui se passent en nous à l'aide de la conscience psychologique. C'est aussi la faculté de concevoir, de comprendre, de juger, de raisonner, etc.; c'est enfin la *raison*, qui nous fournit les notions premières et les vérités nécessaires.

La *volonté* a été étudiée déjà à propos de la liberté[1].

II. — Chacune des facultés est susceptible de développement, sous l'empire de la *volonté*. La volonté a, en outre, du pouvoir sur elle-même.

En donnant à chacune d'elles son maximum d'énergie, et en les dirigeant conformément à la loi morale, l'homme réalise la perfection autant que cela est en son pouvoir.

III. — En conséquence, on cultivera avec soin la puissance d'aimer, et l'*amour* ne s'attachera qu'à de nobles objets, tels que la science, la vertu, le beau dans la nature et dans les arts, la famille, la patrie, et par-dessus tout la loi morale et son auteur.

IV. — Les *facultés intellectuelles* seront également développées, puis orientées vers les vérités les plus hautes.

Les *sens* seront cultivés pour qu'ils puissent fournir des notions exactes sur le monde extérieur.

---

1. Pages 6 à 26.

On acquerra l'habitude de la *réflexion*, et l'on s'en servira d'abord pour se bien étudier. La fameuse maxime : « Connais-toi toi-même » est le principe de toute sagesse.

V. — La *mémoire* est extrêmement utile. C'est à tort que certains pédagogues voudraient la réduire à un rôle secondaire.

L'enfance est l'époque de la vie la plus propice pour la culture de la mémoire ; mais elle peut être exercée à tous les âges. On ne lui confiera que des choses qui en vaillent la peine.

VI. — Développer l'*imagination* n'est pas moins utile et obligatoire. Cette faculté est la source de jouissances délicates et élevées. De plus, elle joue un rôle considérable dans la vie intellectuelle et morale.

Mais comme elle est sujette à des écarts dangereux, elle doit être disciplinée par la raison, réglée par l'idée austère du devoir.

Ouvrages à consulter :

Adolphe Garnier, *Traité des facultés de l'Âme*.
Henri Joly, *De l'Imagination*.
Paul Janet, *Traité élémentaire de Philosophie* (psychologie) *et les Traités généraux de psychologie et de pédagogie* (MM. Marion, Compayré, Chasteau, Joly, etc.)

VINGT-SIXIÈME LEÇON

DEVOIR DE CULTIVER ET DE DÉVELOPPER TOUTES NOS FACULTÉS (suite).

Sommaire. — I. Développement de l'attention, de la réflexion, du jugement, du raisonnement. — II. Développement de la volonté. — III. Abstinence volontaire. Régularité de la vie. — IV. La volonté et l'habitude. — V. Le sage.

I. — DÉVELOPPEMENT DE L'ATTENTION, DE LA RÉFLEXION DU JUGEMENT, DU RAISONNEMENT.

Toutes les opérations de l'esprit, l'attention, la réflexion, le jugement, le raisonnement, s'apprennent. Il y a une éducation de tous les pouvoirs de l'esprit. Cette éducation, ce sont nos parents et nos maîtres qui la commencent : à nous de la continuer, de la perfectionner, jusqu'au dernier jour de la vie.

A nous surtout d'appliquer ces pouvoirs à des objets qui le méritent. Concentrer par exemple toute son intelligence, pendant des mois et des années, sur les problèmes variés du jeu d'échecs, serait faire un pauvre usage de son esprit. Malebranche, Labruyère, trouvaient indignes de l'homme les recherches de l'érudition, de la philologie : en quoi ils avaient tort, car elles peuvent conduire à d'importantes découvertes. Mais la connaissance de l'histoire, particulièrement celle de l'histoire nationale, l'investigation des lois de la nature, l'étude de l'âme humaine, de sa destinée et de son origine, voilà des objets auxquels nous ne saurions consacrer trop d'efforts et de temps. Sans doute, bien peu ont le loisir de s'y adonner entièrement : les exigences de la vie pratique les interdisent au plus grand nombre; cependant le plus humble, le plus ignorant, est tenu de se faire une opinion sur les grandes questions de l'ordre moral et religieux. Il doit réfléchir à ses devoirs, se demander quelquefois d'où il vient, et si tout se termine pour lui à la mort. Ces pensées, d'ailleurs, se présentent pour ainsi dire d'elles-mêmes à tout esprit, mais il en est beaucoup qui les écartent comme importunes ou parce que nulle certitude n'est possible en ces matières. Importunes, elles ne le sont que pour l'homme frivole ou pervers; quant à la certitude, il se peut qu'on n'y parvienne pas toujours; mais il est obligatoire d'avoir cherché avec sincérité, et de s'arrêter au plus vraisemblable.

II. — DÉVELOPPEMENT DE LA VOLONTÉ

Nous devons enfin développer et fortifier la volonté. Pour cela, il faut éviter de laisser prendre aux désirs inférieurs, aux passions égoïstes, aux habitudes mauvaises, une influence qu'il deviendrait à la longue presque impossible de combattre. Et cette culture de la volonté doit commencer dès les premières années de la vie morale. On doit la commencer chez l'enfant par une éducation appropriée; il la continuera ensuite lui-même. Ce sont les commencements qui importent; jusqu'à quinze ans tout est facile, mais à seize ou dix-sept ans, le caractère est déjà formé, les habitudes sont prises, il est bien difficile, comme on dit, de *se refaire*. La vie entière dépend presque toujours de la première adolescence. La tempérance, l'amour du travail, c'est à l'école, c'est au collège qu'on en fait l'apprentissage; qu'il est rare qu'un écolier paresseux, un jeune homme dissipé deviennent plus tard des citoyens utiles, laborieux, rangés! — Il faut, dit-on quelquefois, que jeunesse se passe, et sous ce beau prétexte, certains parents laissent leurs fils s'abandonner à tous les désordres. Faiblesse coupable, bien près d'être criminelle! Il faut que jeunesse se passe, oui; mais à préparer la vie, à conquérir par un labeur assidu, une position qui assure l'aisance et donne le droit de fonder bientôt une nouvelle famille. Il faut que jeunesse se passe en travaux féconds, en luttes généreuses contre les tentations malsaines et les entraînements des mauvaises compagnies. Cela n'exclut pas les distractions innocentes, les jouissances de l'art, les bonnes conversations entre camarades, la fréquentation d'une société choisie. Nous ne voulons pas, nous l'avons dit, que la jeunesse soit morose et trop acharnée à la poursuite de l'utile. Mais les plus travailleurs, parmi les écoliers et les jeunes gens, sont précisément ceux qui savent le mieux goûter les plaisirs honnêtes. Le paresseux s'ennuie; toute récréation est pour lui sans charmes, parce qu'il n'a pas su la mériter. Si par malheur l'éducation de la volonté n'a pas été faite pendant l'adolescence et la première jeunesse, il ne faut pourtant pas désespérer. Une résolution énergique et persévérante, une *conversion* sont toujours possibles. La vie ménage pour chacun des occasions de commencer à être vraiment un homme. L'entrée, même tardive, dans une carrière, un changement de résidence, le mariage, un grand malheur imprévu, peuvent devenir le point de départ d'une rénovation morale où la volonté, se ressaisissant elle-même, impose à l'âme tout entière la discipline qui lui manquait jusque-là.

III. — ABSTINENCE VOLONTAIRE. RÉGULARITÉ DE LA VIE

Quelques moralistes anciens, pour entretenir la force de la volonté, recommandaient de s'imposer quelquefois, pendant une période plus ou moins longue, un régime de privations. Sénèque écrit à son ami Lucilius : « Je me plais tellement à éprouver la fermeté de ton âme que, comme de grands hommes l'ont prescrit, à mon tour je te prescrirai d'avoir de temps à autre certains jours où, te bornant à la nourriture la plus modique et la plus commune, à un vêtement rude et grossier, tu puisses te dire : « Voilà donc ce qui me faisait peur ! » Qu'au temps de la sécurité l'âme se prépare aux crises difficiles; qu'elle s'aguerrisse contre les injures du sort au milieu même de ses faveurs. En pleine paix, sans ennemis devant soi, le soldat prend sa course, fiche des palissades et se fatigue de travaux superflus pour suffire un jour aux nécessaires. Celui que tu ne veux pas voir trembler dans l'action, exerce-le avant l'action. Voilà comme ont fait les hommes qui, vivant en pauvres tous les mois de l'année, se réduisaient presque à la misère pour ne plus craindre ce dont ils auraient fait souvent l'apprentissage... Je veux pour toi un vrai grabat, un sayon, un pain dur et grossier. Soutiens ce régime trois ou quatre jours, quelquefois plus : n'en fais pas un jeu, mais une épreuve. Alors, crois-moi, Lucilius, tu tressailliras de joie quand pour deux as[1] tu seras rassasié ; tu verras que pour être tranquille sur l'avenir, on n'a nul besoin de la fortune ; car elle nous doit le nécessaire, même dans ses rigueurs. Ne te figure pas toutefois que tu auras fait merveille : tu auras fait... ce que tant de milliers de pauvres font. A quel titre donc te glorifier ? C'est que tu l'auras fait sans contrainte, et qu'il te sera aussi facile de le souffrir toujours que de l'avoir essayé un moment. Exerçons-nous à cette escrime, et pour que le sort ne nous prenne pas au dépourvu, rendons-nous la pauvreté familière. Nous craindrons moins de perdre la richesse, si nous savons combien peu il est pénible d'être pauvre. Le grand maître en volupté, Épicure, avait ses jours marqués où il fraudait son appétit afin de voir s'il lui manquerait quelque chose... On trouve même à ce régime une jouissance, et une jouissance non point légère, d'un moment, et qu'il faille toujours étayer, mais stable et assurée. Ce n'est pas en soi une douce chose que l'eau claire et la bouillie, ou un mor-

1. Deux sous.

ceau de pain d'orge ; mais c'est un plaisir suprême d'en pouvoir encore retirer du plaisir et de s'être astreint à ce que ne saurait nous ravir le plus inique destin... Commence donc, cher Lucilius, à suivre la pratique de ces sages : prescris-toi certains jours pour quitter ton train ordinaire et l'accommoder de la plus mince façon de vivre ; commence, fraternise avec la pauvreté[1]. »

Sénèque lui-même, jusque dans sa vieillesse et au milieu d'une opulence inouïe, nous apprend qu'il couchait sur la dure : « l'empreinte de mon corps ne paraît point sur mon matelas. » Chacun pourra ainsi s'imposer, selon son tempérament, telles pratiques régulières capables d'exercer la volonté. Mais on n'ira pas, nous l'avons dit déjà, jusqu'aux pratiques funestes d'un ascétisme qui pourrait mettre la santé en péril. Une volonté énergique réclame pour instrument un corps sain et robuste.

Il sera bon de se tracer dès la première jeunesse un ordre de vie dont on se départira le moins possible. Ayons des heures fixes pour les repas, pour le travail, pour la promenade, pour le sommeil. Un tel régime, outre qu'il est conforme à l'hygiène et qu'il ménage cette chose précieuse entre toutes, le temps, est une preuve, s'il est scrupuleusement suivi, que la volonté est décidément la maîtresse, et qu'elle sait tenir la main à ce qu'elle a une fois résolu.

Mais en cela même, l'excès de scrupule serait nuisible. Il est des circonstances où il faut savoir se départir de sa règle, quitte à la reprendre au plus tôt.

---

1. *Lettre XVIII*, trad. franç. de J. Baillard.

IV. — LA VOLONTÉ ET L'HABITUDE

Pour assurer l'indépendance de la volonté, Kant prétend interdire à l'homme de se rendre l'esclave de l'habitude. Mais il faut distinguer. L'habitude mauvaise, on doit la combattre et la détruire; l'habitude bonne n'est autre que la vertu : et si la vertu devenait une seconde nature au point que nous fussions dans l'heureuse impossibilité de mal faire, conviendrait-il de s'en plaindre? La récompense d'une volonté énergique et persévérante, c'est précisément que l'effort lui devient de moins en moins nécessaire, et l'âme tout entière, désormais affranchie des conflits douloureux, marche, apaisée, joyeuse et comme d'un mouvement spontané, dans la voie de la perfection.

Nous n'avons pas à dire de la volonté, comme des autres facultés, qu'il faut non seulement la développer, mais l'orienter vers le bien. Cela est évident, puisque cette conformité du vouloir avec l'idéal moral est la moralité même

V. — LE SAGE

L'homme dont toutes les facultés sont ainsi portées au maximum d'énergie et dirigées dans le déploiement de leur activité par l'idée du devoir, est un sage. Sa sensibilité, vive et délicate, s'attache d'un amour ardent, mais non déréglé, à tous les objets des affections légitimes; son intelligence n'est étrangère à aucune des grandes vérités scientifiques et morales, et ce qu'il pense, il le pense par lui-même, comme il convient à un esprit qui a souci de sa dignité. Il est épris du beau sous toutes ses formes ; les spectacles de la nature ont pour lui des charmes inépuisables ; dans la littérature et dans l'art, ce qu'il goûte par-dessus tout, c'est ce qui purifie et élève l'âme, la poésie d'un Corneille, d'un Racine, d'un Lamartine, d'un Hugo ; l'éloquence d'un Bossuet, les madones de Raphaël, l'austère génie de Michel-Ange, les mélodies divines de Mozart, la mâle tristesse de Beethoven. Sa volonté enfin, souveraine des passions, va d'un pas égal et sans effort vers le bien, et n'est plus que justice, charité, vertu. Sans doute un tel idéal de sagesse ne se peut que difficilement réaliser ; mais il y faut tendre toujours et se persuader, selon le mot d'un ancien, que rien n'est fait, tant qu'il reste quelque chose à faire.

RÉSUMÉ

I. — Ce qui a été dit des facultés précédentes pourrait se répéter à propos de l'attention, de la réflexion, du jugement, du raisonnement, et en général de toutes les opérations de l'esprit : 1° il faut constamment les perfectionner par l'exercice ; 2° il faut les appliquer à des objets qui le méritent.

L'âme humaine, ses destinées, les grandes questions

de l'ordre moral et religieux seront surtout l'objet de nos méditations.

II. — Si la volonté intervient efficacement dans la culture des autres facultés, à plus forte raison est-il important de la développer elle-même. *L'éducation de la volonté* se fera principalement à l'époque de la vie où le *caractère se forme*, c'est-à-dire pendant l'enfance et l'adolescence. Les parents et les maîtres combattront chez l'enfant les passions basses et égoïstes, ils empêcheront la formation des mauvaises habitudes; ils feront, au contraire, contracter les habitudes de la tempérance et du travail, conditions essentielles de bonheur et de dignité.

III. — Certains moralistes conseillent les *privations volontaires*, et beaucoup de réserve dans la satisfaction des besoins physiques. Il y a là, en effet, une excellente discipline de la volonté; mais il faut éviter d'affaiblir le corps.

Il est bon aussi d'ordonner la vie au point de vue des repas, du travail, des récréations, du sommeil, etc., et d'exercer la volonté à observer scrupuleusement et constamment les règles qu'elle s'est tracées.

IV. — La *formation des bonnes habitudes*, en diminuant et en supprimant même l'effort nécessaire, dans les commencements, à l'accomplissement du bien, ne rend point inutile l'intervention constante de la volonté, qui aura toujours matière à s'exercer. L'affranchissement de l'âme et son progrès dans la voie de la perfection est d'ailleurs la récompense de la volonté forte et persévérante.

V. — L'homme dont toutes les facultés sont ainsi portées au maximum d'énergie, et orientées vers l'idée du bien moral, est un *sage*.

Ouvrages à consulter :

Jules Simon, *Le Devoir*. (1ᵉ partie, ch. v.)
L. Carrau, *La Morale utilitaire*. (2ᵉ partie, l. I, ch. vii.)

VINGT-SEPTIÈME LEÇON

LE TRAVAIL. — SA NÉCESSITÉ

Sommaire. — I. Le travail. — II. L'empire de l'homme sur la nature. — III. Perfectionnement des facultés par le travail. — IV. Travail manuel. Travail intellectuel.

I. — LE TRAVAIL

L'application énergique, persévérante, méthodique, de l'activité, soit physique, soit intellectuelle, à une œuvre déterminée, c'est le travail.

Le travail est la condition essentielle de l'existence de l'humanité sur notre planète. Les anciens remarquaient déjà combien peu la nature semble avoir pourvu à la conservation de l'homme, en comparaison de ce qu'elle a fait pour les autres animaux. « Semblable, dit Lucrèce, au matelot que la tempête a jeté sur le rivage, l'enfant qui vient de naître est étendu à terre, nu, incapable de parler, dénué de tous les secours de la vie... et il remplit de ses cris plaintifs le lieu de sa naissance... Au contraire, les troupeaux de toute espèce et les bêtes féroces croissent sans peine; ils n'ont besoin ni du hochet bruyant, ni du langage enfantin d'une nourrice caressante, ni de vêtements différents pour les différentes saisons. Il ne leur faut ni armes pour défendre leurs biens, ni forteresses pour les mettre à couvert, puisque la terre et la nature fournissent à chacun d'eux toutes choses en abondance[1]. »

II. — L'EMPIRE DE L'HOMME SUR LA NATURE

Mais ce n'est là qu'une apparence trompeuse. L'homme a reçu des dons inappréciables, la faculté d'observer, celle de comparer, de réfléchir, d'abstraire, de généraliser, par-dessus tout celle de vouloir. C'est par là qu'il a peu à peu amélioré sa condition, assuré sa vie, augmenté son bien-être et conquis la nature. Et cette conquête, à peine commencée, pourra, grâce à l'accumulation chaque jour plus rapide des découvertes, être poussée jusqu'à des limites qu'il est impossible de fixer. Car si les œuvres de l'instinct animal se répètent toujours les mêmes, celles de l'homme vont se perfectionnant sans cesse, parce que, selon la belle expression de Pascal, « l'homme n'est produit que pour l'infinité[2]. »

1. *De la nature*, l. V, v, 223 et suiv.
2. Citons tout entière cette belle page : « Les ruches des abeilles étaient aussi bien mesurées il y a mille ans qu'aujourd'hui, et chacune d'elles forme cet hexagone aussi exactement la première fois que la dernière. Il en est de même de tout ce que les animaux produisent par ce mouvement occulte (l'instinct). La nature les instruit, à mesure que la nécessité les presse; mais cette science fragile se perd avec les besoins qu'ils en ont; comme ils la reçoivent sans étude, ils n'ont pas le bonheur de la conserver; et toutes les fois qu'elle leur est donnée, elle leur est nouvelle, puisque la nature n'ayant pour objet que de maintenir les animaux dans un ordre de perfection bornée, elle leur inspire cette science nécessaire toujours égale, de peur qu'ils ne

De là les merveilles de la science et de l'industrie, qui arrachent à Bossuet lui-même comme un chant de triomphe. « L'homme a presque changé la face du monde ; il a su dompter par l'esprit les animaux qui le surmontaient par la force ; il a su discipliner leur humeur brutale et contraindre leur liberté indocile ; il a même fléchi par adresse les créatures inanimées. La terre n'a-t-elle pas été forcée par son industrie à lui donner des aliments plus convenables, les plantes à corriger en sa faveur leur aigreur sauvage, les venins mêmes à se tourner en remèdes pour l'amour de lui ? Il serait superflu de vous raconter comme il sait ménager les éléments, après tant de sortes de miracles qu'il fait faire tous les jours aux plus intraitables, je veux dire au feu et à l'eau, ces deux grands ennemis, qui

tombent dans le dépérissement, et ne permet pas qu'ils y ajoutent, de peur qu'ils ne passent les limites qu'elle leur a prescrites. Il n'en est pas de même de l'homme, qui n'est produit que pour l'infinité. Il est dans l'ignorance au premier âge de sa vie, mais il s'instruit sans cesse dans son progrès ; car il tire avantage non seulement de sa propre expérience, mais encore de celle de ses prédécesseurs ; parce qu'il garde toujours dans sa mémoire les connaissances qu'il s'est une fois acquises, et que celles des anciens lui sont toujours présentes dans les livres qu'ils en ont laissés. Et comme il conserve ces connaissances, il peut aussi les augmenter facilement, etc... » (*Fragment d'un traité sur le vide.*) Voir aussi Bossuet, *Connaissance de Dieu et de soi-même*, ch. v. — Les partisans de la théorie darwinienne du transformisme nient que l'animal soit absolument incapable de tout progrès, et ils citent, précisément à propos des abeilles, ce fait qu'une variété de ces insectes, la mélipone du Mexique, fait des alvéoles irrégulières ; ils en concluent que les abeilles ont pu perfectionner leur ouvrage dans le cours des générations. Mais le mot de Pascal reste vrai : depuis mille ans, les ruches des abeilles n'ont pas changé, et s'il y a véritablement progrès dans les œuvres de l'instinct animal, il est tellement insensible qu'aucune expérience directe n'a pu encore le constater.

s'accordent néanmoins à nous servir dans des opérations si utiles et si nécessaires. Quoi plus? il est monté jusqu'aux cieux; pour marcher plus sûrement, il a appris aux astres à le guider dans ses voyages; pour mesurer plus également sa vie, il a obligé le soleil à rendre compte, pour ainsi dire, de tous ses pas... Il fouille partout hardiment comme dans son bien, et il n'y a aucune partie de l'univers où il n'ait signalé son industrie[1]. »

C'est le travail qui produit tous ces miracles; car l'intelligence a besoin d'être appliquée avec effort, pour découvrir quoi que ce soit. Le travail, en défrichant le sol, en façonnant un silex en couteau, en creusant un tronc d'arbre pour en faire une pirogue, a donné naissance à la propriété, sans laquelle la société civile n'existerait pas. Le travail crée la richesse, au moins la richesse utilisable. Sans le travail, répétons-le, l'humanité aurait péri dès les premières générations.

III. — PERFECTIONNEMENT DES FACULTÉS PAR LE TRAVAIL

Le travail suppose l'application énergique et méthodique de l'activité; réciproquement l'activité, soit physique, soit intellectuelle, se développe par le travail. Sans lui, toutes nos facultés resteraient à l'état rudimentaire. Quelle maladresse chez l'apprenti qui manie pour la première fois les outils dont il doit apprendre à se servir! Que l'on a de peine à fixer l'attention d'un

---

1. *Sermon sur la mort.*

jeune enfant, à lui faire saisir la liaison de deux idées, ou de deux jugements! Comme sa mémoire est d'abord rebelle! Le travail triomphe lentement de tous ces obstacles. Il assouplit, rend plus sûre et plus prompte la main de l'artisan; il augmente, l'on peut dire indéfiniment, la puissance des facultés intellectuelles. Tel, qui était le dernier de sa classe, s'élève, par le travail, au premier rang. L'ouvrier laborieux conquiert, avec une habileté supérieure, les moyens de devenir patron, et peut-être de faire fortune. On a dit que le génie n'est qu'une longue patience; ce n'est pas tout à fait exact, car s'il est vrai que le génie veut être fécondé par le travail, il est avant tout un don naturel; mais le talent, en tout genre, est certainement le fruit d'un labeur assidu. Or, avoir du talent est déjà beaucoup, et peut consoler de n'avoir pas de génie.

IV. — TRAVAIL MANUEL. TRAVAIL INTELLECTUEL

On distingue ordinairement le travail *manuel* et le travail *intellectuel*. Cette distinction n'est qu'imparfaitement fondée; le travail des mains suppose, en effet, toujours une certaine application de l'intelligence, et en tout cas, un effort de volonté. Le menuisier qui travaille une pièce de bois, a besoin de prendre exactement ses mesures, et cela est œuvre d'intelligence. Un tailleur de pierres, un terrassier, peuvent faire preuve de plus ou moins d'intelligence dans l'exercice de leur métier, les entrepreneurs le savent bien. D'autre part, le sculpteur, le peintre, font, à un certain point de vue, œuvre manuelle, et cependant ils sont rangés d'habitude parmi ceux qui s'adonnent aux travaux intellectuels. L'homme de lettres, le littérateur, le romancier, tiennent une plume et s'en servent, comme le menuisier de son rabot. Laissons donc une distinction plus apparente que réelle, et qui n'a plus, comme autrefois, sa raison d'être.

C'est qu'en effet, le travail dit *manuel*, fut longtemps considéré comme dégradant. Chez les anciens, il était abandonné aux esclaves. L'homme libre, non seulement ne travaillait pas de ses mains, mais estimait indigne de lui toute sorte de commerce. Ce préjugé est partagé par des esprits aussi éclairés qu'Aristote et Cicéron. Socrate eut pourtant le mérite d'élever une protestation. Mais, en général, chez les anciens, il est admis que la guerre, la politique, la philosophie, et, dans une certaine mesure, les beaux-arts, conviennent seuls au citoyen. Il en est ainsi au moyen âge, pendant l'époque féodale; le chevalier méprise même tout ce qui n'est pas le métier des armes, et, à l'occasion, déclare fièrement ne pas savoir écrire, *étant gentilhomme*. Presque jusqu'à la fin de l'ancien régime, la noblesse affiche le dédain du travail; ceux de ses membres qui se piquent de littérature ou de poésie, tombent souvent dans le ridicule par l'affectation d'être étrangers à toute étude.

> Pour de l'esprit, j'en ai sans doute; et du bon goût
> A juger *sans étude* et décider de tout,

dit l'un des marquis du *Misanthrope;* et Mascarille,

dans les *Précieuses* [1] : « Les gens de qualité savent tout sans avoir jamais rien appris. »

Notre société démocratique a fait justice de ces absurdes prétentions. Elle a le respect du travail, quel qu'il soit ; elle estime que l'homme qui gagne sa vie par l'exercice d'un métier manuel a plus de valeur morale, est plus utile à la société que le riche oisif et débauché ; elle ne croit pas que personne déroge en cultivant, pour le profit de tous, les facultés qu'il a reçues.

Il faut même se mettre en garde contre un préjugé inverse à celui qui prévalait avant la révolution française, et ne s'imaginer pas, comme le font quelques-uns, que les seuls travailleurs soient ceux qui travaillent de leurs mains. On est trop disposé, dans certains milieux, à traiter de paresseux le penseur, l'homme de lettres, l'artiste, le fonctionnaire. Mais le travail ne se manifeste pas toujours par une œuvre matérielle et tangible. Une pensée, produit de l'effort intellectuel, peut représenter des années d'intense méditation. Tout homme utile à ses semblables, à son pays, est un travailleur, et a droit, comme tel, au respect. Or la société a tout autant besoin des services de l'employé, du magistrat, du savant, du philosophe, des œuvres du poète, du peintre, du musicien, que des produits du laboureur ou du maçon. Elle a des exigences intellectuelles, non moins impérieuses que les exigences physiques. La civilisation ne se nourrit pas moins d'art et de science que de pain.

---

1. Molière. — *Les Précieuses ridicules*, scène x. Édition Reynier. (Quantin et Picard et Kaan.)

RÉSUMÉ

I. — L'activité appliquée à une œuvre déterminée est le *travail*. Sans le travail, l'homme ne pourrait vivre, et au point de vue de la conservation individuelle, la nature semble avoir moins fait pour lui que pour les autres êtres vivants.

II. — Mais il a sur eux une immense *supériorité* : tandis que les animaux guidés seulement par leurs instincts restent stationnaires, il peut, grâce à son intelligence et à sa volonté, non seulement vivre, mais améliorer sans cesse sa condition. Les animaux, les plantes, les éléments mêmes, deviennent entre ses mains des instruments de bonheur et de progrès.

III. — Le travail suppose l'application énergique et méthodique de l'activité. Réciproquement le travail développe et augmente la puissance de l'activité. Par le travail, l'homme triomphe de toutes les difficultés; par lui, le plus humble est capable de s'élever au premier rang de la hiérarchie sociale. — Le talent, sinon le génie, est le fruit du travail.

IV. — On distingue ordinairement le travail *manuel* et le travail *intellectuel*. Cette distinction n'a guère sa raison d'être, car le travail manuel suppose l'intelligence ; et, d'autre part, les conceptions de l'intelligence et de l'imagination, celles de l'art, par exemple, ont besoin, pour s'exprimer, du concours de la main.

Autrefois le travail manuel était considéré comme dégradant pour les personnes « de condition libre », et plus tard pour les personnes « de qualité ». Ce préjugé a duré bien des siècles. Aujourd'hui il a disparu : tout travail utile est respectable, chez tous, quel qu'il soit.

Il ne faudrait pas tomber dans le préjugé inverse, et croire que les seuls travailleurs soient ceux qui travaillent de leurs mains. Le travail de l'intelligence est pénible et demande de grands efforts. Dans la société organisée, les magistrats, les savants et les poètes sont aussi nécessaires que les laboureurs et les artisans.

Ouvrages à consulter :

Jules Simon, *Le Travail.*
Baudrillart, *L'Économie politique dans ses rapports avec la morale.*
Paul Janet, *La Philosophie du bonheur.*
Reverdy et Burdeau, *Le Droit usuel, le Droit commercial et l'Économie politique à l'école.*
Consulter également : *les principaux traités d'Économie politique* (MM. Levasseur, Frédéric Passy, Paul Leroy-Beaulieu, Courcelle-Seneuil, Maurice Bloch, etc.)

VINGT-HUITIÈME LEÇON

LE TRAVAIL (suite). — SON INFLUENCE MORALE

Sommaire. — I. L'obligation du travail est universelle. — II. Le travail, l'épargne et le capital. — III. Le travail, condition d'indépendance et de dignité. — IV. Le travail, condition de bonheur.

I. — L'OBLIGATION DU TRAVAIL EST UNIVERSELLE

Le travail sous toutes ses formes est donc nécessaire. Mais, demandera-t-on, ceux à qui la richesse a été transmise par leurs parents, et qui la possèdent ainsi de naissance, ont-ils le droit de se soustraire à la loi du travail? Et si ce droit leur est reconnu, quelle inégalité choquante! Aux uns, toutes les fatigues, l'effort incessant, la tâche chaque jour reprise et poursuivie sans trêve jusqu'à la vieillesse; aux autres, toutes les jouissances du luxe et de l'oisiveté. Ne serait-il pas juste que, si tout le monde profite des avantages qui résultent de l'ordre social, cet ordre ne pouvant subsister sans le travail, tous fussent tenus de travailler?

C'est à un point de vue différent, la question de la propriété qui se pose à nouveau. Nous avons établi la légitimité du droit de propriété, et de celui de transmission par héritage, qui en découle. Le droit de posséder implique celui de jouir librement de ce qu'on possède, et nous ne comprendrions pas que la loi vînt, par la contrainte, imposer l'obligation du travail à celui qui peut vivre sans rien faire. Mais ce que la loi ne pourrait inscrire dans ses prescriptions sans porter atteinte à la liberté individuelle, la morale le range parmi les devoirs. Oui, c'est un devoir social et personnel en même temps que de travailler, eût-on trouvé la richesse dans son berceau. C'est un devoir social, car on doit prendre sa part du commun effort, contribuer à l'œuvre sacrée du progrès, et pour cela il ne suffit pas de *s'être donné la peine de naître*, et de se reposer ensuite toute sa vie. On n'a même pas acquitté sa dette envers la société parce qu'on a payé régulièrement l'impôt et satisfait aux exigences de la loi. L'oisiveté est d'un mauvais exemple; elle risque de provoquer dans le cœur des travailleurs pauvres des colères malsaines, de compromettre ainsi la bonne harmonie qui doit exister entre les membres du corps social, et, par là, dans une certaine mesure, la sécurité publique elle-même. Elle est comme une insulte à la dure existence de celui qui, chaque jour, doit gagner son pain et celui de ses enfants.

Mais quoi! voulons-nous donc que les riches se fassent ouvriers et viennent, sans en avoir besoin, disputer un maigre salaire à ceux qui ne sauraient s'en passer pour vivre? Voulons-nous même qu'ils encombrent les fonctions de l'État, au détriment des fils méritants de

familles sans fortune? Non, mais ils peuvent et doivent
mettre à profit l'éducation qu'ils ont reçue, employer
leur temps, leurs facultés, leurs ressources, au service
d'œuvres utiles, recherches scientifiques ou historiques,
travaux artistiques ou littéraires, associations philan-
thropiques, etc. Ils peuvent et doivent, s'ils sont pro-
priétaires fonciers, exploiter eux-mêmes leur domaine,
essayer et propager les procédés nouveaux de culture,
l'usage de machines perfectionnées, combattre autour
d'eux la routine, apprendre au paysan à tirer le meilleur parti de son champ, travailler, en un mot, de
quelque manière que ce soit. Le riche Buffon, le riche
Lavoisier, tant d'autres, qui, au sein de l'opulence, ont
mené la vie la plus laborieuse, se sont-ils cru le droit
d'être oisifs?

II. — LE TRAVAIL, L'ÉPARGNE ET LE CAPITAL

Le travail est surtout un devoir personnel. Il est
une des formes de la prudence, puisqu'il met l'homme
en état de pouvoir toujours subvenir à ses besoins.
Jamais une fortune n'est assez assurée pour être à
l'abri d'une catastrophe possible. On sait que pendant
la révolution française, des membres des premières familles du royaume furent obligés de travailler pour
vivre. D'où la nécessité pour chacun d'en contracter
de bonne heure l'habitude. Le travail est de plus la
condition de l'épargne; car il est rare qu'un travailleur énergique et devenu habile ne réussisse à gagner
un peu au delà de ce qui lui est immédiatement né-

cessaire. Il peut donc *mettre*, comme on dit, *de côté*, pour les cas imprévus, maladies, chômage, etc., pour le temps de la vieillesse, où les forces commencent à faiblir, pour sa femme, qu'un malheur peut laisser veuve, pour ses enfants s'ils devenaient orphelins. En créant l'épargne, le travail crée le capital, qui rend possibles les entreprises nouvelles, l'extension des affaires et ouvre parfois aux plus humbles l'accès de la fortune.

III. — LE TRAVAIL, CONDITION D'INDÉPENDANCE ET DE DIGNITÉ

Condition de sécurité pour l'homme, le travail l'est aussi et par cela même, d'indépendance et de dignité. Il est beau de ne vouloir compter que sur soi-même, son activité, son énergie. Le travailleur reçoit le front haut son salaire, parce qu'il sait qu'il l'a mérité, et qu'en échange il a créé une valeur ou rendu un service. S'il ne s'estime pas suffisamment payé, il peut aller ailleurs, sûr qu'un bon ouvrier est toujours bien accueilli. Il est sans doute attaché par des liens d'affection et d'habitude, au patron, à l'usine; mais il n'y a là rien qui ressemble à une subordination humiliante, à une abdication de la liberté. Le travailleur est, lui aussi, un capitaliste à sa manière; l'habileté acquise, les qualités morales que le travail suppose et développe, ne sont-ce pas des capitaux véritables, une richesse toujours renouvelée? Et celui qui porte cette richesse avec soi, comment n'aurait-il pas conscience de ce qu'il vaut?

C'est un adage vulgaire que l'oisiveté est la mère de

tous les vices. Qui ne travaille pas est la proie assurée de toutes les tentations malsaines. Il faut un emploi du temps; on ne reste pas des journées entières immobile, les bras croisés. Ce temps qu'on n'emploie pas au travail, on le passe en de mauvaises compagnies, en lectures frivoles ou corruptrices; on cherche à *s'amuser*, et comme on dépense son argent sans en gagner, on s'endette. On tombe dès lors dans des embarras de plus en plus inextricables; l'horreur du travail, résultat d'une longue paresse, conduit aux expédients peu scrupuleux pour conjurer la ruine : faux, vols, pis encore, voilà les conséquences trop fréquentes auxquelles on aboutit. C'est une observation faite à propos des grands criminels que tous ont une répugnance marquée pour le travail; ils préfèrent la prison, la déportation, la mort même au labeur régulier de l'atelier. « Je suis *feignant*, disait aux jurés le parricide Lemaire; j'ai horreur du travail. Si je ne veux pas travailler en liberté, ce n'est pas pour aller travailler au bagne; je me laisserai mourir de faim. » N'est-il pas horrible de penser que la paresse peut conduire jusque-là!

Comme le travail, au contraire, développe avec les parties hautes de l'âme, toutes les vertus! Le travailleur n'a pas le temps ni le désir de penser à mal, la tempérance lui est devenue une seconde nature. Son intelligence est toujours en éveil pour perfectionner l'œuvre; sa volonté, toujours énergique, ignore les défaillances, tout entière à continuer et à finir ce qu'elle a commencé. L'idée du but à atteindre soutient le courage; en un mot, le respect de soi-même, qui embrasse toutes les vertus, est l'effet direct du travail.

IV. — LE TRAVAIL, CONDITION DE BONHEUR

Ajoutons-y le contentement de soi-même. Quand on travaille, on est heureux, parce qu'on fait son métier d'homme, qu'on a conscience de remplir un devoir. Fût-on malheureux d'autre part, le travail est un consolateur; il détourne l'âme des pensées qui l'attristent, il adoucit l'amertume du chagrin. Nous ne voulons certes pas dire, avec Montesquieu, qu'une heure de lecture suffise à faire oublier toutes les peines; ce seraient des peines bien légères en tout cas, que celles dont il serait si aisé de trouver le remède, ou bien l'âme qui s'apaiserait à si peu de frais serait armée d'une insensibilité coupable. Mais si l'homme est tenu de ne pas se laisser accabler par les épreuves de la vie, n'est-ce pas que, dans le malheur, le travail devient, en même temps qu'une suprême ressource contre l'abattement, une obligation morale plus impérieuse que jamais? Le travail nous donne dans la satisfaction du résultat obtenu la plus douce récompense de l'effort. Depuis Pythagore, sacrifiant une hécatombe en actions de grâce pour avoir trouvé la démonstration du carré de l'hypoténuse, jusqu'au plus humble artisan qui vient de terminer sa tâche, tous les travailleurs connaissent cette joie profonde et durable que donne le sentiment de l'œuvre faite et bien faite. Et plus elle a coûté, plus intense est le bonheur de l'avoir accomplie.

Content de soi-même, le bon travailleur est content des autres, comme les autres le sont de lui. Toutes les affections sympathiques reçoivent du travail un surcroît de force. Il est un des liens qui maintiennent le plus solidement la bonne harmonie dans les familles et la fraternité sociale.

Dès l'antiquité, Socrate exprimait admirablement ces effets salutaires du travail pour la moralité et le bonheur. Un jour, il rencontre un de ses amis, Aristarque, qui lui paraît accablé de tristesse. Il lui en demande la cause, et celui-ci lui avoue qu'il a chez lui des parentes qu'il faut nourrir, que c'est là une bien lourde charge et qu'il ne peut pourtant pas leur demander de subvenir à leurs besoins par le travail, parce qu'elles sont de condition libre. — « Quoi donc, répond Socrate, combattant ici le préjugé de toute l'antiquité, parce qu'elles sont libres et tes parentes, penses-tu qu'elles ne doivent rien faire que manger et dormir? Vois-tu que les autres personnes libres, qui vivent dans une telle oisiveté, aient une meilleure existence? trouves-tu qu'elles soient plus heureuses que celles qui s'occupent des choses utiles qu'elles savent? Te semble-t-il que la paresse et l'oisiveté aident les hommes à apprendre ce qu'ils doivent savoir, à se rappeler ce qu'ils ont appris, à donner à leur corps la santé et la vigueur, à acquérir et à conserver tout ce qui est nécessaire à la vie, tandis que le travail et l'exercice ne servent de rien? Quels sont donc les hommes les plus sages; de ceux qui restent dans l'oisiveté, ou qui s'occupent de choses utiles? les plus justes, de ceux qui travaillent, ou qui, sans rien faire, délibèrent sur les moyens de subsister? Mais en ce moment, j'en suis sûr, tu ne peux aimer tes parentes et elles ne peuvent t'aimer : toi, parce que tu les regardes comme une gêne pour toi ; elles, parce qu'elles voient bien qu'elles te gênent. De tout cela, il est à craindre qu'il ne résulte une haine d'autant plus vive et que la reconnaissance du passé ne soit amoindrie. Mais si tu leur imposes une tâche, tu les aimeras en voyant qu'elles te sont utiles, et elles te chériront à leur tour, en voyant qu'elles te contentent ; le souvenir du passé vous sera plus agréable, votre reconnaissance s'en augmentera, et vous deviendrez ainsi meilleurs amis et meilleurs parents... Tes parentes ont, à ce qu'il paraît, des talents très honorables pour elles, ceux qui conviennent le mieux à une femme ; or, ce qu'on sait bien, tout le monde le fait facilement et vite, avec adresse et avec plaisir. N'hésite donc pas à leur proposer un parti qui te sera avantageux autant qu'à elles et qu'elles embrasseront sans doute avec joie. »

« Aristarque est persuadé ; on se procure des fonds, on achète de la laine ; les femmes dînaient en travaillant, soupaient après le travail, et la gaieté avait succédé à la tristesse : au lieu de se regarder en dessous, on se voyait avec plaisir[1]. » Un bon conseil de Socrate avait ramené, par le travail, l'aisance, le bonheur, l'affection réciproque dans toute une famille.

1. XÉNOPHON, *Mémorables*, l. II, ch. VII, t. I, p. 58-59, trad. de M. Talbot.

RÉSUMÉ

I. — Le riche est-il tenu de travailler comme le pauvre? On ne saurait lui en faire une obligation *légale*. Mais le travail est une obligation *morale*, à laquelle personne n'a le droit de se soustraire.

En travaillant, le riche donne le bon exemple, fait taire les jalousies et les colères qui germent facilement dans le cœur du travailleur malheureux : enfin il apporte son tribut à l'œuvre sacrée du progrès. Il ne fera pas précisément la besogne de l'ouvrier, il pourra même laisser à d'autres les fonctions publiques salariées. Mais il s'adonnera aux travaux scientifiques, littéraires ou artistiques; et s'il est grand propriétaire foncier, il exploitera ses terres, propagera les procédés de culture perfectionnée et répandra ainsi autour de lui l'aisance et le progrès.

II. — Le travail est l'une des formes de la *prudence*. Les revers peuvent atteindre le riche qui, devenu pauvre, doit pouvoir au besoin gagner sa vie. Le travail est aussi la condition de l'*épargne*. Avec l'épargne l'humble travailleur éloigne la misère de son foyer, en cas d'accident; il constitue peu à peu des *capitaux*, qui lui permettront d'agrandir ses moyens d'action et d'arriver peut-être un jour à la fortune.

III. — A la sécurité, le travail ajoute l'*indépendance* et la *dignité*. L'ouvrier consciencieux et économe reçoit sans humiliation un salaire mérité, et échappe aux servitudes qui pèsent sur l'existence de l'ouvrier dissipateur et paresseux. De plus, le travail préserve la vie des misères et des hontes auxquelles conduit fatalement l'oisiveté.

IV. — Le travail est enfin une source de *bonheur* : ce qui précède le prouve déjà. Il procure aussi le contentement de soi, il récompense souvent les efforts et la persévérance par la joie que donne l'œuvre accomplie, et, dans le malheur, il adoucit l'amertume des plus violents chagrins.

Ouvrages à consulter :

Jules Simon, *Le Travail.*
Baudrillart, *L'Économie politique dans ses rapports avec la morale.*
Paul Janet, *La Philosophie du bonheur.*
Burdeau, *Notions d'Économie politique.*

SIXIÈME PARTIE

DEVOIRS RELIGIEUX ET DROITS CORRESPONDANTS

VINGT-NEUVIÈME LEÇON

OBJET DU SENTIMENT RELIGIEUX

Sommaire. — I. Origine et développements de la croyance à la divinité. — II. La philosophie grecque. Le judaïsme et le christianisme. — III. Preuve de l'existence de Dieu, tirée de l'ordre de l'univers et de l'organisation des animaux. — IV. Preuve tirée de l'existence de l'idée du parfait. — V. Preuve tirée de l'existence de la loi morale. — VI. La morale et la religion.

I. — ORIGINE ET DÉVELOPPEMENTS DE LA CROYANCE A LA DIVINITÉ

Dès l'origine, l'homme a entrevu et affirmé l'existence d'un ou de plusieurs êtres doués d'une puissance supérieure à la nôtre, se manifestant par des phénomènes souvent redoutables et tenant en leurs mains notre bonheur ou notre malheur. Les peuplades les plus dégradées croient à des divinités, grossières sans doute, et leur rendent un culte. On craint d'abord les dieux plus qu'on ne les aime; on leur attribue tout ce qui produit la terreur, menace ou détruit la vie humaine : foudre, météores, tempêtes, tremblements de terre, épidémies, morts subites, etc. Peu à peu, à mesure que la vie devient moins précaire, que les lois de la nature sont mieux connues, que la réflexion se développe, la notion de la divinité s'épure; un sentiment de reconnaissance et d'amour s'ajoute à l'épouvante primitive et l'adoucit. La fécondité du sol, la succession régulière des saisons, la douce influence du printemps après les tristesses de l'hiver, autant de bienfaits dont l'homme se croit redevable à ces puissances mystérieuses qu'il sent au-dessus de lui. Nous disons *ces puissances*, parce qu'il semble que le polythéisme ou croyance à plusieurs dieux ait été presque partout antérieur au monothéisme ou croyance à un Dieu unique. Le fait n'est pas cependant très sûr; l'idée monothéiste apparaît de bonne heure dans les anciens hymnes de l'Inde, les Védas, et, chez les Égyptiens, on a des raisons d'admettre qu'elle a précédé les cultes bizarres des animaux et des plantes.

II. — LA PHILOSOPHIE GRECQUE
LE JUDAÏSME ET LE CHRISTIANISME

En Grèce, où le polythéisme fut particulièrement florissant, les philosophes protestèrent bientôt au nom de la raison et du sentiment moral, et ils combattirent la religion populaire à laquelle leur influence substitua, au moins dans les esprits des hommes instruits, la notion d'un Dieu unique, très sage et très bon. Le polythéisme vulgaire, en effet, prêtait volontiers à ses dieux toutes les passions et tous les vices des hommes, et les représentait sous une forme humaine ; ils étaient seulement plus beaux, et affranchis de la mort. Mais déjà cinq siècles avant notre ère, le philosophe Xénophane écrivait :

> Ce sont les hommes qui semblent avoir produit les dieux
> Et leur avoir donné leurs sentiments, leur voix et leur air.

Et encore :

> Homère et Hésiode ont attribué aux dieux
> Tout ce qui est déshonorant parmi les hommes :
> Le vol, l'adultère et la trahison.

Puis, avec une ironie indignée :

> Si les bœufs ou les lions avaient des mains,
> S'ils savaient peindre avec les mains et faire des ouvrages comme
> [les hommes,
> Les chevaux se serviraient des chevaux, et les bœufs des bœufs,
> Pour représenter leurs idées des dieux, et ils leur donneraient
> [des corps
> Tels que ceux qu'ils ont eux-mêmes.

Socrate semble incliner vers la croyance à une Divinité unique, qui a tout disposé pour le mieux dans la nature et dans l'homme. Platon admet formellement l'existence d'un Dieu suprême, ordonnateur de l'univers. Aristote proclame aussi l'unité de Dieu, et ce Dieu est pour lui sans corps, il est la Pensée souveraine, il est souverainement aimable, éternel, parfaitement heureux.

Après la religion juive, qui affirme avec tant de force l'existence d'un Dieu unique, créateur et tout-puissant, le christianisme consacre et répand, jusque chez les esprits les plus humbles, le dogme monothéiste, et depuis, quelques-uns des plus grands génies, saint Thomas d'Aquin, Descartes, Bossuet, Fénelon, Leibniz, Kant, ont employé leurs efforts à démontrer l'existence d'un Dieu infiniment parfait, principe de toutes choses et, en un sens, de la loi morale elle-même.

Nous ne pouvons entrer ici dans le détail de ces preuves ; nous nous contenterons de les rappeler brièvement, sous la forme la plus simple possible.

III. — PREUVE DE L'EXISTENCE DE DIEU, TIRÉE DE L'ORDRE DE L'UNIVERS ET DE L'ORGANISATION DES ANIMAUX

On invoque d'abord l'ordre admirable qui règne dans l'univers, et l'on fait observer qu'il ne saurait être le résultat du hasard. Des particules de matière, ou atomes, s'accrochant fortuitement dans le vide, n'auraient pu produire la régularité des mouvements célestes, la variété des corps bruts, des plantes et des animaux ; car de même que l'ordre n'est connu que par l'intelligence, de même il ne peut être l'effet que de l'intelligence, et des atomes ne peuvent être supposés intelligents.

Si l'on dit que cet ordre résulte de la nécessité des propriétés inhérentes à la matière, on demande comment la matière, qui ne pense pas, a pu jamais donner naissance à la pensée. Le *plus* ne vient pas du *moins*, ni l'être du néant. Or la matière est *moins* que la pensée, elle est un néant de pensée.

On considère ensuite plus particulièrement l'organisation des êtres vivants, surtout des animaux supérieurs ; l'adaptation merveilleuse des organes avec leurs fonctions, des organes entre eux et des fonctions entre elles, pour assurer l'existence et le développement de l'individu. L'œil, par exemple est construit conformément aux lois de l'optique avec une perfection telle que nos meilleurs instruments ne peuvent y atteindre. Celui qui a fait l'œil, disait Newton, doit savoir la géométrie.

On conclut que tout cela suppose un dessein, c'est-à-dire une pensée qui a voulu atteindre un but déterminé et a choisi les moyens les plus convenables. Une pensée n'existe que dans un être pensant. Et cet être pensant est souverainement sage, puisque l'intelligence qui se manifeste dans la nature dépasse infiniment celle de l'homme. Il est souverainement puissant, car il a pu faire ce que sa sagesse avait conçu. Il est souverainement bon, puisque l'ordre des choses est, somme toute, en harmonie avec le bien des créatures sensibles et intelligentes. Le mal, dit-on encore, résulte de l'imperfection qui est inhérente à tout ce qui est créé. Et quant aux souffrances imméritées qui sont trop souvent ici-bas le partage de l'homme de bien, elles ne sont qu'épreuves passagères, conditions de mérite, rendues d'ailleurs supportables par l'espoir d'une vie future, où chacun recevra selon ses œuvres et ses vertus.

IV. — PREUVE TIRÉE DE L'EXISTENCE DE L'IDÉE DU PARFAIT

L'homme a conscience d'être imparfait. Sa sensibilité a trop d'attaches pour les biens inférieurs; son intelligence doute, et elle ignore beaucoup de choses; sa volonté est faible et n'est pas toujours conforme au devoir. Mais cette idée d'imperfection, comment l'aurions-nous, si nous n'avions celle du parfait? Et celle-ci d'où nous vient-elle? De nous-mêmes? Il est impossible, puisque nous sommes imparfaits. De nos semblables? Ils sont imparfaits comme nous. Du monde extérieur? L'homme est de tous les êtres qu'il connaît, le moins imparfait, puisqu'il pense : les corps, les soleils, l'univers matériel avec son immensité, sont plus imparfaits que nous, car ils sont dénués d'intelligence. Enfin, une idée ne saurait venir de rien. Il faut donc que l'idée du parfait soit imprimée dans notre raison par un être possédant toute la perfection que cette idée représente. — On dira que cette idée n'exprime qu'une perfection possible, c'est un *idéal* qui n'a pas nécessairement un objet en dehors de notre esprit. Mais qui dit parfait, dit réalité parfaite; car une perfection seulement possible serait moins parfaite qu'une perfection réelle. Par suite, l'idée que nous avons d'une perfection souveraine prouve l'existence d'un Dieu parfait : c'est-à-dire éternel, tout-puissant, tout bon, connaissant toutes choses, cause première de l'univers et de l'humanité.

Nous sommes, mais nous n'avons pas toujours été. Qui donc nous a produits? Nos parents sans doute; mais eux-mêmes ont commencé d'être. Qui a produit le premier homme ou les premiers hommes? — On répond qu'ils furent l'effet des forces de la nature. — Mais cela fut-il possible, la nature même s'est-elle faite toute seule? — On dit que la matière et ses propriétés essentielles ont existé de toute éternité. — Mais être éternel, c'est, semble-t-il, n'avoir d'autre cause de son existence que soi-même; or ce qui existe par soi-même ne dépend de rien, et ne dépendre de rien, c'est avoir une puissance qui n'est subordonnée à aucune autre. C'est donc avoir une puissance infinie. Un être infiniment puissant est un être parfait. La matière serait donc être parfait. Mais, à notre connaissance, il lui manque au moins une perfection, savoir la pensée. Elle ne saurait donc ni être parfaite, ni exister par soi; comme nous-mêmes, le monde matériel a dû avoir une cause, à moins que notre raison ne se trompe en affirmant que tout ce qui n'existe pas par soi existe nécessairement par autre chose. Et ainsi, par ce côté encore, il faut un Dieu éternel, parfait, tout-puissant, pour expliquer l'existence de la nature et de l'homme.

V. — PREUVE TIRÉE DE L'EXISTENCE DE LA LOI MORALE

L'homme conçoit l'obligation morale et il aspire au bonheur. Faire son devoir, nous l'avons vu, n'est pas toujours une condition suffisante pour être heureux. Faire son devoir, c'est obéir à la loi de la volonté; des lois de la nature dépendent en grande partie notre bonheur ou notre malheur. C'est en vertu des lois physiologiques que nous sommes sains ou malades; c'est en vertu des lois de la pesanteur qu'un rocher tombant sur notre tête nous écrase et nous tue.

Or, on ne voit pas que les lois de la nature aient souci de la moralité. La maladie, par exemple, n'épargne pas toujours et nécessairement l'homme de bien pour s'abattre sur le méchant. Un dévouement sublime a pour récompense ordinaire la mort. Les baïonnettes ne se sont pas subitement émoussées sur la poitrine de d'Assas. Cette indifférence des lois naturelles à l'égard du mérite moral des agents libres scandalise la raison. Celle-ci ne peut admettre qu'il n'y ait pas un accord définitif entre le bonheur et la vertu. Elle l'exige, au nom de l'absolue justice. Et il n'est possible que par une harmonie finale entre les lois naturelles et la loi du devoir. Cette harmonie ne peut s'établir toute seule; elle suppose donc un législateur qui, dans les conditions, à nous inconnues, d'une vie future, adapte l'ordre de la nature à celui de la moralité. Ce législateur doit être le souverain de l'univers en même temps que sa volonté, infiniment sainte, est l'expression parfaite de la loi morale. Cette démonstration kantienne[1] de l'existence de Dieu, fondée sur le concept de l'impératif catégorique ou de devoir, établit du même coup l'immortalité de la personne.

1. Dans la *Critique de la raison pratique*.

VI. — LA MORALE ET LA RELIGION

Tels sont les principaux arguments invoqués par la philosophie en faveur d'une croyance salutaire et vénérable. Pris à part, ils ne vont peut-être pas sans des difficultés; mais leur ensemble constitue un témoignage imposant de la raison humaine. La pensée de Dieu, ajoutons-nous, quand elle n'est pas défigurée par la superstition, élève l'âme, la soutient, la console. Le devoir, sans doute, se prouve par lui-même et est par lui-même obligatoire; mais il devient, sinon plus sacré, du moins plus aimable, lorsqu'en lui obéissant, nous croyons en même temps obéir à la volonté d'un être infiniment parfait, père du monde et des hommes. La loi morale n'est d'ailleurs pas pour cela un décret arbitraire de la volonté divine; mais la volonté divine veut que le bien soit fait parce que la raison divine conçoit, comme la nôtre, que le bien *doit* être fait. La volonté de Dieu est éternellement conforme à la raison de Dieu, et celle-ci n'a pu faire que le bien soit le mal ou réciproquement. C'est une fausse doctrine de Descartes, que si Dieu l'avait voulu, la vérité eût pu être l'erreur et l'erreur la vérité. C'est nier la raison divine pour la subordonner à une puissance qui ne serait pas limitée même par l'absurde. Selon la parole de Bossuet, Dieu même a besoin d'avoir raison.

L'homme vraiment religieux ne se distingue donc pas de l'homme vraiment moral, sauf qu'il a un motif de plus d'être vertueux : celui d'obéir au Dieu qu'il adore. Sa vertu ne deviendra pas pour cela un calcul égoïste, par l'espoir des récompenses qu'il attend de la toute-puissance; il fait le bien pour le bien, et pour l'amour désintéressé de Dieu. Il ne lui est pas interdit, sans doute, d'espérer, et d'ailleurs tout ce qui peut aider au perfectionnement moral est bon; mais l'espérance seule d'un bonheur futur ne suffirait pas ordinairement pour aller jusqu'au bout du devoir, et l'on ne fait déjà plus le devoir, quand on ne le fait pas avant tout parce qu'il est le devoir. Cela rappelé, nous accepterons comme un précieux secours le surcroît d'énergie que le sentiment religieux apporte à l'âme dans l'œuvre sacrée de son progrès moral.

RÉSUMÉ

I. — De tout temps et chez tous les peuples, l'homme a eu l'idée d'un ou de plusieurs êtres doués d'une puissance supérieure à la sienne. Il leur a attribué d'abord ses malheurs, et il les a craints ; puis sa raison a grandi, ses sentiments se sont épurés, et il a attribué aussi aux dieux les bienfaits naturels dont il jouit. Il en est résulté de nouveaux sentiments : l'amour et la reconnaissance.

Le *polythéisme* semble avoir précédé le *monothéisme* dans le développement de l'idée religieuse. Cependant l'idée d'un Dieu unique est très ancienne chez certains peuples de l'Orient.

II. — Les Grecs étaient polythéistes. Ils imaginèrent des dieux faits à l'image de l'homme, mais *immortels*. Cependant leurs plus célèbres philosophes s'élevèrent de bonne heure à la conception de l'unité *divine*. La religion juive et ensuite le christianisme ont affirmé avec une grande force l'existence d'un seul Dieu.

III. — Une des principales preuves de l'existence de Dieu est dans l'*ordre qui règne dans l'univers*, et surtout l'adaptation merveilleuse entre les organes et les fonctions qui se manifeste chez les êtres vivants. Tout cela révèle une *pensée* infiniment puissante, bonne et sage, et ne peut s'expliquer par les propriétés inhérentes à la matière : celle-ci ne pense pas et ne peut donner naissance à la pensée.

IV. — Autre preuve :

L'homme a conscience d'être imparfait; mais l'idée d'imperfection implique l'idée du *parfait*. Cette idée ne vient ni de nous-mêmes, ni du monde extérieur, moins parfait que nous. Elle ne peut venir que d'un être possédant la perfection absolue. La matière, avec ses propriétés, ne peut réaliser cette perfection, puisque, à notre connaissance, il lui manque la pensée. Elle n'existe point par elle-même. Il faut donc un Dieu éternel, parfait, tout-puissant, pour expliquer l'existence de la nature, aussi bien que pour expliquer celle de l'homme.

V. — Nous avons vu que l'homme, sujet de la *loi morale*, est méritant ou déméritant, et que notre vif sentiment de la justice réclame pour lui du bonheur ou du malheur proportionnellement à son mérite ou à son démérite. Mais, d'autre part, l'homme est soumis aux *lois physiques* qui n'ont aucun souci de la moralité; de sorte que la justice est loin de recevoir pleine satisfaction dans la vie terrestre. Il faut donc une autre vie, et, de plus, un souverain législateur, qui adapte l'ordre de la nature à celui de la moralité.

VI. — Les arguments philosophiques se trouvent ainsi d'accord avec les croyances religieuses pour proclamer l'existence de Dieu. La philosophie et la religion se rencontrent sur le terrain de la morale. L'homme religieux a un motif de plus pour obéir à la loi morale, c'est qu'elle est en même temps pour lui loi *divine*; mais il aura soin de conserver au devoir le caractère désintéressé qui lui est essentiel, en faisant toujours de l'obéissance à la loi morale, par cela seul qu'elle est obligatoire, le motif déterminant de ses actions.

Ouvrages à consulter :

Xénophon, *Mémorables*.
Descartes, *Discours de la Méthode* (4ᵉ partie) et troisième *Méditation*.
Bossuet, *Connaissance de Dieu et de soi-même*.
Fénelon, *Traité de l'existence de Dieu*.
Jules Simon, *La Religion naturelle*.
Paul Janet, *Les Causes finales*.
Charles Lévêque, *Les Harmonies providentielles*.
E. Caro, *L'Idée de Dieu*.
Ch. Waddington, *Dieu et la Conscience*. (1ʳᵉ partie, ch. III.)
Voir aussi nos *Études sur la théorie de l'Évolution* (4ᵉ étude), et notre ouvrage: *La Philosophie religieuse en Angleterre* (Conclusion).

TRENTIÈME LEÇON

DEVOIRS RELIGIEUX ET DROITS CORRESPONDANTS

Sommaire. — I. La superstition. — II. L'adoration. — III. La prière. — IV. L'espérance. — V. La croyance en Dieu et la charité. — VI. La tolérance. — VII. Influence morale et sociale du sentiment religieux.

I. — LA SUPERSTITION

Qui croit en Dieu a par cela même des devoirs envers lui. Le premier de tous est de se faire de la divinité une idée qui ne soit pas indigne d'elle, c'est-à-dire qui ne soit pas défigurée par la superstition. Bacon disait qu'il vaut mieux nier Dieu que de se le représenter comme le font les superstitieux[1] ; et Plutarque : « Pour moi, j'aimerais beaucoup mieux qu'on dît : Plutarque n'existe point, que d'entendre dire : Plutarque est un homme faible, inconstant, chagri , vindicatif, facile à s'irriter. Si vous avez oublié de l'inviter à souper avec d'autres amis, ou si, retenu par des soins domestiques, vous n'êtes pas venu le matin lui faire la cour, il se jet-

---

1. *Essais ; De la superstition.*

tera sur vous ou sur vos enfants comme un animal furieux; il vous déchirera à belles dents ou lâchera sur vos terres quelque bête féroce qui en dévore les fruits[1]. »

Le superstitieux outrage la divinité en lui prêtant les faiblesses et les vices de la nature humaine. Il la suppose cruelle, jalouse, toujours altérée de vengeance pour des offenses imaginaires; de là une terreur servile, qui l'opprime à tous les instants de sa vie, et le pousse à de continuelles expiations. Nous devons concevoir Dieu comme la bonté parfaite; en conséquence l'aimer plutôt que le craindre. Non que, pour une âme religieuse, la crainte de Dieu ne soit, en un sens, légitime et salutaire; mais elle doit pratiquement se ramener à celle de violer la loi morale. C'est superstition que de s'imaginer l'Être souverainement sage et bon édictant des prescriptions puériles ou absurdes et préparant des supplices sans fin à ceux qui ne les auront pas observées.

II. — L'ADORATION

Cette crainte tempérée par l'amour et la reconnaissance, ce sentiment de soumission confiante et absolue envers celui que nous regardons comme la cause de notre être, s'appelle l'adoration. Elle se traduit par le culte, qui est intérieur, s'il se borne à des dispositions mentales, extérieur, s'il se manifeste par des actes et des cérémonies.

1. *De la superstition.*

La loi protège en France l'exercice des cultes qui ne sont pas contraires à l'ordre public et aux bonnes mœurs; et le fidèle qui ne pratique pas son culte par respect humain ou tout autre motif, manque de sincérité envers soi-même et viole l'un des devoirs qu'il croit avoir envers Dieu.

III. — LA PRIÈRE

L'un des actes les plus importants du culte, à la fois intérieur et extérieur, est la *prière*. De tout temps et dans toutes les religions, les hommes ont prié la divinité. Mais la prière devient une offense si elle prétend faire de Dieu le complice ou le complaisant de nos passions et de nos désirs inférieurs. Lui demander la richesse, le gain d'un gros lot, un succès qu'on n'a pas mérité, est basse et coupable superstition. La prière devient cependant légitime et touchante quand par exemple elle jaillit du cœur d'une mère implorant Dieu pour le salut de son enfant : elle ne sollicite pas une suspension des lois universelles, un miracle qui dérangerait l'ordre du monde : elle est un cri d'angoisse, de confiance, un appel brûlant à la bonté suprême; elle donne la force d'espérer encore, et s'il le faut, de se résigner.

La prière la plus conforme à la véritable idée de la divinité est celle par laquelle l'homme religieux exprime son amour de la perfection morale, sa ferme intention d'y tendre de toutes ses forces. Elle est comme un élan de l'âme vers cette perfection même et, par là, l'en rapproche. Elle n'est qu'une exaltation de la bonne volonté et comme un enthousiasme de vertu. Elle s'exauce d'elle-même, pourrait-on dire, puisque ce redoublement d'ardeur pour le bien est un nouveau progrès dans le bien.

IV. — L'ESPÉRANCE

La croyance en Dieu impose un autre devoir, celui de l'espérance. Il semble qu'on n'espère pas librement, quand on veut, et comme on veut; mais l'espérance dont il s'agit ici est moins une passion qu'une disposition habituelle de l'âme tout entière. Elle est la confiance en la bonté de Dieu, la ferme conviction que le mal n'aura pas le dernier mot, que les souffrances imméritées, l'injustice impunie et triomphante, ne déconcerteront pas éternellement la conscience de l'homme de bien. Le désordre dans le royaume des esprits ne saurait subsister à tout jamais; et dussent les mondes être tous anéantis un jour, les âmes impérissables n'en continueront pas moins leur ascension vers cette perfection qui, pour la pensée religieuse, est la plénitude du bonheur par la vertu.

V. — LA CROYANCE EN DIEU ET LA CHARITÉ

L'homme qui croit en Dieu aime les autres hommes, non seulement parce qu'ils sont ses semblables, et comme lui des personnes morales, mais encore parce qu'ils sont, comme lui, les créatures et les enfants de la même Bonté souveraine et absolue. Les stoïciens appelaient déjà le monde la cité de Jupiter, et ils avaient entrevu le dogme de la fraternité qui doit exister entre tous les êtres raisonnables; mais les Stoïciens ne croyaient pas à la personnalité divine. Celui qui, à la suite de Descartes, de Leibniz, admet en Dieu tous les attributs intellectuels et moraux qui constituent la personne, ne peut manquer de trouver dans cette croyance un nouveau et puissant motif d'effective charité.

VI. — LA TOLÉRANCE

Les devoirs religieux supposent des droits corrélatifs. Le premier et le plus sacré de tous est la liberté de conscience. Les opinions religieuses de chacun doivent être respectées de tous. Le mot de *tolérance*, par lequel on exprime ordinairement ce respect, ne dit pas assez, et devrait être rejeté. Il implique l'idée humiliante d'une faveur qu'on pourrait refuser, d'une concession sur laquelle on pourrait revenir. Les opinions en matière religieuse ne doivent pas être seulement tolérées : elles doivent, répétons-le, être respectées.

Ce respect s'étend naturellement à toutes les manifestations de la pensée religieuse, par la parole et par la plume, et au culte qui en est l'expression la plus solennelle, autant du moins, nous l'avons dit déjà, que les cérémonies de ce culte ne sont contraires ni aux bonnes mœurs ni aux lois. Chacun devra donc être protégé aussi bien par la puissance publique que par l'opinion, contre tout fanatisme, quelque forme qu'il affecte. Le fanatisme, en effet, est cette disposition à vouloir imposer aux autres, par violence, ses propres opinions, ou à empêcher, par violence encore, les opinions qu'on ne partage pas de se produire librement. Le fanatisme est surtout fréquent et redoutable dans le domaine religieux. Autrefois, il allumait les bûchers sur lesquels il faisait monter Juifs et hérétiques; il provoquait les guerres de religion, les plus impitoyables de toutes. Nous n'avons plus aujourd'hui à redouter, au moins chez nous, de telles horreurs; mais, plus adouci, le fanatisme est encore à craindre. C'est lui qui cherche à flétrir, en les traitant d'athées, de fort honnêtes gens qui n'ont que le tort d'avoir sur la divinité des opinions particulières; c'est lui aussi, quelquefois, qui, au nom de la libre pensée, voudrait proscrire l'expression inoffensive de convictions religieuses, respectables par leur sincérité. Son arme favorite est maintenant l'ironie; elle ne tue pas, sans doute, mais elle blesse, et elle blesse l'homme dans ce qu'il a de plus sacré, sa conscience.

VII. — INFLUENCE MORALE ET SOCIALE DU SENTIMENT RELIGIEUX

Une société où le développement du sentiment religieux serait garanti par l'absolu respect de tous ne ferait d'ailleurs qu'appliquer le précepte essentiel de la justice. Ce sentiment ne demande pas autre chose et n'a pas droit à autre chose. Il sort de son rôle et devient injuste à son tour, s'il prétend subordonner à ses exigences les droits de la famille et les lois de l'État. Il est des gens qui s'imaginent que la liberté de leur conscience est violée parce que la religion qu'ils professent ne jouit pas d'une protection privilégiée et d'un patronage officiel et exclusif. Ils ne s'aperçoivent pas qu'ils font à la conscience de ceux qui ne pensent pas comme eux ce qu'ils ne voudraient pas que l'on fît à la leur. Ainsi entendu, ainsi éclairé et comme dirigé dans son expansion par l'idée du juste, le sentiment religieux, quelles que soient les divergences qui puissent exister sur la nature de son objet, est un puissant auxiliaire pour le progrès moral et social. Il soulève les âmes au-dessus des préoccupations trop étroites de cette vie, et les unit dans la pensée et dans l'amour de l'idéal. Une société qui, sans violer d'ailleurs trop gravement la justice, et en pratiquant suffisamment la charité, s'absorberait tout entière dans la poursuite du bien-être matériel, ou l'étude des sciences positives, risquerait de laisser peu à peu tarir en elles les sources de l'enthousiasme, du dévouement, des inspirations supérieures ; un lent abaissement des caractères pourrait s'ensuivre, qui aurait pour conséquences de tragiques mécomptes le jour où un suprême effort deviendrait nécessaire. Nous ne prêchons pas le mysticisme ; nous ne voulons pas que le sentiment religieux, exalté à l'excès, conduise au mépris des devoirs domestiques et civiques ; nous estimons, bien au contraire, que l'âme vraiment pieuse est celle qui les remplit tous avec un redoublement de scrupule ;

nous n'entendons pas, en un mot, que personne se désintéresse ici-bas de la vie présente et de la patrie terrestre ; mais nous verrions un grave danger de déchéance morale, si l'homme en venait à oublier définitivement, qu'il est aussi, selon le beau mot de Platon, « une plante du ciel. »

RÉSUMÉ

I. — Le premier de tous les devoirs envers la divinité est de s'en faire une idée qui ne soit pas indigne d'elle. Le *superstitieux* offense Dieu quand il le suppose cruel, jaloux et vindicatif. Sans doute, il faut craindre Dieu ; mais il faut encore plus l'aimer.

II. — Les divers sentiments religieux se confondent dans l'*adoration*. L'adoration se traduit par le culte intérieur et par le culte extérieur. La loi protège en France la *liberté des cultes*.

III. — Le culte consiste surtout dans la *prière*. La prière ne doit demander à Dieu que des choses justes et raisonnables. La meilleure des prières est celle où l'homme exprime son amour de la perfection morale et sa ferme intention d'y tendre de toutes ses forces.

IV. — L'*espérance* est la confiance en la bonté et la justice divines. Elle est un devoir.

V. — Il en est de même de la *charité*, qui fait qu'on aime les autres hommes, parce qu'ils sont aussi les créatures et les enfants de la bonté divine.

VI. — Les devoirs religieux supposent le pouvoir de les remplir, c'est la *liberté de conscience*. Le mot de *tolérance* employé pour la désigner est trop faible : c'est *respect* qu'il faudrait dire.

La liberté de conscience s'étend à toutes les manifestations du sentiment religieux par la parole et par les écrits. Elle s'applique par conséquent au culte extérieur pourvu qu'il ne soit pas contraire aux lois et aux bonnes mœurs.

Il n'y a plus à redouter les horreurs occasionnées jadis par le fanatisme. Mais il se manifeste parfois encore sous forme de calomnie à l'égard des gens qui, par exemple, professent la *libre pensée*. Réciproquement les libres penseurs ont quelquefois le tort de se montrer intolérants ou ironiques à l'égard des *croyants*.

VII. — Le *sentiment religieux* est un puissant auxiliaire pour le progrès moral et social. Il élève l'âme, soutient les caractères, excite l'enthousiasme et inspire de nobles dévouements.

Ouvrages à consulter :

Jules Simon, *Le Devoir*. (4ᵉ partie, ch. iv.)
    Id.   *La Religion naturelle*.
A. Franck, *Philosophie du Droit civil*. (Ch. xxiii, xxiv.)
E. Beaussire, *Principes de la Morale*. (L. IV.)
    Id.   *Principes du Droit*. (L. III, ch. v, § v.)
Paul Janet, *La Morale*. (L. III, ch. xii.)
Ch. Waddington, *Dieu et la Conscience*. (1ʳᵉ partie, ch. iii.)

TABLE DES MATIÈRES

PREMIÈRE PARTIE

NOTIONS PRÉLIMINAIRES
PREMIÈRES DONNÉES DE LA CONSCIENCE

PREMIÈRE LEÇON
Conditions de la moralité

I. — Première condition : la liberté.......... 5	l'acte libre............ 8
II. — Preuves en faveur de la liberté : Le sentiment intérieur. En quoi consiste	III. — Autres preuves de la liberté.............. 10
	Résumé................ 13
	Ouvrages à consulter...... 15

DEUXIÈME LEÇON
Objections contre l'existence de la liberté. Réponses

I. — Objections des fatalistes et des déterministes. 16	IV. — Réponse aux objections théologiques...... 20
II. — Le déterminisme externe et le déterminisme interne............... 18	V. — Réponse aux objections des déterministes... 21
	Résumé................ 24
III. — Objections théologiques............... 19	Ouvrages à consulter...... 25

TROISIÈME LEÇON
Deuxième condition de la Moralité

I. — L'objet de la liberté. 26	fection morale.......... 32
II. — Les motifs d'action.. 27	VI. — L'idéal moral..... 33
III. — Caractères des motifs d'action 29	VII. — Conscience morale... 35
IV. — L'obligation morale. 30	Résumé................ 35
V. — Le bien ou la per-	Ouvrages à consulter...... 37

QUATRIÈME LEÇON
La loi morale

I. — La loi morale....... 38	Résumé................ 44
II. — Caractères de la loi morale............. 39	Ouvrages à consulter....... 45

CINQUIÈME LEÇON
La responsabilité. Le mérite et le démérite

I. — La responsabilité... 46	criminels............ 48
II. — Conditions qui diminuent ou suppriment la responsabilité......... 47	IV. — Le mérite et le démérite............. 50
III. — La responsabilité des	Résumé............... 51
	Ouvrages à consulter....... 52

SIXIÈME LEÇON
Sanctions de la loi morale

I. — La satisfaction intérieure.................. 53	IV. — L'estime et le mépris. 62
II. — Le remords....... 56	V. — Sanction des lois pénales............... 63
III. — Bonne et mauvaise santé............... 61	Résumé............... 65
	Ouvrages à consulter....... 67

DEUXIÈME PARTIE
LA FAMILLE — SES DEVOIRS

SEPTIÈME LEÇON
Les devoirs, les vertus. Devoirs domestiques

I. — Les devoirs, les vertus.................. 69	IV. — Principaux types de la famille............. 74
II. — Classification des devoirs et des vertus....... 71	V. — Devoirs des époux entre eux............. 76
III. — Devoirs domestiques. La famille............ 73	Résumé............... 78
	Ouvrages à consulter...... 80

HUITIÈME LEÇON
Devoirs des enfants envers leurs parents

I. — Préliminaires....... 81	II. — Piété filiale :....... 82

III. — Obéissance et respect.. 84
IV. — Autres devoirs envers les parents............. 86
V. — Devoirs à l'égard des grands-parents......... . 88
VI. — L'esprit de famille.. 88
Résumé................. 89
Ouvrages à consulter...... 90

NEUVIÈME LEÇON

Devoirs des parents envers les enfants
Devoirs des frères et sœurs

I. — Devoirs envers les enfants................ 91
II. — L'éducation........ 92
III. — L'exemple......... 96
IV. — L'instruction...... 97
V. — Devoirs des frères et sœurs entre eux......... 100
Résumé................. 101
Ouvrages à consulter...... 103

TROISIÈME PARTIE

DEVOIRS SOCIAUX

DIXIÈME LEÇON

Respect de la vie humaine
Respect de l'honneur et de la réputation

I. — Inviolabilité de la personne. Le droit........ 105
II. — Devoir de légitime défense................. 106
III. — L'honneur et la réputation............... 108
IV. — La calomnie....... 109
V. — La médisance...... 110
VI. — La délation....... 112
VII. — L'envie.......... 113
VIII. — L'émulation..... 114
Résumé................. 116
Ouvrages à consulter...... 118

ONZIÈME LEÇON

Respect de la propriété. Caractère sacré des promesses et des contrats

I. — Fondement du droit de propriété........ 119
II. — Droit de tester et d'hériter.............. 120
III. — Le vol. La fraude... 121
IV. — Le mensonge....... 123
V. — Promesses et contrats................. 126
Résumé................. 129
Ouvrages à consulter...... 131

DOUZIÈME LEÇON

Justice. — Équité. — Reconnaissance. — Bienveillance et bienfaisance. — Solidarité. — Politesse.

I. — La justice............	132	charité.................	137
II. — La bienveillance. L'équité...............	133	V. — La solidarité.......	138
		VI. — La politesse........	139
III. — La reconnaissance..	135	Résumé.................	140
IV. — La bienfaisance. La		Ouvrages à consulter......	141

TREIZIÈME LEÇON

Différentes formes de la bienfaisance

I. — L'aumône...........	142	IV. — Le dévouement, le sacrifice...............	146
II. — Manifestations de la bienfaisance............	144	Résumé.................	149
III. — Assistance dans le péril.................	145	Ouvrages à consulter......	151

QUATORZIÈME LEÇON

Devoirs de l'amitié. Respect de la vieillesse. Des supériorités morales

I. — L'amitié............	152	IV. — Respect des supériorités morales.........	157
II. — Devoirs de l'amitié..	154	Résumé.................	159
III. — Respect de la vieillesse.................	156	Ouvrages à consulter......	161

QUINZIÈME LEÇON

**Devoirs envers les animaux
Devoirs réciproques des maîtres et des serviteurs**

I. — Devoirs envers les animaux...............	162	III. — Devoirs des serviteurs envers les maîtres........	167
II. — Devoirs des maîtres envers les serviteurs.....	165	Résumé.................	169
		Ouvrages à consulter......	170

QUATRIÈME PARTIE

DEVOIRS CIVIQUES

SEIZIÈME LEÇON
La patrie et le patriotisme

I. — La patrie............	171	IV. — Le cosmopolitisme..	177
II. — L'âme de la patrie.	173	Résumé................	179
III. — Le patriotisme......	175	Ouvrages à consulter......	181

DIX-SEPTIÈME LEÇON
Devoirs civiques. L'obéissance aux lois

I. — L'obéissance aux lois.	182	IV. — Sympathie malsaine pour certains criminels...	187
II. — Respect de la loi....	184	Résumé................	189
III. — Obligation de prêter main-forte à la loi........	185	Ouvrages à consulter......	190

DIX-HUITIÈME LEÇON
Respect envers la magistrature. L'impôt

I. — Respect des magistrats................	191	trats...................	193
II. — Devoirs spéciaux des citoyens envers les magis-		III. — L'impôt............	195
		Résumé................	196
		Ouvrages à consulter......	197

DIX-NEUVIÈME LEÇON
Le service militaire. Le vote

I. — Le service militaire.	198	électoraux...............	203
II. — Devoirs du citoyen en temps de guerre......	200	V. — Conseils aux électeurs................	204
III. — Devoirs des femmes en temps de guerre......	201	Résumé................	206
IV. — Le vote. Devoirs		Ouvrages à consulter......	208

VINGTIÈME LEÇON
Devoirs des nations entre elles

I. — Notions sur le droit des gens..............	209	nations en temps de paix.	210
II. — Devoirs réciproques des		III. — Devoirs réciproques des nations en temps de	

guerre............ 212
IV. — Obligations des neutres............ 216
Résumé............ 216
Ouvrages à consulter...... 218

CINQUIÈME PARTIE
DEVOIRS PERSONNELS

VINGT-UNIÈME LEÇON
Devoir de conservation personnelle. Le suicide

I. — L'hygiène et la morale............ 219
II. — L'ascétisme........ 221
III. — Le suicide......... 222
Résumé............ 228
Ouvrages à consulter....... 229

VINGT-DEUXIÈME LEÇON
Principales formes du respect de soi-même

I. — Caractère de l'homme qui se respecte lui-même. 230
II. — Conduite de l'homme qui se respecte lui-même. 233
III. — Le sentiment de l'honneur............ 235
IV. — La tempérance...... 236
V. — Effets de la tempérance............ 238
Résumé............ 241
Ouvrages à consulter....... 243

VINGT-TROISIÈME LEÇON
Principales formes du respect de soi-même (suite)

I. — La prudence, comment elle est une vertu... 244
II. — Dispositions et conduite de l'homme prudent. 246
III. — Le courage........ 248
IV. — Courage militaire.. 249
V. — Courage civil....... 250
VI. — Courage pour supporter les épreuves de la vie. 251
VII. — Courage en face de la mort............ 253
Résumé............ 254
Ouvrages à consulter....... 256

VINGT-QUATRIÈME LEÇON
Principales formes du respect de soi-même (suite)

I. — Respect de la vérité. 257
II. — Sincérité vis-à-vis de
soi-même............. 259
III. — Examen de con-

science.................. 261
IV. — Méthode de Franklin. 263
Résumé.................. 266
Ouvrages à consulter....... 267

VINGT-CINQUIÈME LEÇON
Devoir de cultiver et de développer toutes nos facultés

I. — Facultés de l'âme... 268
II. — Développement des facultés.................. 270
III. — Développement de la sensibilité.............. 271
IV. — Développement des facultés intellectuelles.... 272
V. — La mémoire........ 273
VI. — L'imagination...... 274
Résumé.................. 275
Ouvrages à consulter....... 277

VINGT-SIXIÈME LEÇON
Devoir de cultiver et de développer toutes nos facultés (suite)

I. — Développement de l'attention, de la réflexion, du jugement, du raisonnement...... 278
II. — Développement de la volonté................. 279
III. — Abstinence volontaire, Régularité de la vie. 281
IV. — La volonté et l'habitude.................. 284
V. — Le sage... 284
Résumé.................. 285
Ouvrages à consulter....... 287

VINGT-SEPTIÈME LEÇON
Le travail — Sa nécessité

I. — Le travail.......... 288
II. — L'empire de l'homme sur la nature........... 289
III. — Perfectionnement des facultés par le travail..... 291
IV. — Travail manuel. Travail intellectuel.......... 292
Résumé.................. 295
Ouvrages à consulter....... 296

VINGT-HUITIÈME LEÇON
Le travail (suite) — Son influence morale

I. — L'obligation du travail est universelle.......... 297
II. — Le travail, l'épargne et le capital........... 299
III. — Le travail, condition d'indépendance et de dignité. 300
IV. — Le travail, condition de bonheur............ 302
Résumé.................. 305
Ouvrages à consulter....... 306

SIXIÈME PARTIE

DEVOIRS RELIGIEUX ET DROITS CORRESPONDANTS

VINGT-NEUVIÈME LEÇON

Objet du sentiment religieux

I. — Origine et développements de la croyance à la divinité............... 307
II. — La philosophie grecque, le judaïsme et le christianisme........... 308
III. — Preuve de l'existence de Dieu, tirée de l'ordre de l'univers et de l'organisation des animaux..... 310
IV. — Preuve tirée de l'existence de l'idée du parfait.. 312
V. — Preuve tirée de l'existence de la loi morale.... 313
VI. — La morale et la religion................ 315
Résumé................... 316
Ouvrages à consulter........ 318

TRENTIÈME LEÇON

Devoirs religieux et droits correspondants

I. — La superstition..... 319
II. — L'adoration........ 320
III. — La prière.......... 321
IV. — L'espérance........ 322
V. — La croyance en Dieu et la charité............ 322
VI. — La tolérance....... 323
VII. — Influence morale et sociale du sentiment religieux................ 324
Résumé................... 326
Ouvrages à consulter....... 327

FIN DE LA TABLE DES MATIÈRES

Saint-Denis. -- Imprimerie Alcide Picard et Kaan. -- J. R. P.

www.ingramcontent.com/pod-product-compliance
Lightning Source LLC
Chambersburg PA
CBHW072013150426
43194CB00008B/1093